DEWEY

Vicki Myron
com Bret Witter

Dewey
Um gato na biblioteca

Tradução:
Helena Londres

GLOBOLIVROS

Texto fixado conforme as regras do Novo Acordo Ortográfico da Língua Portuguesa (Decreto Legislativo nº 54, de 1995)

Título original: Dewey — *The small-town library cat who touched the world*

Editora responsável: Amanda Orlando
Assistente editorial: Isis Batista
Preparação: Vivien Hermes
Adaptação para o Novo Acordo Ortográfico: Adriana Bernardino
Revisão: Vivien Hermes e Mariana Donner
Diagramação: João da Motta Jr.
Capa: Miriam Lerner | Equatorium Design
Imagens de capa: Stolenpencil/Depositphotos; Freepik
Imagens de caderno de fotos:: Vicki Myron

1ª edição, 2008
2ª edição, 2024

CIP-BRASIL. CATALOGAÇÃO-NA-FONTE
SINDICATO NACIONAL DOS EDITORES DE LIVRO, RJ

M998d
2. ed.

Miron, Vicki
Dewey : um gato na biblioteca / Vicki Myron, Bret Witter ; tradução Helena Londres. - 2. ed. - Rio de Janeiro : Globo Livros, 2024.
232. ; 23cm.
Tradução de: Dewey : the small-town library cat who touched the world
Inclui caderno de fotos
ISBN 978-65-5987-144-5

1. Dewey (Gato) - Biografia. 2. Gatos - Estados Unidos - Spencer - Biografia. 3. Bibliotecárias - Estados Unidos - Spencer - Biografia. 4. Spencer (Estados Unidos). I. Witter, Bret. II. Londres, Helena. III. Título.

23-87580 CDD: 636.80929
CDU: 929:599.742.73

Gabriela Faray Ferreira Lopes - Bibliotecária - CRB-7/6643

Direitos da edição em língua portuguesa
adquiridos por Editora Globo S.A.
Rua Marquês de Pombal, 25 — 20230-240 — Rio de Janeiro — RJ
www.globolivros.com.br

Para minha avó,
minha mãe e Jodi —
três mulheres incríveis
que amaram Dewey quase
tanto quanto eu o amo.

Sumário

Introdução. Bem-vindo a Iowa 9

1. A manhã mais fria 13
2. O acréscimo perfeito 19
3. Dewey Readmore Books 25
4. Um dia na biblioteca 31
5. Erva-dos-gatos e elásticos 39
6. Moneta 47
7. Grand Avenue 55
8. Os melhores amigos de um gato 61
9. Dewey e Jodi 69
10. Longe de casa 77
11. Esconde-esconde 87
12. Natal 95
13. Uma grande biblioteca 101
14. A grande fuga de Dewey 111
15. O gato favorito de Spencer 119
16. O famoso gato de biblioteca de Iowa 125
17. Dewey no mundo moderno 133
18. Gato de livros 141
19. O pior apetite do mundo 151
20. Os novos amigos de Dewey 163
21. O que nos torna especiais? 171
22. Dewey até no Japão 181
23. As memórias de mamãe 189
24. A dieta de Dewey 199

25. A reunião 205
26. O amor de Dewey 211
27. O amor por Dewey 217

Epílogo. Os últimos pensamentos de Iowa 221

Introdução
Bem-vindo a Iowa

Existe uma planície de mil milhas no meio dos Estados Unidos, entre o rio Mississippi, a leste, e os desertos do oeste. Ali há colinas ondulantes, mas não montanhas. Também rios e riachos, porém poucos grandes lagos. O vento desgastou os afloramentos rochosos, transformando-os primeiro em poeira, depois em terra, então em solo e, finalmente, em terra negra, boa para a agricultura. Nesse lugar, as estradas são retas, chegando ao horizonte em longas linhas ininterruptas. Não há esquinas, apenas curvas ocasionais, quase imperceptíveis. Essa terra foi topografada e demarcada para fazendas; as curvas são correções nas linhas topográficas. A cada milha, exatamente, cada estrada é cortada por uma outra, quase perfeitamente reta. Dentro, estão mil milhas quadradas de terra cultivável. Tome um milhão dessas milhas quadradas, amarre-as e terá uma das regiões agrícolas mais importantes no mundo. As Grandes Planícies. A Cesta de Pão. As Terras Centrais. Ou, como muita gente pensa, o local por cima do qual se voa ao ir para algum outro lugar. Deixe-os com seus oceanos e montanhas, suas praias e resorts de esqui. Eu fico com Iowa.

No noroeste de Iowa, no inverno, o céu engole as casas de fazenda. Em um dia frio, as nuvens escuras que sopram pelas planícies parecem revolver a terra, com se ela estivesse sob um arado. Na primavera, o mundo está plano e vazio, cheio de terra soprada e pés de milho arrancados, esperando para serem replantados, e o céu e a terra estão em perfeito equilíbrio, como um prato em cima de uma vareta. Mas, se você vier no verão, poderá jurar que o solo está prestes a erguer-se e despejar o céu para fora da paisagem. O milho está com quase três metros de altura, as folhas verdes brilhantes encimadas por resplandecentes franjas douradas. A maior parte do tempo você está enterrado nele, perdido entre paredes de milho, porém basta subir no topo de uma pequena elevação na estrada, com apenas alguns metros de altura, e conseguirá ver infindáveis campos de ouro sobre verde, fios sedosos que brilham ao sol. Essas sedas são os órgãos sexuais do milho, que contêm o pólen, voam em amarelo-ouro durante um mês e depois lentamente morrem, tornando-se marrons sob o severo calor do verão.

É disso que eu gosto no noroeste de Iowa: está sempre em mudança. Não do jeito que os subúrbios mudam, à medida que uma loja de certa rede de restaurantes toma o lugar de outra, ou do jeito que as cidades mudam, à medida que prédios se amontoam a outros, cada vez mais altos, mas do jeito que o campo muda, lentamente, para trás e para a frente, em um movimento suave que sempre desliza avante, contudo nunca muito depressa. Não há muito comércio de beira de estrada. Não existem lojas de artesanato nem feiras direto do produtor. As casas de fazenda, que a cada ano são em menor número, abraçam a estrada. As cidades surgem repentinamente, trazendo anúncios como "A joia na coroa de Iowa" ou "A fivela dourada no cinturão do milho", e desaparecem com a mesma rapidez. Dois minutos e elas se foram. Um elevador de grãos ou uma instalação de processamento, talvez uma parte de um centro comercial com uma loja de conveniência, um lugar para se comer. A cada dezesseis quilômetros, mais ou menos, há um cemitério à beira da estrada, com pequenas e simples marcas por trás de baixos muros de pedra. Essas são as sepulturas dos pioneiros, que cresceram até se tornarem sepulturas de famílias e, por fim, cemitérios urbanos. Ninguém quer ser enterrado longe de casa e ninguém quer desperdiçar muita terra. Use o que tem. Simplifique. Mantenha-o regional.

Então, exatamente quando se está partindo, quando se está sendo levado pela complacência, como um canteiro de milho ladeira abaixo, do outro lado de uma elevação, a estrada fica mais larga, e você passa por uma fileira de lojas: Móveis Matt, hotel Iron Horse, restaurante The Prime Rib, mas também por um Wal-Mart, um McDonald's, um Motel 6. Vire para o norte no semáforo — a primeira curva em oitenta quilômetros, não importa para qual direção tenha andado (sem falar que é o primeiro semáforo) — e, dentro de um minuto, terá deixado para trás as montanhas e passará pela linda ponte baixa, por cima do rio Little Sioux, diretamente para o coração de Spencer, Iowa, uma cidade que não mudou muito desde 1931.

O centro da cidade de Spencer é a imagem de uma pequena cidade norte-americana num cartão-postal: uma fileira de fachadas de lojas em prédios colados de dois e três andares, onde as pessoas param o carro junto ao meio-fio, saem e caminham. Drogaria White, Eddie Quinn's Moda Masculina e Móveis Steffen funcionam há décadas. A Hen House vende itens de decoração para mulheres de fazendeiros e para o turista ocasional que esteja a caminho do Iowa Lake Country, trinta e dois quilômetros ao norte. Há uma loja de hobbies especializada em modelos de aviões, uma loja de cartões e outra que aluga reservatórios de oxigênio e cadeiras de rodas. A loja Vacuum Cleaner. Arts on Grand. O velho cinema ainda está funcionando, embora só exiba filmes em reprise, já que abriu um Cineplex com sete salas ao sul da ponte.

O centro da cidade termina no The Hotel, a oito quarteirões da ponte. The Hotel. Esse é o nome verdadeiro. Era conhecido como The Tagney no final dos anos 1920, quando oferecia as melhores acomodações da região, garagem para ônibus, estação de trem e restaurante. No final da Grande Depressão, tornou-se uma pensão barata e, de acordo com a lenda, o bordel da cidade. O prédio de cinco andares e tijolos vermelhos, simples e construído para durar, acabou abandonado e depois restaurado nos anos 1970, mas, àquela altura, todo o movimento se mudara para cinco quarteirões abaixo, pela Grand Avenue, para o Sister's Main Street Café, uma lanchonete sem afetação com mesas de fórmica, máquina de café e cabines enfumaçadas. Três grupos de homens se reúnem todas as noites no Sister's: os caras velhos, os caras mais velhos e os caras realmente velhos. Juntos, eles tocaram Spencer durante os últimos sessenta anos.

Virando a esquina depois do Sister's Café, em frente a um pequeno estacionamento e a apenas meia quadra da Grand Avenue, há um prédio baixo de concreto: a Biblioteca Pública de Spencer. Meu nome é Vicki Myron e trabalho nessa biblioteca há vinte e cinco anos, os últimos vinte como diretora. Supervisionei a chegada do primeiro computador e a ampliação da sala de leitura. Observei crianças crescerem e irem embora, voltando a entrar por aquelas portas dez anos mais tarde, com os próprios filhos. A Biblioteca

Pública de Spencer pode não parecer muito, pelo menos de início, porém é a peça central, o meio-termo, o coração da história dessas Terras Centrais. Tudo o que vou contar sobre Spencer — e a respeito das fazendas circundantes, dos lagos vizinhos, da igreja católica em Hartley, da Escola Moneta, da fábrica de caixas e da maravilhosa e velha roda-gigante branca no Arnold's Park —, tudo isso acaba fluindo de volta para esse pequeno prédio cinzento e para o gato que morou aqui por mais de dezenove anos.

Que impacto pode causar um animal? Com quantas vidas um gato pode se envolver? Como é possível que um gatinho abandonado transforme uma pequena biblioteca em local de reunião e atração turística, inspire uma clássica cidade norte-americana, una uma região inteira e acabe se tornando famoso no mundo todo? Você não conseguirá responder essas questões até ouvir a história de Dewey Readmore Books, o amado gato da biblioteca de Spencer, Iowa.

I

A MANHÃ MAIS FRIA

O DIA 18 DE JANEIRO DE 1988 foi uma segunda-feira terrivelmente fria em Iowa. Durante a noite anterior, a temperatura chegara a nove graus abaixo de zero, isso sem contar o vento, que corta sob o seu casaco e comprime seus ossos. Era um congelamento letal, do tipo que faz com que a respiração seja um processo quase doloroso. O problema com as planícies, como todo mundo sabe em Iowa, é que não há nada para bloquear o vento. Ele sopra do Canadá pelas Dakotas diretamente para a cidade. A primeira ponte de Spencer, sobre o Little Sioux, construída no final dos anos 1800, teve de ser demolida porque o rio ficou tão gelado que todos temeram que os pilares pudessem desabar. Quando a torre de água da cidade incendiou, em 1893 — o envoltório de palha usado para evitar que o cano congelasse pegou fogo, e todos os hidrantes da vizinhança estavam completamente congelados —, um círculo de gelo com mais de sessenta centímetros de espessura e três metros de diâmetro escorregou do topo do tanque, esmagou o centro de recreação da comunidade e se despedaçou em cima da Grand Avenue. O inverno em Spencer é assim.

Eu nunca fui uma pessoa matinal, especialmente num dia escuro e nublado de janeiro, porém sempre fui dedicada. Havia poucos carros na estrada às sete e meia da manhã no trajeto de dez quarteirões até o trabalho, mas, como de costume, o meu era o primeiro carro no estacionamento. Do outro lado da rua, a Biblioteca Pública de Spencer estava morta — não havia luz, movimento ou som até eu ligar o interruptor que a trazia à vida. O aquecimento ligava automaticamente durante a noite, contudo a biblioteca ainda estava gelada no início da manhã. De quem fora a ideia de construir um prédio de concreto e vidro no norte de Iowa? Eu precisava de um café.

Fui para a sala dos funcionários — não passava de uma copa com um forno de micro-ondas, uma pia, uma geladeira bagunçada demais para o gosto da maioria das pessoas, algumas cadeiras e um telefone para chamadas pessoais —, pendurei meu casaco e comecei a fazer café. Então dei uma olhada no jornal de sábado. A maior parte das matérias poderia afetar, ou ser afetada, pela biblioteca. O jornal local, *The Spencer Daily Reporter*, não saía no domingo nem na segunda-feira, de modo que segunda-feira era a manhã para informar-se das novidades que haviam acontecido no sábado.

— Bom dia, Vicki — disse Jean Hollis Clark, a vice-diretora da biblioteca, tirando a echarpe e as luvas. — Está feio lá fora.

— Bom dia, Jean — respondi, deixando o jornal de lado.

No centro da sala dos funcionários, contra a parede do fundo, havia uma grande caixa de metal com uma tampa articulada. Ela tinha sessenta centímetros de altura e três mil e setecentos centímetros quadrados, mais ou menos o tamanho de uma mesa de cozinha para duas pessoas, ao serrar as pernas ao meio. Uma rampa de metal surgia do topo da caixa e desaparecia por dentro da parede. Na outra extremidade, na viela por trás do prédio, havia uma fenda de metal: a devolução de livros depois do expediente era feita por ali.

Você encontra todo tipo de coisa na caixa de devolução de uma biblioteca: lixo, pedras, bolas de neve, latas de refrigerante. As bibliotecárias não comentam sobre isso para não dar ideias às pessoas, mas todas as bibliotecas lidam com essa questão. As locadoras de vídeo provavelmente têm o mesmo problema. Coloque uma fenda em uma parede e você estará pedindo para ter encrenca, especialmente se, como acontecia na Biblioteca Pública de Spencer, a fenda for aberta para uma viela em frente à escola de ensino médio da cidade. Diversas vezes nos assustamos no meio da tarde com um barulho forte vindo da caixa coletora. Lá dentro encontrávamos uma bombinha.

Depois do fim de semana, a caixa estaria também cheia de livros. Assim, todas as segundas-feiras eu os punha em um de nossos carrinhos para que mais tarde os atendentes pudessem separá-los e guardá-los nas prateleiras, durante o dia. Quando voltei com o carrinho, nessa específica segunda-feira de manhã, Jean estava de pé, em silêncio, no meio da sala.

— Ouvi um barulho.

— Que tipo de barulho?

— Vindo da caixa de coleta. Acho que é um animal.

— Um o quê?

— Um animal. Acho que há um animal dentro da caixa de coleta.

Foi então que escutei um ronco baixo que vinha de baixo da tampa de metal. Não parecia um animal. Parecia mais um velho tentando limpar o pigarro. Entretanto duvidei de que fosse um velho. A abertura no topo do deslizador não passava de alguns centímetros, certamente era muito apertada. Era um animal, tinha pouca dúvida quanto a isso, mas de que tipo? Ajoelhei, estendi a mão para a tampa e tive a esperança de que fosse um esquilinho listrado.

A primeira coisa que senti foi um golpe de ar gelado. Alguém tinha entalado um livro na fenda de devolução, mantendo-a aberta. Estava tão frio dentro da caixa quanto na rua, talvez mais frio, já que a caixa era forrada de metal. Podia-se guardar carne congelada lá dentro. Eu ainda recuperava o fôlego quando vi o gatinho.

Ele estava encolhido no canto esquerdo da parede da frente da caixa, com a cabeça baixa e as pernas dobradas, tentando parecer o menor possível. Os livros estavam empilhados a esmo até o topo da caixa, escondendo-o parcialmente da vista. Ergui um deles com cuidado, para ver melhor. O gatinho olhou para mim, lenta e tristemente. Depois abaixou a cabeça e afundou-se em seu buraco. Ele não tentava parecer durão. Não tentava se esconder. Nem sequer penso que estava assustado. Apenas esperava ser salvo.

Sei que derreter pode ser um clichê, porém acho que foi o que realmente aconteceu comigo naquele momento: perdi todos os ossos do corpo. Não sou uma pessoa piegas. Criei minha filha sozinha, cresci numa fazenda e conduzi minha vida em épocas difíceis, contudo aquilo era tão, tão... Inesperado!

Ergui o gatinho da caixa. Minhas mãos praticamente o engoliam. Mais tarde, descobrimos que tinha oito semanas de idade, mas não parecia ter mais de oito dias, se muito. Estava tão magro que era possível ver todas as costelas. Eu sentia o coração dele bater, os pulmões se encherem. O pobre bichinho estava tão fraco que mal conseguia erguer a cabeça. Ele tremia incontrolavelmente. Abriu a boca, porém o som, que veio um segundo mais tarde, era fraco e dissonante.

E frio. É disso que eu mais me lembro, porque não conseguia acreditar que um animal vivo pudesse estar tão frio. Parecia que não havia calor algum.

Então aninhei o gatinho nos braços para partilhar um pouco de calor. Ele não lutou. Ao contrário, aconchegou-se ao meu peito e deitou a cabeça sobre meu coração.

— Ai, céus — disse Jean.

— Pobrezinho — falei, apertando-o mais.

— É muito fofo.

Nenhuma das duas disse nada durante algum tempo. Apenas olhamos para o bichano. Finalmente, Jean disse:

— Como você acha que ele foi parar ali?

Eu não estava pensando a respeito da noite anterior. Pensava sobre o momento presente. Era cedo demais para ligar para o veterinário, que não chegaria em menos de uma hora. Mas o gatinho estava tão frio. Mesmo no calor dos meus braços, eu o sentia tremer.

— Temos de fazer alguma coisa — afirmei.

Jean pegou uma toalha e envolvemos o bichinho até que ficasse só o nariz de fora, com os olhos espiando de dentro das sombras, incrédulo.

— Vamos dar um banho quente nele — eu disse. — Talvez ele pare de tremer.

Enchi a pia da sala dos funcionários com água quente, experimentando-a com o cotovelo enquanto segurava o gatinho nos braços. Ele escorregou para dentro da pia como um bloco de gelo. Jean encontrou um xampu no armário dos desenhos e eu esfreguei o bichinho vagarosa e ternamente, quase o acariciando. À medida que a água ficava mais cinzenta, o tremor violento do bichano se transformava num ronronar suave. Sorri. Aquele gatinho era valente. Mas era tão novinho. Quando finalmente o suspendi da pia, parecia um recém-nascido: enormes olhos e grandes orelhas espetadas de uma cabeça minúscula e um corpo ainda menor. Molhado, indefeso e miando baixinho pela mãe.

Para enxugá-lo, usamos o secador utilizado para secar cola de artesanato. Em trinta segundos, eu segurava um lindo gato malhado cor de laranja e de pelos longos. O bichinho estava tão sujo que achei que ele era cinzento.

Naquela altura, Doris e Kim tinham chegado e havia quatro pessoas na sala dos funcionários, todos arrulhando para o gatinho como para uma criança. Oito mãos o tocavam, aparentemente ao mesmo tempo. Os outros três membros conversavam entre si enquanto eu permanecia em silêncio, aninhando o bichano como um bebê e balançando-me de lá para cá.

— De onde ele veio?

— Da caixa de devolução.

— Não diga!

— É menino ou menina?

Olhei para cima. Eles todos me fitavam.

— Menino — respondi.

— É lindo.

— Que idade tem?

— Como entrou na caixa?

Eu não estava escutando. Só tinha olhos para o gatinho.

— Está fazendo tanto frio.

— É a manhã mais fria do ano.

Uma pausa e então:

— Alguém deve tê-lo deixado na caixa.

— Que horror.

— Talvez estivessem tentando salvá-lo. Do frio.

— Não sei... Ele é tão indefeso.

— É tão novinho.

— É tão lindo. Oh, corta meu coração.

Coloquei-o sobre a mesa. O pobre gatinho mal se mantinha em pé. As saliências das quatro patas tinham sofrido geladuras e, ao longo da semana seguinte, ficariam brancas e descascariam. Mas, mesmo assim, o bichano conseguiu fazer algo realmente surpreendente. Ele se firmou na mesa e, lentamente, examinou cada rosto. Depois começou a capengar. À medida que cada pessoa estendia a mão para acariciá-lo, ele esfregava a cabecinha minúscula contra a mão e ronronava. Esqueça os eventos horríveis de sua jovem vida. Esqueça a pessoa cruel que o jogou dentro da caixa de coleta da biblioteca. Era como se, daquele momento em diante, ele quisesse agradecer pessoalmente a todos que conhecia por salvar-lhe a vida.

Já tinham se passado vinte minutos desde que eu tirara o bichinho de dentro da caixa de coleta. Tive bastante tempo para refletir sobre algumas coisas: a prática, que já fora comum, de manter gatos em bibliotecas, meu plano crônico para tornar a biblioteca mais amigável e atraente, a logística de tigelas, comida e dejetos de gato, a expressão confiante na cara do gatinho quando ele se enterrou em meu peito e olhou-me nos olhos. Assim, eu estava mais do que preparada quando alguém finalmente perguntou:

— O que faremos com ele?

— Bem — respondi como se o pensamento tivesse acabado de me ocorrer —, talvez pudéssemos ficar com ele.

2

O ACRÉSCIMO PERFEITO

A COISA MAIS ESPANTOSA a respeito do gatinho era como ele estava feliz naquele primeiro dia. Via-se num ambiente novo, rodeado por estranhos ansiosos que só queriam apertá-lo, acarinhá-lo e arrulhar para ele, e estava perfeitamente calmo. Não importava quantas vezes o passávamos de mão em mão, não importava em que posição o segurávamos, ele nunca ficava nervoso ou inquieto. Jamais tentou morder ou fugir. Ao contrário, derretia-se nos braços de cada pessoa e olhava-a bem dentro dos olhos.

E isso não era pouca coisa, porque não o deixávamos sozinho nem por um segundo. Se alguém tivesse de largá-lo — por exemplo, porque havia trabalho de verdade a ser feito —, apareciam sempre pelo menos mais cinco conjuntos de mãos prontas a agarrá-lo, segurá-lo e amá-lo. Na verdade, quando o botei no chão na hora de fechar naquela primeira noite, tive de observá-lo durante cinco minutos para ter a certeza de que conseguiria tropegar até o prato de comida e a caixa de areia. Acho que suas pobres patinhas, com queimaduras de frio, não tinham tocado o solo o dia inteiro.

Na manhã seguinte, Doris Armstrong trouxe um cobertor quentinho cor-de-rosa. Doris era a avó da equipe, nossa mãezona. Nós todos a observávamos abaixar e coçar o gatinho embaixo do queixo, depois dobrar o cobertor e arrumá-lo numa caixa de papelão. O bichano entrou cautelosamente na caixa e enrolou as pernas sob o corpo para se aquecer. Seus olhos fecharam em jubiloso contentamento, mas ele só teve uns poucos segundos antes de alguém agarrá-lo e envolvê-lo nos braços. Poucos segundos, porém foi o suficiente. O pessoal estivera polarizado havia anos. Agora, todos fazíamos acordos, unindo-nos como uma família, e o gatinho estava claramente feliz em chamar a biblioteca de lar.

Só lá pelo final da manhã finalmente compartilhamos nosso camaradinha com alguém de fora da equipe. Essa pessoa foi Mary Houston, a historiadora local de Spencer e membro do conselho da biblioteca. Os funcionários já tinham aceitado o gatinho, mas ficar com ele não seria uma decisão nossa. No dia anterior, eu ligara para o prefeito, Squeege Johnson, que estava em seu último mês no cargo. Como eu suspeitava, ele não se importava. Squeege não lia, não posso nem afirmar se ele sabia que Spencer tinha uma biblioteca. O procurador municipal, para quem fiz minha segunda ligação, não sabia de nenhum estatuto que proibisse animais na biblioteca e também não se sentia disposto a gastar tempo procurando um. Tudo bem por mim. O conselho da biblioteca, um conjunto de cidadãos nomeados pelo prefeito para supervisionar a instituição, teria a palavra final. Eles não faziam objeções à ideia de um gato viver na biblioteca, contudo não posso dizer que ficaram entusiasmados. A resposta foi mais algo como "vamos tentar" do que "lógico, estamos cem por cento com você".

Por isso era tão importante encontrar um membro do conselho como Mary. Concordar em ter um animal na biblioteca era uma coisa; concordar com *este* animal era outra inteiramente diferente. Você simplesmente não pode pôr qualquer gato fofo em uma biblioteca. Se ele não for simpático, fará inimigos. Se for tímido demais, ninguém vai lhe tomar as dores. Se não for paciente, vai morder. Se for turbulento demais, fará bagunça. E, acima de tudo, ele tem de gostar de ficar entre as pessoas e fazer com que elas também gostem dele. Em resumo, tem de ser o gato certo.

Eu não tinha dúvidas quanto ao nosso menino. A partir do momento que ele me olhou nos olhos naquela primeira manhã, tão calmo e contente, eu sabia que era adequado para a biblioteca. Não havia um tremor no coração dele quando o peguei no colo, não houve um momento de pânico em seus olhos. Ele confiava inteiramente em mim. Confiava plenamente em cada pessoa da equipe. Era isso o que fazia com que fosse tão especial: sua confiança completa e imperturbável. E por esse motivo eu também confiava nele.

No entanto, isso não queria dizer que eu não estivesse um pouco apreensiva quando chamei Mary para a área dos funcionários. Ao tomar o gatinho nos braços e virar-me para encará-la, senti um tremor em meu coração, um momento de dúvida. Quando o bichano olhou-me nos olhos, algo mais tinha acontecido também: havíamos formado uma ligação. Ele era mais do que apenas um gato para mim. Tinha sido só um dia, mas eu já não suportava a ideia de ficar sem ele.

— Aí está ele! — exclamou Mary com um sorriso. Eu o segurei com um pouco mais de força quando ela estendeu a mão para acarinhá-lo no topo da cabeça, porém Dewey nem sequer enrijeceu. Ao contrário, espichou o pescoço para cheirar a mão dela.

— Nossa, ele é bonitão — disse Mary.

Bonitão. Ouvi isso repetidamente durante os próximos dias, porque não havia outro modo de descrevê-lo. Era um gato bonitão. Sua pelagem era uma mistura de laranja vibrante com branco e sutis listras mais escuras. À medida que o bichinho cresceu, o pelo ficou mais longo, mas, ainda filhote, tinha uma parte espessa e longa, cheia de estilo, só em torno do pescoço. Muitos gatos têm nariz pontudo ou a boca se projeta um pouco demais ou são ligeiramente assimétricos, porém a face desse gatinho era perfeitamente proporcional. E os olhos, aqueles enormes olhos dourados.

Não era apenas a aparência que o fazia lindo, mas também sua personalidade. Quem gostava de gatos tinha de segurá-lo. Havia algo na cara dele, no jeito como ele olhava para você, que atraía o amor.

— Ele gosta de ficar aninhado — eu disse suavemente, deslizando-o para os braços de Mary. — Não, de costas. Assim. Como um bebê.

— Um bebê de meio quilo.

— Não acho que ele chegue a pesar tudo isso.

O gatinho sacudiu a cauda e aninhou-se nos braços de Mary. Não confiava instintivamente somente no pessoal da biblioteca: confiava em todo mundo.

— Oh, Vicki — disse Mary. — Ele é adorável. Qual é o nome dele?

— Estamos o chamando de Dewey. Em homenagem ao Sistema Decimal de Dewey. Porém ainda não decidimos sobre um nome de verdade.

— Oi, Dewey. Você gosta da biblioteca? — Ele encarou Mary e depois empurrou a cabeça contra o braço dela. A historiadora ergueu os olhos com um sorriso. — Eu poderia segurá-lo o dia inteiro.

Mas é claro que ela não segurou. Pôs Dewey de volta em meus braços e eu o levei para o outro lado. O pessoal todo nos esperava.

— Foi tudo bem — eu disse. — Ganhamos uma, ainda temos de ganhar mil.

Aos poucos começamos a apresentar Dewey a alguns frequentadores regulares que sabíamos gostarem de gatos. Ele ainda estava fraco, então o passávamos diretamente para os braços deles. Marcie Muckey veio no segundo dia. Foi cativada instantaneamente. Mike Baehr e sua mulher, Peg, adoraram Dewey.

— É uma grande ideia — comentaram eles. Foi legal ouvir isso, já que Mike fazia parte do conselho da biblioteca. Pat Jones e Judy Johnson acharam-no adorável. Na verdade, havia quatro Judy Johnson em Spencer. Duas eram usuárias regulares da biblioteca, ambas fãs de Dewey. Qual o tamanho de uma cidade de dez mil habitantes? Grande o suficiente para ter quatro Judy Johnson, três lojas de móveis e duas ruas comerciais com semáforos, mas apenas uma mansão. Todo mundo a chama de "A Mansão". Típico de Iowa — sem confusão, sem perda de tempo, só os fatos.

Uma semana mais tarde, a história de Dewey saiu na primeira página do *The Spencer Daily Reporter*, com a manchete: "Perfeito acréscimo ronronante à biblioteca de Spencer". O artigo, que ocupou meia página, contava a história do milagroso resgate de Dewey e era acompanhado por uma fotografia em cores do minúsculo gatinho cor de laranja, que olhava tímida, mas confiantemente, para a câmera, de cima de um antiquado fichário com gavetas.

A publicidade é uma coisa perigosa. Durante uma semana, Dewey fora um segredo entre o pessoal da biblioteca e uns poucos clientes selecionados. Se você não viesse à biblioteca, não ficaria sabendo da existência dele. Agora, todo mundo na cidade sabia. A maioria, até frequentadores regulares da biblioteca, nem pensava uma segunda vez em Dewey. Havia dois grupos, no entanto, que estavam entusiasmados com a chegada dele: os amantes de gatos e as crianças. Só a excitação e o riso delas já bastavam para me convencer de que Dewey deveria ficar.

E houve os que se queixaram. Fiquei um pouco decepcionada, devo admitir, mas não surpresa. Não existe nada nesta verdejante terra de Deus de que alguém não vá se queixar, inclusive de Deus e da terra verdejante.

Uma mulher ficou especialmente ofendida. A carta dela, enviada para mim e para cada membro do conselho municipal, era puro fogo e enxofre, cheia de imagens de crianças tombando com repentinos ataques de asma e mulheres grávidas vítimas de abortos espontâneos ao serem expostas à areia de gato. De acordo com a carta, eu era uma mulher maluca, assassina, que não apenas amea-çava a saúde de todas as crianças inocentes na cidade, nascidas ou não, mas também destruía o tecido social da comunidade. Um animal! Em uma biblioteca! Se deixássemos ficar assim, o que impediria as pessoas de andarem com uma vaca pela Grand Avenue? De fato, ela ameaçou aparecer muito em breve na biblioteca com sua vaca a reboque. Por sorte, ninguém a levou a sério. Não tenho dúvidas de que ela falasse em nome de outras pessoas da comunidade, com seu jeito exagerado, contudo a zanga geral não era de meu interesse. Nenhuma dessas pessoas, que eu soubesse, jamais visitara a biblioteca.

Muito mais importante para mim, no entanto, eram os telefonemas preocupados. “Meu filho tem alergia. O que vou fazer? Ele adora a biblioteca.” Eu sabia que isso seria a preocupação mais comum, então estava preparada. Um ano antes, Muffin, o amado gato residente na Biblioteca de Putnam Valley, no estado de Nova York, tinha sido expulso depois que um membro do conselho desenvolveu uma severa alergia a gatos. Como consequência, a biblioteca perdeu oitenta mil dólares em doações prometidas, a maior parte vinda do patrimônio de cidadãos locais. Eu não tinha a intenção de deixar que acontecesse com o meu gato, ou a minha biblioteca, o mesmo que acontecera com Muffin.

Spencer não tinha um alergista. Assim, solicitei os serviços de dois médicos clínicos gerais. A Biblioteca Pública de Spencer, observaram eles, era um espaço grande, dividido por fileiras de estantes com um metro e vinte de altura. A área dos funcionários, meu escritório e os armários do almoxarifado eram fechados por uma divisória, deixando quase dois metros abertos para o teto. Havia duas aberturas do tamanho de portas em uma parede e, como nenhuma delas tinha porta, estavam sempre acessíveis. Até a sala dos funcionários era um espaço aberto, com as escrivaninhas encostadas umas nas outras ou separadas por estantes.

Além de essa disposição permitir a Dewey acesso livre à segurança da sala dos funcionários em qualquer momento, os médicos me garantiram que isso também evitaria o acúmulo de caspa e pelo. A biblioteca aparentemente era projetada com perfeição para evitar alergias. Se qualquer pessoa da equipe fosse alérgica, isso poderia ser um problema, mas poucas horas de exposição a cada dois dias? Os médicos concordaram que não havia com que se preocupar.

Eu falei pessoalmente com cada interlocutor interessado e transmiti essa avaliação profissional. Os pais ficaram céticos, é claro, mas boa parte deles trouxe os filhos para a biblioteca a fim de fazer uma experiência. Segurei Dewey no colo em cada visita. Eu não sabia como os pais reagiriam, contudo também não sabia como Dewey iria reagir, porque as crianças ficaram muito agitadas ao vê-lo. As mães diziam para elas ficarem quietas, serem delicadas. As crianças se aproximavam devagar, hesitantes, e sussurravam: "Oi, Dewey". E então explodiam em gritos quando suas mães as levavam embora com um rápido "Chega!". Dewey não se incomodava com o barulho, ele era o gatinho mais calmo que eu já vira. Acho que ele se importava com o fato de essas crianças não terem permissão para afagá-lo.

Passados alguns dias, porém, uma família voltou, agora com uma câmera. Dessa vez, o menininho alérgico, objeto de tamanha preocupação por parte da mãe, estava sentado ao lado de Dewey, afagando-o, enquanto a mãe tirava fotos.

— Justin não pode ter animais de estimação — ela me contou. — Eu nunca soube o quanto ele sentia falta deles. Ele já adora Dewey.

Eu também já adorava Dewey. Nós todos adorávamos Dewey. Como seria possível resistir ao charme dele? Era lindo, amoroso, sociável, e ainda mancava com suas minúsculas patinhas queimadas pelo frio. Na verdade, eu não conseguia acreditar em quanto Dewey nos amava. Como ele parecia à vontade entre estranhos. O jeito dele parecia me dizer: "Como alguém pode não amar um gato?". Ou simplesmente: "Como alguém pode resistir a mim?". Dewey não pensava nele mesmo, descobri logo, apenas como se ele fosse um gato qualquer. Ele sempre se considerou, corretamente, um gato especial.

3
Dewey Readmore Books

Dewey era um gato de sorte. Não só sobrevivera à gelada caixa de coleta da biblioteca, como caiu nos braços de um pessoal que o adorava e numa biblioteca perfeitamente projetada para cuidar dele. Não havia dúvidas: Dewey levava uma vida encantada. Mas Spencer também tinha sorte, porque Dewey não poderia ter caído em nossas vidas em época melhor. Aquele inverno não fora apenas severamente frio — fora uma das piores épocas na história da cidade.

Os que moravam na cidade grande podem não se lembrar da crise agrícola dos anos 1980. Talvez você se lembre de Willie Nelson e os concertos Farm Aid. Talvez se lembre de ter lido a respeito do colapso da agricultura familiar, de o país ter passado dos pequenos agricultores para as grandes fazendas-fábricas, que se estendiam por vários quilômetros sem uma casa de fazenda ou mesmo um trabalhador rural à vista. Para a maior parte das pessoas, isso não passava de uma história, não era algo que as afetasse diretamente.

Em Spencer, você sentia: no ar, no solo, em qualquer palavra falada. Tínhamos uma sólida base industrial, porém ainda éramos uma cidade agrícola. Sustentávamos e éramos sustentados pelos agricultores. Nas fazendas, as coisas estavam desmoronando. Eram famílias que conhecíamos, que moravam na região havia gerações, e dava para ver a tensão. Primeiro, pararam de comprar peças e máquinas novas, virando-se com consertos improvisados. Depois, cortaram os suprimentos. Por fim, pararam de pagar as hipotecas, esperando que uma colheita estrondosa endireitasse os livros-caixa. Quando o milagre não veio, os bancos executaram as hipotecas. Quase metade das fazendas no noroeste de Iowa teve suas hipotecas executadas nos anos 1980. A maioria dos novos donos eram conglomerados agrícolas gigantes, especuladores de fora do estado ou companhias de seguro.

A crise agrícola não era um desastre natural como a Dust Bowl, a série de tempestades de poeira dos anos 1930. Era, antes de mais nada, um desastre financeiro. Em 1978, o preço de terra arável em Clay County era de mil e oitocentos dólares por acre. Aí, o preço da terra disparou. Em 1982, terra arável custava quatro mil dólares o acre. Um ano mais tarde, estava a oito mil dólares por acre. Os fazendeiros fizeram empréstimos e compraram mais terras. Por que não, já que o preço subia sem parar e era possível ter mais lucro vendendo terra periodicamente do que com a agricultura?

Então a economia sofreu um revés. O preço da terra começou a cair, e o crédito secou. Os agricultores não conseguiam fazer empréstimos dando as terras como garantia para comprar maquinaria nova, nem mesmo sementes para a nova estação de plantio. Os ganhos das colheitas não eram altos o suficiente para pagar os juros dos empréstimos antigos, muitos dos quais tinham taxas de mais de vinte por cento ao ano. Demorou quatro ou cinco anos para se chegar ao fundo do poço, anos com falsos financiamentos e falsas esperanças, mas as forças econômicas jogavam os agricultores para baixo de maneira constante.

Em 1985, a Land O'Lakes, a megafabricante de margarina, saiu da usina no limite norte da cidade. Logo depois, o desemprego alcançou dez por cento, o que não parece assim tão ruim, até que você se dá conta de que a população de Spencer despencou de onze mil habitantes para oito mil em poucos anos. O valor das casas caiu vinte e cinco por cento, aparentemente de um dia para o outro. As pessoas iam embora do município, inclusive do estado de Iowa, à procura de emprego.

O preço da terra arável caiu ainda mais, fazendo com que outros fazendeiros tivessem executadas suas hipotecas. Mas a venda da terra em leilões não cobria os empréstimos: os bancos tiveram de aguentar as perdas. Eram bancos rurais, o esteio das cidades pequenas. Eles davam empréstimos a agricultores locais, homens e mulheres em que confiavam. Quando os agricultores não puderam mais pagar, o sistema desabou. Nas cidades por todo o estado de Iowa, os bancos faliram. Faliam por todo o Meio-Oeste. A associação de poupança e empréstimo em Spencer foi vendida para gente de fora a centavos por dólar, porém os novos donos não quiseram conceder outros empréstimos. O desenvolvimento econômico empacou. Já no final de 1989, não havia uma única licença de moradia emitida na cidade de Spencer. Nenhuma. Ninguém queria investir em uma cidade que estava morrendo.

Todo Natal, Spencer tinha um Papai Noel. Os varejistas patrocinavam uma rifa, e o prêmio era uma viagem para o Havaí. Em 1979, não havia uma loja de rua vaga na cidade em que o Papai Noel pudesse se instalar. Em 1985, havia vinte e cinco lojas vazias no centro da cidade, uma taxa de trinta por cento. A viagem para o Havaí foi cancelada, e Papai Noel mal chegou à cidade. Corria uma piada: o último dono de loja que sair de Spencer, por favor, apague a luz.

A biblioteca fez o que pôde. Quando a Land O'Lakes saiu da cidade, estabelecemos um banco de empregos que continha todas as nossas listagens de vagas e livros sobre exigências para admissões, descrição de cargos e treinamento técnico. Montamos um computador para que homens e mulheres da região pudessem criar currículos e cartas de apresentação. Esse foi o primeiro computador que a maioria dessas pessoas tinha visto. Era quase deprimente ver o modo como muita gente usava o banco de empregos. E se era deprimente para uma bibliotecária empregada, pense em como era deprimente para um operário de fábrica demitido, donos falidos de pequenos negócios ou um trabalhador rural sem trabalho.

Aí vem Dewey e cai no nosso colo. Não quero exagerar essa virada nos eventos porque Dewey não pôs comida na mesa de ninguém. Ele não criou empregos. Não virou nossa economia. Contudo, uma das piores coisas que acontecem em épocas ruins é o efeito exercido na cabeça das pessoas. As épocas ruins drenam nossa energia. Ocupam nossos pensamentos. Contaminam tudo na nossa vida. Notícias ruins são tão tóxicas como pão estragado. Pelo menos Dewey era uma distração.

Mas ele era muito mais. A história de Dewey entrou em ressonância com os habitantes de Spencer. Nós nos identificamos com ele. Não tínhamos todos sido jogados pelos bancos na caixa de coleta da biblioteca? Por forças econômicas externas? Pelo resto da América do Norte, que comia nossa comida, mas não se importava com as pessoas que a cultivavam?

Ali estava um gato vira-lata, deixado como morto em uma caixa de coleta congelada, aterrorizado, sozinho e agarrando-se à vida. Ele sobreviveu àquela noite escura, e esse evento terrível acabou sendo a melhor coisa que lhe aconteceu. Jamais perdeu a confiança, não importa em que situação, ou seu apreço pela vida. Era humilde. Talvez humilde não seja a palavra certa — ele era um gato, afinal —, porém não era arrogante. Era confiante. Talvez fosse a confiança do sobrevivente que quase morreu: a serenidade adquirida quando se chegou ao fim, além de qualquer esperança, e conseguiu voltar. Não sei. Tudo o que sei é que, a partir daquele momento que o encontramos, Dewey acreditou que tudo ia dar certo.

Quando estava por perto, fazia outras pessoas também acreditarem nisso. Levou dez dias para ficar saudável o suficiente a fim de explorar a biblioteca sozinho. Uma vez explorada, ficou claro que ele não tinha interesse em livros, estantes ou outros objetos inanimados. Seu interesse era por seres humanos. Se havia algum usuário na biblioteca, ele ia diretamente até ele — ainda vagaroso em suas patas machucadas, mas não mais cambaleando — e pulava em seu colo. Na maior parte das vezes, era empurrado para fora, porém a rejeição nunca o desanimou. Continuava a pular, procurando colos onde se deitar e mãos que o afagassem, e as coisas começaram a mudar.

Eu passei a notar isso nos usuários mais antigos, que muitas vezes vinham à biblioteca para folhear revistas ou examinar livros. Depois que Dewey começou a passar o tempo com eles, apareciam com mais frequência e ficavam por mais tempo. Uns poucos pareciam mais bem-vestidos, com maior cuidado à aparência. Sempre davam um aceno amigável ou um bom-dia simpático ao pessoal, mas agora se envolviam em conversas, que, em geral, eram sobre Dewey. Não se cansavam com as histórias do gato. Já não estavam apenas matando tempo: eram amigos em visita.

Um homem mais velho, em particular, vinha todas as manhãs à mesma hora, sentava-se na mesma grande poltrona confortável e lia o jornal. A esposa dele morrera havia pouco tempo, e eu sabia que ele se sentia sozinho. Eu não esperava que ele fosse um amante de gatos, contudo, desde o primeiro momento que Dewey pulou em seu colo, o homem ficou radiante. De repente ele não lia o jornal sozinho. "Você está feliz aqui, Dewey?", perguntava o homem todas as manhãs, enquanto afagava o novo amigo. O bichano fechava os olhos e, geralmente, adormecia.

Aí havia o homem no banco de empregos. Eu não o conhecia pessoalmente, porém conhecia seu tipo — altivo, trabalhador, sólido — e sabia que estava sofrendo. Ele era de Spencer, assim como a maioria dos homens que usava o banco de empregos, um operário, não um agricultor. Seu traje de procurar emprego, como seu traje de trabalho anterior, era jeans e uma camisa básica, e ele jamais usava o computador. Estudava os livros sobre como fazer currículos, examinava nossas listas de empregos e nunca pedia ajuda. Era silencioso, estável e imperturbável, mas, à medida que as semanas passavam, eu podia ver a tensão em suas costas arqueadas e o aprofundamento das rugas em seu rosto sempre bem barbeado. Todas as manhãs, Dewey se aproximava dele, entretanto o homem sempre o repelia. Então, um dia, vi Dewey sentado no colo dele e, pela primeira vez em semanas, o homem sorria. Ainda estava curvado, ainda havia tristeza em seus olhos, mas sorria. Talvez Dewey não pudesse dar muito, porém, no inverno de 1988, deu exatamente o que Spencer precisava.

Assim, doei nosso gatinho para a comunidade. O pessoal da biblioteca entendeu. Ele não era nosso gato. Não, na realidade. Ele pertencia aos frequentadores da Biblioteca Pública de Spencer. Coloquei uma caixa ao lado da porta da frente, bem ao lado do banco de empregos, e disse às pessoas:

— Sabem o gato que senta no colo de vocês e ajuda em seu currículo? Aquele que lê o jornal com vocês? Que rouba o batom de sua bolsa e o ajuda a encontrar a seção de ficção? Bem, é seu gato, e quero que me ajudem a batizá-lo.

Eu era a diretora da biblioteca havia apenas seis meses, então ainda ficava entusiasmada com concursos. A cada uma semana ou duas, púnhamos uma caixa no saguão, fazíamos um anúncio na estação de rádio local, oferecíamos um prêmio ao vencedor e tentávamos fomentar o interesse nas últimas notícias da biblioteca. Um bom concurso com um bom prêmio atraía cinquenta pessoas. Se o prêmio fosse caro, como uma televisão, podíamos chegar a setenta. Em geral, ficávamos em torno de vinte e cinco. Nossa disputa "Batize o gatinho", que não fora mencionada na rádio porque eu queria que só os usuários regulares participassem dela, e nem sequer oferecia um prêmio, recebeu trezentos e noventa e sete votos. Trezentos e noventa e sete votos! Foi aí que me dei conta de que a biblioteca tinha tropeçado em algo importante. O interesse da comunidade por Dewey estava fora de todos os nossos gráficos.

Como o Garfield comedor de lasanha estava no auge da popularidade, esse nome era uma escolha comum. Houve três votos para Tigre. Tigger foi quase tão popular quanto. Morris foi outro bem votado, por causa do gato da propaganda da ração Nine Lives. Até mesmo vislumbres culturais como Alf (um fantoche alienígena fofinho com seu próprio programa de televisão) e Spuds (em homenagem a Spuds McKenzie, o cachorro beberrão de um comercial de cerveja) receberam votos. Houve alguns votos maldosos, como Saco de Pulgas, e outros tropeçaram na tênue linha entre inteligência e esquisitice, como Catgang Amadeus Bala Puxa-Puxa (uma repentina compulsão por doces?), Ladybooks (nome estranho para um gato macho), Hopsnopper, Boxcar e Nukster.

De longe, a maioria dos votos pedia Dewey. Aparentemente, os frequentadores já tinham ficado ligados a esse gatinho e não queriam que ele mudasse. Nem mesmo o nome. Para ser honesta, o pessoal da biblioteca também não queria. Nós também tínhamos nos afeiçoado a Dewey do jeito que ele era.

Mesmo assim, o nome precisava de algo mais. Decidimos que nossa melhor opção era pensar num sobrenome. Mary Walk, nossa bibliotecária da seção infantil, sugeriu Readmore [Leiamais]. Um comercial que aparecia durante os desenhos animados nas manhãs de sábado — isso foi na época que os desenhos animados eram apenas para crianças e só passavam antes do meio-dia — apresentava um gato chamado O. G. Readmore, que encorajava as crianças a "lerem um livro e darem uma espiada na TV que existe dentro de sua cabeça". Tenho certeza de que foi daí que veio esse nome. Dewey Readmore. Perto, mas ainda faltava algo. Sugeri o sobrenome Books [Livros].

Dewey Readmore Books [Dewey Leiamais Livros]. Um nome para as bibliotecárias, que vivem pelo Sistema Decimal de Dewey. Para as crianças. Para todo mundo.

Será que "nós lemos mais livros"?* Um desafio. Um nome com o propósito de nos dar a vontade de aprender. A cidade inteira seria bem versada e informada num instante.

Dewey Readmore Books. Três nomes para nosso gato magnífico, confiante, lindo. Tenho certeza de que o teríamos chamado de "sir Dewey Readmore Books" se tivéssemos pensado nisso, mas não éramos apenas bibliotecárias, éramos de Iowa. Não nos baseávamos em pompa e circunstância. Nem Dewey. Ele sempre atendia pelo primeiro nome ou, às vezes, apenas por Dew.

* Em inglês, a pergunta — *"Do we read more books?"* tem pronúncia semelhante ao nome do gato. (N. T.)

4
UM DIA NA BIBLIOTECA

GATOS SÃO CRIATURAS METÓDICAS e não custou muito para Dewey desenvolver uma rotina. Quando eu chegava à biblioteca todas as manhãs, ele estava me esperando na porta da frente. Mordiscava a comida enquanto eu pendurava o casaco e a bolsa e depois caminhávamos juntos pela biblioteca, certificando-nos de que tudo estava em seu lugar e discutindo nossas noites. Dewey era mais farejador do que tagarela, mas eu não me importava. A biblioteca, até então fria e morta no início da manhã, estava viva e bem.

Após nossa caminhada, Dewey visitava a equipe. Se alguém tinha uma manhã difícil, ele passava mais tempo com essa pessoa. Jean Hollis Clark se casara havia pouco tempo e viajava durante quarenta e cinco minutos de Estherville até a biblioteca. Poderíamos pensar que isso a esgotasse, porém Jean era a pessoa mais calma que já se conheceu. A única coisa que a incomodava era o atrito entre alguns funcionários dali. Ela ainda trazia a tensão ao chegar na manhã seguinte, e Dewey sempre estava lá para confortá-la. Ele tinha um sentido surpreendente para saber quem precisava dele e mostrava-se sempre disposto a doar sua atenção. Mas nunca por muito tempo. Aos dois minutos para as nove horas, Dewey largava o que estivesse fazendo e corria para a porta da frente.

Sempre havia uma frequentadora esperando do lado de fora às nove em ponto, quando abríamos as portas, e ela entrava com um caloroso: "Oi, Dewey, como vai você hoje?".

Bem-vinda, bem-vinda, sempre imaginei que ele dissesse de seu posto à esquerda da porta. *Por que você não afaga o gato?*

Nenhuma resposta. Os que chegavam cedo normalmente estavam ali por algum motivo específico, o que significava que não tinham tempo de parar e conversar com um gato.

Nada de afagos? Tudo bem. Sempre há outra pessoa lá de onde você veio — seja lá de onde for.

Não demorava muito para ele encontrar um colo e, como já estava de pé havia duas horas, isso significava que era o momento para uma rápida soneca. Dewey já se sentia tão à vontade na biblioteca que não tinha qualquer problema em adormecer em lugares públicos. Preferia colos, é claro, mas, se esses não estivessem disponíveis, se enroscava dentro de uma caixa. Os cartões para o fichário vinham em caixas minúsculas, mais ou menos do tamanho de uma caixa de sapatos para bebês. Dew gostava de enfiar as quatro patas dentro de uma delas, sentar e deixar o corpo escorregar por cima da beirada da caixa. Se ela fosse um pouco maior, ele enterrava a cabeça e a cauda no fundo. A única coisa que dava para ver era um grande bolo de pelos das costas saindo pelo topo. Ele parecia um *muffin*. Certa manhã, encontrei Dewey dormindo ao lado de uma caixa cheia de cartões, com uma pata pousada dentro dela. Provavelmente levou um tempão para que ele admitisse com relutância que não havia lugar para mais nada ali.

Logo depois, eu o vi encaminhar-se lentamente para uma caixa de lenços de papel pela metade. Ele pôs as duas patas da frente dentro da fenda no topo e depois, delicadamente, pisou com as outras duas patas. Sentou-se devagar nas pernas de trás e rolou o traseiro até ficar entalado na caixa. Aí, começou a dobrar as pernas dianteiras e a forçar a frente do corpo para dentro da fenda. A operação levou quatro ou cinco minutos, até que, finalmente, só tinham sobrado a cabeça, espetada numa direção, e o rabo, espetado na outra. Observei como ele ficou olhando a distância com os olhos semicerrados, fingindo que o resto do mundo não existia.

Naqueles dias, Iowa fornecia envelopes junto com seus formulários de impostos e sempre deixávamos uma caixa deles para os frequentadores. Dewey deve ter passado metade de seu primeiro inverno enroscado dentro daquela caixa. "Preciso de um formulário", diria um usuário nervoso, "mas não queria incomodar Dewey. O que faço?"

— Não se preocupe. Ele está dormindo.

— Mas, se eu retirar um envelope, ele não vai acordar? Está deitado em cima deles.

— Oh, não. Dew está morto para o mundo.

A pessoa rolou Dewey com delicadeza para o lado e, então, muito mais cuidadosamente do que seria necessário, puxou um envelope. Poderia tê-lo sacudido, como um mágico que puxa uma toalha de mesa sob o serviço de jantar — não teria feito diferença.

— O envelope vem com pelo de gato sem custos adicionais.

Outro local de repouso favorito de Dewey era a parte de trás da copiadora.

— Não se preocupem — falei aos frequentadores confusos —, é impossível perturbá-lo. Ele dorme aí porque é quente. Quanto mais cópias vocês fizerem, mais calor a máquina produz e mais feliz ele ficará.

Se os usuários ainda não tivessem muita certeza do que fazer com Dewey, o pessoal da biblioteca não tinha essas hesitações. Uma das minhas primeiras decisões foi que nada dos recursos da biblioteca, nem um centavo, seria gasto nos cuidados com Dewey. Ao contrário, mantínhamos uma Caixinha de Dewey na sala dos fundos. Todos da equipe jogavam lá suas moedas. Como a moda era a reciclagem de latas, a maior parte de nós trazia latas de refrigerante de casa e uma das atendentes, Cynthia Berendts, as levava para um ponto de coleta todas as semanas. A equipe inteira estava "*feeding the kitty*"* para alimentar o gatinho.

Em troca dessas pequenas contribuições, recebíamos momentos infindáveis de alegria. Dewey adorava gavetas e desenvolveu o hábito de pular de dentro delas quando você menos esperava. Caso estivesse arrumando os livros na estante, ele pulava no carrinho e exigia um passeio pela biblioteca. E quando Kim Peterson, a secretária, começava a escrever à máquina, era certo que estava para começar um verdadeiro show. Assim que eu escutava o barulho das teclas, largava meu trabalho e esperava o sinal...

— Dewey está outra vez atrás das coisinhas que estalam! — gritava Kim.

Eu corria e encontrava Dewey agachado atrás da grande máquina de escrever branca Daisy Wheel da Kim. Ele virava bruscamente a cabeça de um lado para o outro à medida que os tipos iam da esquerda para a direita, depois outra vez, de volta, até que afinal não aguentava e mergulhava nas coisinhas

* *Feeding the kitty*, cuja tradução literal é "alimentando o gatinho", significa encher um cofre de moedas. A expressão mais próxima em português seria "enchendo o porquinho". (N. T.)

que estalavam, nada mais que as teclas se erguendo para bater no papel. O pessoal todo se reunia para assistir à cena e rir. As palhaçadas de Dewey sempre atraíam multidões.

O que não era pouca coisa. Todos na biblioteca tinham boas intenções, porém, ao longo dos anos, a equipe se tornara dividida e facciosa.

Só Doris Armstrong, que era mais velha e possivelmente mais ajuizada que o resto de nós, conseguia se manter amiga de todos. Ela tinha uma escrivaninha grande no meio da sala dos funcionários, sobre a qual cobria cada livro novo com uma capa protetora de plástico. Seu humor e as boas vibrações nos mantinham unidos. Além disso, era nossa maior amante de gatos e logo a escrivaninha dela se tornou um dos locais preferidos de Dewey. Ele se esparramava ali no final da manhã, piscando para as grandes folhas de plástico, o novo centro de atenção e o amigo de todos na equipe. Ele era algo que, finalmente, podíamos compartilhar. De igual importância era o fato de ele ser amigo de todos os nossos filhos (ou, no caso de Doris, dos netos). Não aconteceu nada de concreto — ninguém se desculpou ou discutiu seus problemas, por exemplo —, mas, depois que Dew chegou, a tensão começou a desaparecer. Ríamos, estávamos mais felizes, Dewey nos uniu.

Independentemente de quanto estava se divertindo, Dewey nunca se esquecia de sua rotina. Exatamente às dez e meia da manhã, ele pulava e se dirigia para a sala da equipe. Jean Hollis Clark comia iogurte no intervalo de trabalho e, se ele ficasse por ali tempo suficiente, ela o deixava lamber a tampa. Jean, tranquila e trabalhadora, sempre encontrava um meio de acomodar Dewey. Se o gato quisesse um tempo ocioso, se deitava flacidamente sobre o ombro esquerdo de Jean — só no esquerdo, jamais no direito — enquanto ela arquivava papéis. Depois de alguns meses, ele já não nos deixava segurá-lo aninhado nos braços (julgo que achava isso coisa de bebê), de modo que a equipe inteira adotou a técnica de Jean. Chamávamos isso de Transporte Dewey.

O gato também me ajudava durante o meu tempo ocioso, o que era legal, já que eu tinha uma tendência a trabalhar demais. Por muitos dias eu permanecia curvada sobre minha mesa ao longo de horas, tão entretida com os números de orçamento ou os relatórios de avaliação que nem sequer percebia que Dewey estava lá até ele pular em meu colo.

— Como vai, menininho? — eu dizia com um sorriso. — Bom ver você. — Eu o afagava algumas vezes antes de voltar ao trabalho. Insatisfeito, ele subia na minha mesa e começava a farejar. — Ah, por acaso você sentou no papel em que eu estou trabalhando, não é? Pura coincidência.

Eu o colocava no chão. Ele pulava de volta.

— Agora não, Dewey, estou ocupada. — Punha-o de volta no chão. Ele pulava de novo. Talvez se eu não der atenção a ele...

Daí o gato empurrava a cabeça contra meu lápis. Eu o empurrava para o lado. *Legal*, pensava ele, *vou jogar essas canetas no chão*. O que ele passava a fazer, uma de cada vez, observando-as cair. Não dava para não rir.

— Está bem, Dewey, você venceu. — Eu fazia uma bolinha de papel e jogava para ele. Ele corria atrás dela, cheirava-a e voltava. Típico de gato. Sempre disposto a brincar, nunca a buscar coisas. Eu ia até lá, apanhava o papel e jogava-o mais algumas vezes. — O que vou fazer com você?

Mas nem tudo eram brincadeiras e jogos. Eu era a chefe e tinha responsabilidades — como dar banho no gato. Na primeira vez que dei banho em Dewey, eu estava confiante de que as coisas iriam bem. Ele tinha adorado o banho naquela primeira manhã, não era? No entanto, dessa vez, Dewey deslizou para dentro da pia como um bloco de gelo... Como se jogado numa tina de ácido. Ele se debateu. Gritou. Pôs as patas na beirada da pia e tentou jogar o corpo para fora. Eu o segurei com os dois braços. Vinte minutos mais tarde e eu estava coberta de água. Meu cabelo arrepiou tanto que parecia que eu tinha enfiado a língua na tomada. Todo mundo ria, inclusive eu.

O segundo banho foi igualmente difícil. Consegui que Dewey fosse esfregado, mas não tive a paciência de secá-lo com a toalha e com o secador. Com esse gato maluco não dava.

— Está bem — disse a ele. — Se você detesta tanto, pode ir embora.

Dewey era um gato vaidoso. Ficava uma hora lavando a cara até que ela ficasse como ele queria. O mais engraçado era o jeito como enrolava o punho, lambia-o e o enfiava nas orelhas. Trabalhava nessas orelhas até elas ficarem brancas, reluzentes. Agora, ensopado, parecia um chihuahua esmagado por uma onda de topetes postiços. Estava patético. O pessoal ria e tirava fotos, mas Dewey parecia tão sinceramente transtornado que, depois de alguns minutos, as fotos pararam.

— Tenha senso de humor, Dew, impliquei com ele. — Foi por sua própria culpa. Ele se enroscou atrás de uma estante de livros e não saiu de lá durante horas. Depois disso, Dewey e eu concordamos que dois banhos por ano eram mais que suficientes. Combinamos também que nunca mais tentaríamos aquele atalho outra vez.

— O banho não é nada — falei a Dewey alguns meses depois de sua permanência na biblioteca, envolvendo-o em sua toalha verde. — Você não vai gostar disso nem um pouco. — Dewey nunca viajara numa gaiola; ela parecia demais com aquela caixa de coleta. Sempre que o tirava da biblioteca, simplesmente o envolvia em sua toalha verde.

Cinco minutos depois, chegamos ao consultório do doutor Esterly, na outra ponta da cidade. Havia diversos veterinários em Spencer — afinal, morávamos numa região sujeita a partos difíceis de vacas, porcos em sofrimento e cachorros de fazenda doentes —, porém eu preferia o doutor Esterly. Ele era um homem tranquilo, discreto, com um jeito extremamente ponderado de falar. Sua voz soava profunda e lenta como um rio preguiçoso. Era consciencioso e eficiente. Sabia o que estava fazendo. Adorava animais. A autoridade dele vinha da falta de palavras, e não do uso delas.

— Oi, Dewey — disse ele, examinando-o.

— O senhor acha que é absolutamente necessário, doutor?

— Gatos precisam ser castrados.

Olhei para as minúsculas patinhas de Dewey, que finalmente tinham sarado. Havia tufos de pelos saindo por entre os dedos dele.

— O senhor acha que ele é parte persa?

O doutor Esterly olhou para Dewey. Seu porte majestoso. O glorioso tufo de longos pelos laranja em torno do pescoço. Ele era um leão fantasiado de gato vira-lata.

— Não. Ele é apenas um vira-lata bonito.

Não acreditei nisso nem por um segundo.

— Dewey é um produto da sobrevivência dos mais aptos — continuou o doutor Esterly. — Seus ancestrais provavelmente moraram naquele beco durante várias gerações.

— Então, ele é um de nós.

O doutor Esterly sorriu.

— Acho que sim. — Ele apanhou Dewey e o manteve debaixo do braço. O gato estava relaxado e ronronava. A última coisa que o doutor disse antes de ambos desaparecerem pelo corredor foi: — Dewey é um belo gato.

Certamente era. E eu já estava com saudades dele.

Quando o apanhei na manhã seguinte, meu coração quase partiu ao meio. Ele tinha um olhar distante e uma barriguinha raspada. Peguei-o nos braços. Ele empurrou a cabeça contra meu braço e começou a ronronar. Estava tão contente em ver sua amiga Vicki.

De volta à biblioteca, o pessoal deixou de lado tudo o que estava fazendo. Diziam:

— Coitadinho. Coitadinho.

Eu o entreguei aos cuidados deles — era nosso amigo em comum, afinal — e voltei para o trabalho. Mais um par de mãos e ele teria sido esmagado. Além disso, a ida ao veterinário tinha me atrasado, eu estava com uma montanha de trabalho. Seriam necessárias duas de mim para fazer aquela tarefa direito, porém a cidade jamais pagaria outra pessoa, então eu tinha de dar um jeito.

Mas eu não estava sozinha. Uma hora mais tarde, quando desliguei o telefone, ergui os olhos para ver Dewey cambalear pela porta da minha sala. Eu sabia que ele tinha recebido amor e atenção do resto do pessoal, contudo dava para ver, pelo seu cambalear determinado, que ele precisava de mais alguma coisa.

Claro que gatos são divertidos, mas meu relacionamento com Dewey já era muito mais complexo e íntimo. Ele era tão inteligente. Tão brincalhão. Tratava tão bem as pessoas. Eu não tinha ainda uma ligação profunda com ele, entretanto, mesmo então, perto do início, eu o amava.

E ele também me amava. Não como ele amava todo mundo, porém de um jeito especial, mais profundo. O olhar que me lançou naquela primeira manhã significava algo. Significava mesmo. Isso nunca estivera tão claro quanto naquele momento, quando ele se aproximava com tanta determinação. Eu quase conseguia ouvi-lo dizer: *Onde você esteve? Senti sua falta.*

Inclinei-me, peguei-o e o aninhei contra meu peito. Não sei se falei alto ou para mim mesma, não importa. Dewey sempre conseguia adivinhar meus humores, se é que não a minha mente.

— Sou sua mamãe, não sou?

Ele pôs a cabeça em meu ombro, bem contra meu pescoço, e ronronou.

5
ERVA-DOS-GATOS E ELÁSTICOS

NÃO ME INTERPRETE MAL, não era tudo perfeito com Dew. Sim, ele era um gato meigo e lindo, extraordinariamente confiante e generoso, mas ainda era um gatinho. Corria feito um doido pela sala dos funcionários. Jogava o trabalho da gente no chão só de brincadeira. Era imaturo demais para saber quem realmente precisava dele e certas vezes não aceitava um "não" quando algum frequentador queria ficar sozinho. Na *Hora da história*, a presença dele fez com que as crianças ficassem tão turbulentas e imprevisíveis que Mary Walk, nossa encarregada do setor infantil, o expulsou da sala. E havia Mark, um grande boneco que representava uma criança com distrofia muscular, usado para ensinar as crianças a respeito de deficiências. Tinha tanto pelo de gato nas pernas de Mark que, por fim, tivemos de guardá-lo num armário. Dewey batalhou a noite inteira até achar um jeito de abrir o armário e voltar a dormir no colo de Mark. No dia seguinte, compramos um cadeado.

Entretanto, nada se comparava ao comportamento dele perto de erva-dos-gatos. Doris Armstrong sempre trazia presentes para Dewey, como bolinhas e camundongos de brinquedo. Ela tinha seus próprios gatos e, como perfeita mãezona que era, se lembrava de Dew ao ir à loja de animais comprar areia e a comida deles. Um dia, perto do final do primeiro verão de Dewey, ela muito inocentemente trouxe um saco de erva-dos-gatos fresca. Dew ficou tão agitado com o cheiro que achei que ia subir pela perna dela. Pela primeira vez em sua vida, o gato realmente implorou.

Quando Doris esmigalhou algumas folhas no chão, Dewey ficou louco. Começou a cheirá-las com tamanho vigor que pensei que ele ia inalar o chão. Depois de algumas cheiradas, começou a espirrar, mas não parou. Ao contrário, começou a mastigar as folhas e, em seguida, a alternar: mastigava, cheirava, mastigava, cheirava. Os músculos dele começaram a saltar, uma lenta cascata de tensão fluía de seus ossos e seguia pelas costas abaixo. Quando ele finalmente sacudiu essa tensão para a ponta do rabo, desabou no chão e rolou por cima da erva-dos-gatos para frente e para trás. Rolou até perder todos os ossos do corpo. Incapaz de andar, resvalava no solo, ondulando, enquanto esfregava o queixo no carpete como a lâmina de um trator. Quero dizer, o gato escorria. Então, lentamente, sua espinha dobrou para trás em câmera lenta, até que a cabeça estava pousada no traseiro. Ele formou oitos, ziguezagues, roscas torcidas. Juro: a metade da frente do corpo nem sequer estava conectada à metade de trás. Quando afinal, acidentalmente, acabou chapado sobre a barriga, ondulou de volta para a erva-dos-gatos e começou outra vez a rolar em cima dela. A maior parte das folhas, àquela altura, estava grudada em seu pelo, porém ele continuou cheirando e mastigando. Por fim, estirou-se de costas e começou a chutar o queixo com as patas traseiras. Os chutes continuaram até que, com alguns poucos fracos pontapés descontrolados no ar, Dewey desmaiou bem em cima do resto da erva-dos-gatos. Doris e eu nos entreolhamos com espanto e estouramos na risada. Meu Deus, como foi engraçado.

Dewey nunca se cansava de erva-dos-gatos. Muitas vezes cheirava sem muito entusiasmo folhas velhas, usadas, mas, se houvesse folhas frescas na biblioteca, ele sabia. E, cada vez que ganhava erva--gato, era a mesma coisa: as costas ondulantes, a rolagem, o resvalo, as dobras, os chutes e, finalmente, um gato muito cansado, comatoso. Nós chamávamos isso de Mambo de Dewey.

Outro interesse de Dewey — fora bonecos, gavetas, caixas, copiadoras, máquinas de escrever e erva-dos-gatos — eram os elásticos. Ele era absolutamente fanático por elásticos. Nem precisava vê-los: conseguia sentir o cheiro deles do outro lado da biblioteca. Assim que você punha uma caixa de elásticos na mesa, lá estava ele.

— Aí está, Dewey — eu dizia quando abria um novo saco. — Um para você e outro para mim. — Ele pegava o elástico com a boca e se mandava, feliz.

Na manhã seguinte, eu encontrava o elástico... Na caixa de areia dele. Parecia uma minhoca com a cabeça de fora num torrão de terra. "Isso não pode ser bom", pensei.

Dewey sempre comparecia às reuniões da equipe, mas, por sorte, ainda não conseguia entender sobre o que falávamos. Alguns anos mais tarde, aquele gato e eu conseguíamos ter longas conversas filosóficas, porém, naquele momento, era fácil encerrar a reunião com um simples lembrete:

— Não deem mais elásticos a Dewey. Não importa o quanto ele peça. Ele os come, e acho que elásticos não são o alimento mais saudável para um gatinho em crescimento.

No dia seguinte, havia mais minhocas de elástico na caixa de areia de Dewey. E no outro também. E no outro. Na reunião seguinte, fui mais direta:

— Alguém anda dando elásticos para Dewey?

Não. Não. Não. Não. Não.

— Então ele deve estar roubando. Daqui para a frente, não deixem elásticos dando sopa em cima de suas mesas.

Falar é fácil. Muito, muito mais fácil que fazer. É surpreendente o número de elásticos presente numa biblioteca. Todos nós guardamos nossos porta-elásticos, contudo isso nem tocou de leve no problema. Aparentemente, elásticos são criaturas sorrateiras. Eles escorregam para baixo do teclado do computador e rastejam para o porta-lápis. Caem embaixo da mesa e se escondem nos fios. Uma tarde, peguei Dewey revirando uma pilha de trabalho na mesa de alguém. Havia um elástico à espreita cada vez que ele empurrava de lado um pedaço de papel.

— Até os escondidos terão de sumir daqui — falei na reunião seguinte. — Vamos limpar as mesas e guardá-los. Lembrem: Dewey consegue sentir o cheiro dos elásticos.

Em poucos dias, a área dos funcionários parecia mais arrumada do que estivera em anos.

Então, Dewey começou suas incursões aos elásticos deixados por frequentadores na mesa de circulação. Foram escondidos numa gaveta. Ele achou elásticos perto da copiadora, a mesma coisa. Os usuários teriam de pedir os elásticos. Achei que era um preço pequeno a ser pago em troca de um gato que passava a maior parte do tempo tentando fazê-los felizes.

Logo a nossa contraoperação mostrou sinais de sucesso. Ainda havia minhocas na caixa de areia, mas bem menos. E Dew era obrigado a ser cara de pau. Cada vez que eu puxava um elástico, ele estava me olhando.

— Estamos ficando desesperados, não é?

Não, não, só vendo o que acontece.

Assim que eu largava o elástico, o gato atacava. Eu o empurrava, e ele sentava na mesa, esperando uma oportunidade.

— Desta vez não, Dewey — neguei com um sorriso. Admito que o jogo era engraçado.

Dewey ficou mais sutil. Ele esperava que você virasse as costas para atacar o elástico deixado inocentemente sobre a mesa. Estivera lá durante cinco minutos, os seres humanos esquecem. Os gatos, não. Dewey se lembrava de cada gaveta deixada um pouquinho aberta e voltava durante a noite para se retorcer até conseguir entrar nela. Ele nunca bagunçava o conteúdo da gaveta. Na manhã seguinte, os elásticos tinham simplesmente desaparecido.

Uma tarde, eu passava pelo nosso grande armário de suprimentos, que ia até o teto. Eu estava concentrada em algo, provavelmente números de orçamento, e só notei a porta aberta com o canto do olho. "Será que vi..."

Virei-me e voltei ao armário. Não deu outra: lá estava Dewey, sentado numa prateleira, na altura dos meus olhos, com um enorme elástico pendurado na boca.

Você não consegue deter o Dew! Vou me banquetear durante uma semana.

Eu tive de rir. No geral, Dewey era o gatinho mais bem-comportado que eu já vira. Ele nunca derrubava livros ou coisas em exposição nas prateleiras. Se eu dissesse a ele para não fazer alguma coisa, ele normalmente parava. Era infalivelmente gentil com estranhos e com as pessoas da equipe. Para um gatinho, era pura e simplesmente alegre. Mas se tornava absolutamente incorrigível quando se tratava de elásticos. O gato iria a qualquer lugar, faria qualquer coisa para mergulhar os dentes em um elástico.

— Aguenta aí, Dew — disse para ele, largando minha pilha de trabalho. — Vou tirar uma foto disso. — Quando voltei com a câmera, o gato e seu elástico tinham sumido.

— Certifiquem-se de que todos os armários e gavetas estejam bem fechados — lembrei ao pessoal. Dewey já estava famoso. Ele tinha o hábito de ficar fechado dentro de armários e gavetas e depois pular em cima da próxima pessoa a abri-los. Não sabíamos ao certo se era um jogo ou um acidente, porém Dewey claramente curtia fazer isso.

Algumas manhãs mais tarde, encontrei cartões de registro soltos de um modo muito suspeito na mesa da frente. Dewey, até então, nunca buscara elásticos presos — agora, ele os mordia todas as noites. Como sempre, era delicado mesmo no desafio. Deixava pilhas perfeitamente arrumadas, sem um cartão fora do lugar. Os cartões foram para dentro de gavetas, e as gavetas foram firmemente fechadas.

No outono de 1988, era possível passar um dia inteiro na Biblioteca Pública de Spencer sem enxergar um único elástico. Ah, eles ainda estavam presentes, mas eram recolhidos para locais onde só aqueles dotados de um polegar opositor pudessem pegá-los. Foi a suprema operação de limpeza. A biblioteca estava linda e nos sentíamos orgulhosos de nossa façanha. Só havia um problema: Dewey ainda mastigava elásticos.

Juntei uma excelente equipe de investigação para seguir todos os indícios. Precisamos de dois dias para encontrar a última boa fonte de Dewey: a caneca de café na mesa de Mary Walk.

— Mary — comecei a falar, folheando um caderno como um detetive policial em um melodrama de televisão —, temos motivos para acreditar que os elásticos estão vindo da sua caneca.

— Impossível. Nunca vi Dewey próximo da minha mesa.

— As provas sugerem que o suspeito esteja intencionalmente evitando sua mesa para nos despistar. Acreditamos que ele só aborde a caneca à noite.

— Quais são as provas?

Apontei para diversos pedacinhos de elástico mastigado no chão.

— Ele os mastiga, depois cospe. Come no café da manhã. Acho que você conhece todos os clichês.

Mary estremeceu com a ideia de o lixo no chão ter passado por dentro de um gato e depois saído do estômago dele. Mesmo assim, parecia tão improvável...

— A caneca deve ter uns quinze centímetros de altura. Está cheia de clipes, grampos, canetas, lápis... Como ele poderia saquear os elásticos sem derrubar tudo?

— Quando há determinação, encontra-se o meio. E esse suspeito já provou, em seus oito meses de biblioteca, que tem a determinação.

— Mas quase não há elásticos ali! Com certeza, essa não é a única fonte dele!

— Quer fazer uma experiência? Você põe a caneca no armário e vamos ver se ele vomita elásticos perto da sua mesa.

— Mas essa caneca tem as fotos de meus filhos!

— Bem pensado. E se apenas tirássemos os elásticos?

Mary resolveu pôr uma tampa na caneca. Na manhã seguinte, a tampa estava sobre a mesa, com marcas suspeitas de dentes ao longo de uma beirada. Não havia dúvida: a caneca era a fonte. Os elásticos foram para uma gaveta. A conveniência foi sacrificada pelo bem maior.

Nunca conseguimos apagar completamente a fixação de Dewey por elásticos. Ele perdia o interesse apenas para voltar à espreita alguns meses ou até alguns anos depois. No final, era mais um jogo que uma batalha, uma competição de vontade e perspicácia. Enquanto tínhamos vontade, o gato tinha perspicácia. E vontade. Ele era muito mais decidido em comer elásticos do que nós em impedi-lo. E tinha aquele potente nariz farejador de borracha.

Mas não vamos dar tanta importância a tudo isso. Elásticos eram um hobby. Erva-dos-gatos e caixas eram meras distrações. O verdadeiro amor de Dewey eram as pessoas, e não havia nada que ele não fizesse pelo seu carinhoso público. Lembro-me de estar perto da mesa de circulação, certa manhã, conversando com Doris, quando notamos uma criança bem pequena bamboleando por ali. Ela devia ter acabado de aprender a andar, porque seu equilíbrio era instável e os passos, desiguais. Não ajudava o fato de ter os braços envolvidos apertadamente em torno do peito, segurando Dewey em um abraço de urso. O traseiro e a cauda dele estavam grudados no rosto da criança, e a cabeça, pendurada para baixo. Doris e eu paramos a conversa e observamos espantadas enquanto a menininha caminhava com passinhos incertos, em câmera lenta, pela biblioteca, com um enorme sorriso no rosto e um gato muito resignado pendurado de cabeça para baixo em seus braços.

— Fantástico — disse Doris.

Eu deveria fazer alguma coisa, mas não fiz. Eu sabia que, apesar das aparências, Dewey tinha o controle completo da situação. Ele sabia o que estava fazendo e, não importa o que acontecesse, sabia cuidar de si mesmo.

Pensamos em uma biblioteca, ou qualquer prédio isolado, na verdade, como um lugar pequeno. Como passar o dia inteiro, todos os dias, em um aposento com mil e duzentos metros quadrados e não se aborrecer? Mas, para Dewey, a Biblioteca Pública de Spencer era um mundo enorme, cheio de gavetas, armários, estantes, caixas, elásticos, máquinas de escrever, copiadoras, mesas, cadeiras, mochilas, bolsas e um fluxo constante de mãos para afagá-lo, pernas para esfregá-lo e bocas para cantarem-lhe louvores. E colos. A biblioteca estava sempre graciosamente, maravilhosamente cheia de colos.

No outono de 1988, Dewey levou tudo isso em consideração.

6
Moneta

Tamanho é uma questão de perspectiva. Para um inseto, um pé de milho, ou até mesmo uma espiga de milho, pode ser o mundo inteiro. Para Dewey, a Biblioteca Pública de Spencer era um labirinto que o mantinha interminavelmente fascinado — pelo menos até ele começar a imaginar o que haveria do lado de fora da porta da frente. Para a maior parte das pessoas no noroeste de Iowa, Spencer é uma cidade grande. De fato, somos a maior cidade em centenas de quilômetros em qualquer direção. Os cidadãos de nove municípios se dirigem a Spencer para se divertir e fazer compras. Temos lojas, serviços, música ao vivo, teatro local e, é claro, uma feira regional. O que mais é preciso? Se houvesse uma porta que levasse da Grand Avenue para o resto do mundo, a maioria dos visitantes não teria nenhum interesse em atravessá-la.

Na escola secundária, eu me lembro de ter medo das meninas de Spencer, não porque já tivesse conhecido alguma, mas porque elas vinham da cidade grande. Como a maior parte das pessoas ali, cresci numa fazenda. Minha tia-bisavó Luna foi a primeira professora em Clay County. Ela dava aulas em uma casa de sapê de um cômodo. Nunca houve árvores na planície, então os colonos construíram com o que conseguiram encontrar: capim. Raízes, terra e tudo. Meu bisavô, Norman Jipson, conseguiu acumular terra suficiente para garantir uma fazenda com casa para cada um de seus seis filhos. Não importava para onde eu fosse quando era criança: estava rodeada pela família do meu pai. A maioria dos Jipson era batista convicta e não usava calças. Está bem, os homens usavam calças. Religiosamente. As mulheres vestiam saias. Nunca vi um par de calças em mulher nenhuma do lado da família de papai.

Quando chegou a vez dele, meu pai herdou a terra e começou o duro trabalho de administrar uma fazenda familiar. Mas, primeiro, ele aprendeu a dançar. A dança estava fora de cogitação para a maioria dos batistas, porém Verlyn "Jipp" Jipson era quinze anos mais novo que seus quatro irmãos e os pais o mimavam. Rapaz, Jipp fugia e dirigia o caminhão durante uma hora até Roof Garden, um resort da época dos anos dourados de 1920, à beira do lago Okoboji, onde havia bailes nas noites de sexta-feira. Okoboji é um nome místico em Iowa. West Okoboji, a peça central de uma cadeia de cinco lagos, é o único lago de água azul do estado, alimentado por fontes, e vem gente de Nebraska e até de Minnesota, que tem poucos lagos próprios, para os hotéis ao longo de suas margens. No final dos anos 1940, o lugar mais quente na região, talvez mesmo em todo o estado de Iowa, era Roof Garden. Todas as bandas famosas de suingue tocaram ali, e, muitas vezes, o salão de baile ficava tão cheio que era impossível se mexer. A Segunda Guerra Mundial tinha acabado e parecia que a festa ia continuar para sempre. Do lado de fora, no calçadão de madeira, havia uma montanha-russa, uma roda-gigante, luzes, sons e meninas bonitas o suficiente para fazê-lo esquecer que o lago Okoboji era uma brilhante alfinetada azul no imenso vazio das Grandes Planícies norte-americanas.

E lá, naquele pequeno círculo de luz, Jipp Jipson conheceu Marie Mayou. Dançaram a noite inteira e quase todas as outras noites durante os seis meses seguintes. Meu pai manteve o relacionamento em segredo porque sabia que sua família jamais aprovaria. Os Mayou não eram como os Jipson. Eram franceses puro-sangue de Montreal, pessoas ardentes, apaixonadas. Amavam com afinco, lutavam com afinco, bebiam com afinco e até iam à igreja com afinco, com um catolicismo categórico do Meio-Oeste que quase abrasava a terra.

Os Mayou eram os proprietários do bar da cidade de Royal, Iowa, a aproximadamente dezesseis quilômetros da fazenda de papai. O pai de minha mãe era um homem maravilhoso: sociável, honesto, gentil. Além disso, era completamente alcoólatra. Quando criança, minha mãe saía da escola para trabalhar durante o rush do almoço e depois voltava para a escola por algumas horas à tarde. Frequentemente, o pai dela apagava em uma das cabines, de modo que mamãe tinha de levá-lo para a cama e para longe do caminho dos clientes.

Não que a família de Marie Mayou fosse de má reputação. Dezesseis quilômetros eram um longo caminho na Iowa dos anos 1940. O problema é que eles eram católicos. Então, mamãe e papai fugiram para se casar em Minnesota. A ferida causada pela fuga demorou alguns anos para cicatrizar, mas o espírito prático sempre prevaleceu em Iowa. O que foi feito foi feito, vamos em frente. Mamãe e papai se estabeleceram na fazenda da família e logo tiveram os três primeiros de seus seis filhos, dois meninos e uma menina. Eu era a do meio.

A fazenda da família. A ideia tem sido romantizada, porém, durante o maior período da história da agricultura familiar no mundo, ela tem sido um empreendimento difícil, mal pago e estafante. A fazenda Jipson não era diferente. Tínhamos uma bomba manual de água fria na cozinha, que tinha de ser escorvada fisicamente. Havia uma máquina de lavar roupas no celeiro de armazenamento de raízes, contudo era preciso aquecer a água no fogão no andar de cima. Depois de as roupas serem lavadas, eram espremidas uma por uma nos rolos para retirar o excesso de água. Então eram penduradas nos varais do lado de fora. Tínhamos um chuveiro no canto desse mesmo celeiro. As paredes eram de concreto, mas o chão, de ladrilhos. Era nosso luxo.

Ar-condicionado? Eu não sabia que existia tal coisa. Mamãe trabalhava seis horas por dia na cozinha, debruçada sobre o fogo, mesmo num calor de quase trinta e oito graus. As crianças dormiam no andar de cima, porém ali era tão quente nas noites úmidas de verão que levávamos nossos travesseiros para baixo e dor-míamos no chão da sala de jantar. O linóleo era a superfície mais fresca da casa.

Banheiro dentro de casa? Até os meus dez anos, usávamos uma "casinha", um buraco do lado de fora. Quando ela ficava cheia, simplesmente cavávamos um novo buraco e mudávamos o barraco. É difícil de acreditar agora, ao olhar para trás, mas é verdade.

Era a melhor infância, a melhor possível. Eu não a trocaria por todo o dinheiro em Des Moines. Para que se preocupar com brinquedos e roupas novas? Ninguém que conhecêssemos os tinha. Passávamos as roupas de uns para os outros. Passávamos os brinquedos de uns para os outros. Não havia televisão, então conversávamos. Nossa grande viagem era até a piscina municipal em Spencer, uma vez por ano. Todas as manhãs acordávamos juntos e trabalhávamos juntos.

Quando eu tinha dez anos, mamãe e papai tiveram seu segundo conjunto de três filhos — Steven, Val e Doug. Eu criei essas crianças junto com mamãe. Éramos os Jipson. Existíamos uns para os outros. É escuro em uma fazenda à noite, e vazio, e solitário, mas eu sabia que nada no mundo poderia me fazer mal — nem russos, nem foguetes, nem ladrões. Eu tinha a minha família. E se as coisas ficassem realmente ruins, havia a plantação de milho. Eu sempre poderia correr e desaparecer dentro dela.

É claro que não estávamos verdadeiramente sozinhos. Cada trecho de duzentos e sessenta hectares de terra arável, aproximadamente, cercado de todos os lados por aquelas estradas perfeitamente retas de Iowa, era chamado de uma seção. Naqueles dias, a maior parte das seções continha quatro fazendas pertencentes a famílias. Três famílias e meia na nossa seção eram católicas (nós éramos a metade!) e havia ao todo dezessete crianças, assim tínhamos nosso próprio time de beisebol. Mesmo que só aparecessem quatro crianças, jogávamos beisebol. Não me lembro de nenhum outro jogo. Eu era pequena, mas, aos doze anos, conseguia mandar uma bola de beisebol por cima da vala e para dentro do milharal. Todas as noites nos reuníamos em torno da mesa da família Jipson e dávamos graças a Deus por termos passado mais um dia sem perder nossa bola de beisebol no milharal.

A pouco mais de três quilômetros do nosso campo ao leste, no final da segunda seção, havia a cidade de Moneta, Iowa. Spencer e Moneta estavam a apenas trinta e dois quilômetros de distância, contudo podiam muito bem estar em mundos diferentes. Algumas pessoas poderão achar essa extensão de trinta e dois quilômetros desinteressante, mas, se dirigir por ela em setembro, quando o céu escurece com nuvens azuis de tempestade e as plantações formam retalhos de todas as gloriosas nuances de marrom, sofrerá uma pressão muito forte para não a julgar linda. O realce, provavelmente, é o desbotado outdoor de madeira fora da cidade de Everly, proclamando-a a Campeã de Basquete Feminino de Iowa de 1966. Eu me lembro daquele time. Everly ganhou de nós por um ponto nas finais regionais, que aconteciam em Spencer. Eu poderia contar como foi o jogo, porém já levei mais tempo para mencionar o outdoor do que gastamos para atravessar Everly, que tem apenas quinhentos habitantes.

A população de Moneta jamais chegou a esse número, contudo era maior se fossem incluídos todos os fazendeiros, como a minha família, que se considerava membro dessa maravilhosa comunidade. Nos anos 1930, Moneta era a capital do jogo no noroeste de Iowa. O restaurante na Main Street era um local de venda clandestina de bebidas alcoólicas e havia um salão de jogatina nos fundos, acessível por meio de uma porta secreta. Na época que eu era criança, essas lendas já tinham acabado havia muito tempo, substituídas em nossa imaginação pelo campo de beisebol e as abelhas. Cada comunidade tem alguma coisa de que uma criança se lembra. Venha a Spencer daqui a sessenta anos e as pessoas mais velhas dirão: "Tínhamos um gato. Ele morava na biblioteca. Qual era mesmo o nome dele? Ah, sim, Dewey. Vou sempre me lembrar do Dewey". Em Moneta, eram as abelhas. Uma família do local tinha sessenta colmeias, e o mel era famoso em quatro municípios, o que parecia ser o mundo inteiro.

O ponto central da cidade, no entanto, era a Escola Moneta, um prédio de dez cômodos e dois andares, de tijolo vermelho, na mesma rua do campo de beisebol. Quase todo mundo na cidade frequentara a Escola Moneta, pelo menos durante alguns anos. Só havia oito crianças na minha sala, mas o que nos faltava em tamanho era compensado pelo conforto. Duas habitantes locais faziam comida caseira para a escola inteira todos os dias. Janet e eu, as únicas meninas na classe, muitas vezes tínhamos permissão especial para irmos, de manhã, pôr glacê nos pães de canela. Se você estivesse com algum problema, uma professora o acompanharia até o círculo escondido no bosque de árvores atrás da escola, onde poderiam conversar a sós. Se quisesse ficar sozinho ou com alguém especial, ia para o bosque também. Foi onde recebi meu primeiro beijo. A Escola Moneta tinha uma festa no final de cada ano escolar, com corridas de saco e de cavalos e, é claro, jogos de beisebol. A cidade inteira trazia lanches de piquenique. Todo mundo participava. No meio do verão, quando o milho estava tão alto que ro-deava a cidade como um muro, havia a Reunião da Escola Moneta, que atraiu milhares de pessoas no ano de 1950. Todo mundo tinha orgulho daquela escola. Todo mundo.

Aí, em 1959, o estado de Iowa fechou a Escola Moneta. A cidade havia muito vinha perdendo população, e o estado já não conseguia justificar a despesa. Moneta sempre fora o centro para os agricultores locais, porém a agricultura estava mudando. No início dos anos 1950, a primeira geração de colheitadeiras e ceifeiras-debulhadoras gigantes permitiu aos agricultores arar e colher campos maiores. Alguns deles compraram as novas máquinas, depois compraram as terras vizinhas e dobraram a produção. Mais tarde, usaram o dinheiro para comprar mais terras vizinhas. Famílias de agricultores começaram a desaparecer, mudando-se para os centros locais, como Spencer, e com elas foram-se as casas de fazenda, os jardins familiares e as fileiras de árvores que os colonos originais tinham plantado para proteger a casa do sol do verão e do vento do inverno. Eram árvores enormes, com um metro e meio de largura e cem anos de idade. Quando os grandes fazendeiros chegaram, derrubaram tudo — árvores, construções, tudo —, fizeram uma pilha e atearam fogo até reduzir a cinzas. Para que manter uma casa na qual ninguém está morando quando se pode ter um campo? A terra voltou, mas não para a natureza. Foi para o milho.

As velhas famílias de agricultores criavam animais. Plantavam jardins, tinham plantações em campos menores, distintos. Nas grandes fazendas novas, havia apenas milho e a plantação que o acompanha, soja. A cada ano, Iowa plantava mais milho, porém cada vez comia menos da colheita, pelo menos como grãos e espigas. Uma grande parte era usada como alimento para os animais. Parte acabou virando etanol. O resto era separado e processado. Já parou para pensar o que é goma xantana? É milho processado, como quase tudo mais naquela longa lista de ingredientes impossíveis de serem identificados, impressa na embalagem do seu jantar. Setenta por cento da dieta média do norte-americano — setenta por cento! — é milho.

Mas a vida na região agrícola não é fácil. Poucas fazendas grandes valem uma fortuna, contudo, para a maioria dos fazendeiros e das pessoas que dependem deles — empregados agrícolas, vendedores, donos de instalações de armazenagem e de usinas de processamento, comerciantes locais —, o dinheiro é curto, o trabalho é duro e a vida fica muitas vezes fora do controle. Se não chover, se não parar de chover, se ficar quente demais ou frio demais, se os preços não se mantiverem quando o produto chegar ao mercado, não há muito que se possa fazer. A vida na fazenda já não são mais dezesseis hectares e uma mula. Os agricultores precisam de grandes ceifeiras-debulhadoras para arar grandes campos, e essas máquinas podem custar quinhentos mil dólares ou mais. Acrescente o preço de sementes, produtos químicos e despesas para viver, e as dívidas de um fazendeiro podem facilmente passar de um milhão. Se tropeçarem, ficarem para trás no tempo ou simplesmente tiverem um período de má sorte, grande parte não conseguirá se manter.

O mesmo se aplica às cidades na região agrícola. As cidades, afinal, são uma coleção de pessoas. A cidade se apoia nas pessoas, e as pessoas se apoiam na cidade. Do mesmo modo que o pólen e a seda do milho, elas são interdependentes. É por isso que as pessoas do noroeste de Iowa têm tanto orgulho de suas cidades. É por isso que investem tanta energia em fazer com que as cidades funcionem. Plantam árvores, constroem parques, fazem parte de organizações comunitárias. Sabem que, se uma cidade não estiver constantemente olhando para a frente, poderá ficar para trás, e até mesmo morrer.

Alguns cidadãos acham que o incêndio do elevador de grãos, nos anos 1930, acabou com a cidade de Moneta. Eu acho que foi o fechamento da Escola Moneta. Em 1959, depois que as crianças Jipson começaram a ter de ir de ônibus para Hartley, a dezesseis quilômetros de distância, papai perdeu o interesse em lutar pela fazenda. Nossa fazenda não produzia, e papai não tinha condições de comprar as grandes maquinarias novas. Ele entrou para um negócio de compra de gado e, mais tarde, começou a vender seguros. Os Jipson estavam havia três gerações na agricultura, mas, dois anos depois de a Escola Moneta fechar, papai vendeu a propriedade para um vizinho e passou a trabalhar na venda de seguros em tempo integral. Ele odiava aquilo, odiava ter de usar táticas de amedrontamento e aproveitar-se de famílias necessitadas. Acabou trabalhando como vendedor para a marca Crow de sementes. O vizinho que comprou nossa fazenda demoliu nossa casa, derrubou nossas árvores e transformou os quase sessenta e cinco hectares em plantação. Ele chegou até a retificar o riacho. Muitas vezes passo de carro por lá sem nem sequer reconhecer o lugar. Tudo o que restou de minha infância foi o primeiro um metro e vinte da nossa entrada de terra.

Percorra hoje vinte e quatro quilômetros para o oeste de Spencer e ainda há um sinal na beira da estrada para Moneta. Vire à esquerda. Três quilômetros e duzentos metros além e o pavimento termina, deixando apenas uma trilha de terra que passa entre os campos. Mas não há uma cidade. Talvez existam umas quinze casas, pelo menos metade delas abandonadas. Não se vê um único negócio. Quase todos os prédios na antiga faixa do centro da cidade de que me lembro da minha infância desapareceram, substituídos por um milharal. É possível ficar de pé no antigo local da Moneta General Store, onde as crianças ficavam paralisadas diante do gigantesco balcão cheio de balas e apitos, e observar as máquinas cultivadoras se arrastarem pelos campos, com as calhas em formato de cone na frente e os barris de fertilizantes e veneno amarrados atrás, como minúsculos gafanhotos caminhando pé ante pé por um vasto vazio. O salão de dança permanece, assim como o velho ponto de venda clandestina de álcool, porém ambos estão com as venezianas fechadas. Dentro de alguns anos, também terão desaparecido.

A Escola Moneta ainda está de pé atrás de uma velha cerca de arame, mas árvores crescem espontaneamente entre os tijolos. A maioria das janelas está quebrada. Cabras viveram na construção durante uma década, destruindo o assoalho e fazendo buracos nas paredes — ainda se consegue sentir o cheiro delas. A única coisa que restou foi a reunião. Quarenta anos depois do fechamento da Escola Moneta, a reunião anual ainda atraía mil pessoas por ano em volta do campo em que costumávamos organizar os jogos de beisebol e as festas de fim de ano. Agora, a reunião se reduziu a uns cem participantes. A escola já está fechada há cinquenta anos, não sobraram assim tantos diplomados. Logo, o sinal na estrada 18 será a última coisa ainda de pé, indicando os três quilômetros e duzentos metros pela solitária estrada para Moneta.

7
Grand Avenue

A crise agrícola dos anos 1980 foi dura, porém a maioria de nós nunca acreditou realmente que aconteceria com Spencer o mesmo que aconteceu com Moneta. Nunca acreditamos que ela se daria por vencida, fosse soprada para longe, desaparecesse. Ao longo de toda sua história, afinal, a cidade mostrara capacidade de rápida recuperação. Nada jamais foi dado de bandeja a Spencer ou a seus cidadãos. O que tínhamos foi ganho por nós.

Spencer começara como uma cidade de mentira. Nos anos 1850, um construtor vendeu lotes numerados em um grande pedaço de terra perto de uma curva no rio Little Sioux. Os colonos esperavam uma cidade próspera em um vale fértil do rio, mas nunca a encontraram. Não havia nada além de um rio preguiçoso e uma única cabana... A seis quilômetros de distância. O único lugar onde existia uma cidade era no papel.

Os colonos resolveram ficar. Em vez de chegarem em uma cidade estabelecida, ergueram da terra uma comunidade. Spencer constituiu-se legalmente em 1871 e imediatamente fez uma petição ao governo por uma estação ferroviária, que só conseguiria quase cinquenta anos depois. Mais tarde, no mesmo ano, arrebatou a sede do Clay County de Petersen, uma cidade maior, quarenta e oito quilômetros ao sul. Spencer era uma cidade de trabalhadores de produção. Não tinha pretensões, porém sabia que, aqui, nas planícies, era preciso se manter em movimento, modernizando-se e crescendo.

Em junho de 1873, chegaram os gafanhotos e devoraram as plantações até o talo antes de passarem para o grão colhido. Em maio de 1874, eles voltaram. Vieram outra vez em julho de 1876, exatamente quando o trigo estava amadurecendo e o milho se transformando em pendões e seda. Como foi descrito no Centenário de Spencer, um relato da comunidade escrito para o centésimo aniversário, "os gafanhotos comeram a cabeça dos grãos e se instalaram sobre o milho, até ele quebrar devido ao peso deles. A destruição foi completa".

Os agricultores abandonaram a região. Os residentes da cidade entregaram suas casas e escritórios aos credores e foram embora do município. Os que ficaram se reuniram e ajudaram uns aos outros durante um longo e faminto inverno. Na primavera, lutaram juntos por crédito suficiente a fim de comprar sementes para um plantio pleno. Os gafanhotos comeram tudo até a beirada ocidental de Clay County, a cerca de sessenta e cinco quilômetros de distância, mas não foram além. A colheita de 1887 foi a melhor que a região já produziu. Os gafanhotos nunca mais voltaram.

Quando a primeira geração de colonos ficou velha demais para a agricultura, eles se mudaram para Spencer. Construíram pequenos bangalôs rústicos ao norte do rio, misturando-se aos comerciantes e empregados. Quando a estrada de ferro finalmente chegou, os agricultores locais já não tinham de dirigir oitenta quilômetros num cavalo com carroça até o mercado. Agora, outros agricultores dirigiam trinta e dois quilômetros até Spencer. A cidade comemorou alargando a estrada que ia do rio até a estação de trem. Aqueles oito quarteirões, batizados de Grand Avenue, se tornaram o principal corredor varejista da região inteira. Havia um banco de poupança e empréstimos no centro, uma fábrica de pipoca ao norte, perto do espaço das feiras, uma fábrica de blocos de concreto, uma olaria e uma serraria. No entanto, Spencer não era uma cidade industrial. Não existiam grandes instalações industriais. Não havia capitalistas de fronteira com alfinetes de gravata de diamantes, fumando notas de vinte dólares. Não existia uma fileira de mansões vitorianas. Havia os campos, os agricultores e os oito quarteirões de comércio sob o nosso enorme céu azul de Iowa.

Então chegou 27 de junho de 1931.

A temperatura estava em quarenta graus quando, à uma e trinta e seis da tarde, um garoto de oito anos acendeu uma estrelinha do lado de fora da farmácia Otto Bjornstadt's, na esquina das ruas Main e West Fourth. Alguém gritou, e o garoto, assustado, deixou cair a estrelinha em um grande mostruário de fogos de artifício. Aquilo explodiu e o fogo, impelido por um vento quente, espalhou-se pela rua. Em minutos, o incêndio queimava os dois lados da Grand Avenue, completamente fora do controle do pequeno departamento de bombeiros de Spencer. Catorze cidades vizinhas mandaram equipamento e homens, mas a pressão da água era tão baixa que tiveram de bombear água do rio para o duto principal. No auge do incêndio, a calçada da Grand Avenue pegou fogo. No final do dia, trinta e seis prédios que abrigavam setenta e dois estabelecimentos comerciais, bem mais da metade do comércio da cidade, estavam destruídos.

Não posso imaginar o que aquelas pessoas pensaram enquanto observavam a fumaça flutuar por cima dos campos e os remanescentes em combustão de sua amada cidade. Naquela tarde, o noroeste de Iowa deve ter se sentido um local solitário, isolado. Ali, as cidades morrem. O comércio estremece, as pessoas se mudam. A maior parte das famílias em Spencer tinha duramente conseguido seu meio de vida na região havia três gerações. Então, no momento mais agudo da Grande Depressão — ela já tinha começado na costa, porém só viria a se espalhar pelo interior, como o noroeste de Iowa, em meados dos anos 1930 —, o coração de Spencer estava em cinzas. O custo, pouco mais de dois milhões de dólares no período da Depressão, ainda é o desastre mais caro causado por ato humano na história de Iowa.

Como eu sei tudo isso? Todo mundo em Spencer sabe. O fogo é nossa herança. A única coisa que não sabemos é o nome do menino que começou o incêndio. Alguém sabe, é claro, mas houve uma decisão de manter a identidade em segredo. A mensagem: somos uma cidade. Estamos nisso juntos. Não vamos acusar ninguém. Vamos reparar o problema. Aqui, chamamos isso de atitude progressista. Se você perguntar a qualquer pessoa em Spencer a respeito da cidade, ela lhe dirá que "é progressista". Esse é o nosso mantra. Se perguntar o que significa "progressista", diremos: "Temos parques". Nos oferecemos para ajudar. Sempre procuramos melhorar. Se você for mais fundo, pensaremos um minuto e finalmente diremos: "Bem, houve um incêndio...".

Não é o incêndio o que nos define — é o que a cidade fez depois dele. Dois dias após a catástrofe, uma comissão se reuniu para tornar o novo centro da cidade tão moderno e à prova de acidentes quanto possível, mesmo que as lojas abrissem em casas e anexos. Ninguém admitiu derrota. Ninguém disse: "Vamos reconstruir do jeito que era". Os líderes da nossa comunidade tinham viajado a cidades grandes do Meio-Oeste, como Chicago e Minneapolis. Eles tinham visto o planejamento coeso e o estilo elegante de locais como Kansas City. Dentro de um mês, um plano-mestre foi criado para um moderno centro da cidade em art déco, no estilo das cidades mais prósperas da época. Todos os prédios destruídos tinham um proprietário individual, porém cada um deles também fazia parte da cidade. Os proprietários adotaram o plano. Eles compreenderam que moravam, trabalhavam e sobreviviam juntos.

Se você visitar Spencer hoje, poderá não achá-la art déco. A maior parte dos arquitetos eram de Des Moines e Sioux City e eles construíram num estilo que chamaram de *prairie déco*. Os prédios eram baixos. Na maioria, de tijolos. Alguns poucos têm pequenas torres ao estilo das Missões, como o Álamo. O estilo *prairie déco* é prático. Discreto, mas elegante. Não é espalhafatoso. Não se mostra. É adequado para nós. Gostamos de ser modernos em Spencer, mas não gostamos de chamar a atenção.

Quando você for ao centro, talvez para um doce na padaria Carroll Bakery ou para fazer compras na The Hen House, provavelmente não notará as fachadas de lojas baixas e as longas linhas puras. Ao contrário, vai estacionar ao longo da Grand Avenue e caminhar sob as grandes marquises chatas e em frente às vitrines de vidro. Perceberá os postes de luz de metal da rua e as incrustações de tijolo nas calçadas, o jeito como as lojas parecem fluir umas depois das outras, e vai pensar com seus botões: "Gosto daqui. Eis um centro de cidade que funciona".

O nosso centro é o legado do incêndio de 1931, mas é também o legado da crise agrícola dos anos 1980. Quando os tempos estão difíceis, ou se juntam as forças ou se desmorona. Isso vale para famílias, cidades e até pessoas. No final dos anos 1980, Spencer mais uma vez juntou suas forças. E, mais uma vez, a transformação ocorreu de dentro para fora, quando os comerciantes da Grand Avenue, muitos em lojas administradas por seus avôs em 1931, decidiram que poderiam tornar a cidade melhor. Contrataram um administrador de empresas para o corredor varejista do centro inteiro da cidade, fizeram melhorias na infraestrutura e investiram pesado em publicidade, mesmo quando parecia já não haver dinheiro algum sobrando para a comunidade gastar.

Lentamente, as rodas do progresso começaram a girar. Um grupo local comprou e começou a restaurar o The Hotel, o maior prédio e o mais antigo legado histórico na cidade. O edifício decadente era uma visão horrorosa e um escoadouro da energia e da boa vontade coletivas. Agora, passou a ser uma fonte de orgulho, uma promessa de dias melhores. Ao longo da parte comercial da Grand Avenue, os lojistas pagaram por novas vitrines, melhores calçadas e distrações para as noites de verão. Eles realmente acreditavam que os melhores dias para Spencer estavam por vir e, quando os visitantes vinham ao centro, ouviam música e caminhavam em calçadas novas, também acreditavam nisso. Como não fosse suficiente, na extremidade sul do centro da cidade, logo depois da Third Street, havia uma biblioteca bem arrumada, acolhedora, recém-reformada.

Pelo menos, esse era o meu plano. Assim que fui nomeada diretora em 1987, comecei a pressionar para conseguir dinheiro a fim de reformar a biblioteca. Não havia um administrador da cidade, e até o prefeito era um cargo de período parcial, um posto em grande parte cerimonial. O conselho municipal tomava todas as decisões. Então, foi ao conselho que me dirigi... Outra vez, outra vez e outra vez.

O conselho municipal de Spencer era uma clássica rede de velhotes, uma extensão dos mediadores políticos que se reuniam no Sister's Café. O Sister's ficava a apenas seis metros de distância da biblioteca, mas não acredito que um único membro daquele grupo já tenha pisado em nosso prédio. É claro, eu nunca frequentara o Sister's Café, então o problema era recíproco.

— Dinheiro para a biblioteca? Para quê? Precisamos de mais empregos, não de livros.

— A biblioteca não é um armazém — afirmei ao conselho. — É um centro comunitário vital. Temos recursos de localização de empregos, salas de reunião, computadores.

— Computadores! Quanto estamos gastando em computadores?

Era sempre esse o perigo. Comece a pedir dinheiro e, mais cedo ou mais tarde, alguém vai dizer: "Para que uma biblioteca quer dinheiro, afinal? Vocês já têm livros suficientes".

Eu disse a eles:

— Estradas recém-pavimentadas são legais, porém não levantam o ânimo da nossa comunidade. Pelo menos não como uma biblioteca calorosa, simpática e acolhedora. Não seria ótimo para o moral ter uma biblioteca da qual possamos nos orgulhar?

— Para ser sincero, não vejo que diferença farão livros mais bonitos.

Quase um ano depois de eu ter sido deixada de escanteio, me sentia frustrada, mas certamente não derrotada. Aí aconteceu uma coisa engraçada: Dewey começou a reforçar meu argumento. No final do verão de 1988, havia uma mudança notável na Biblioteca Pública de Spencer. O número de visitantes aumentara. As pessoas permaneciam ali por mais tempo. Elas saíam de lá felizes e essa felicidade era levada para as casas, as escolas e os locais de trabalho. Melhor ainda: as pessoas conversavam a respeito.

— Eu estava lá na biblioteca — comentaria alguém enquanto olhava as vitrines na nova e melhorada Grand Avenue.

— Dewey estava lá?

— Claro.

— Ele sentou em seu colo? Ele sempre senta no colo da minha filha.

— Na verdade, eu estava tentando pegar um livro numa prateleira alta, sem prestar lá muita atenção, e, em vez do livro, agarrei um pedaço de Dewey. Levei um susto tão grande que deixei um livro cair bem em cima do meu dedo do pé.

— E o que Dewey fez?

— Ele riu.

— Mesmo?

— Não, mas eu ri.

A conversa deve ter chegado ao Sister's Café, porque até o conselho municipal acabou por notar. Gradualmente, a postura deles foi mudando. Primeiro, pararam de rir de mim. Depois, começaram a escutar.

Até que o conselho finalmente disse:

— Vicki, talvez a biblioteca realmente faça uma diferença. Neste momento estamos numa crise financeira, como você sabe, e não temos dinheiro. Mas, se você conseguir os recursos, terá nosso apoio.

Não era grande coisa, admito, porém era o máximo que a biblioteca já conseguira em muito, muito tempo.

8
Os melhores amigos de um gato

O COCHICHO QUE O CONSELHO municipal escutou no outono de 1988 não era meu. Ou, pelo menos, não só meu. Era a voz do povo se animando, vozes que em geral nunca eram ouvidas: residentes mais velhos, mães, crianças. Alguns frequentadores vinham à biblioteca com um objetivo — retirar um livro, ler o jornal, encontrar uma revista. Outros consideravam a biblioteca como um destino em si. Curtiam passar o tempo lá, onde eram assistidos e fortalecidos. A cada mês, havia um número maior dessas pessoas. Dewey não era apenas uma novidade: ele era um instrumento na comunidade. As pessoas iam à biblioteca para vê-lo.

Não que Dewey fosse um animal especialmente bajulador. Ele não corria ao encontro de cada pessoa que entrava. Tornava-se disponível na porta da frente se as pessoas o quisessem; se não, elas podiam desviar e continuar seu caminho. Essa é a sutil diferença entre cachorros e gatos, e especialmente um gato como Dewey: os gatos podem precisar de você, porém não são carentes.

Quando usuários regulares entravam e Dewey não estava lá para recebê-los, eles muitas vezes percorriam a biblioteca procurando pelo gato. Primeiro, olhavam para o chão, imaginando que Dewey estaria escondido num canto. Depois, examinavam o alto das estantes.

— Ah, como vai, Dewey? Eu não tinha visto você aí — diriam eles, estendendo a mão para afagá-lo. Dewey oferecia o topo da cabeça para ser acarinhado, contudo não os seguia. Os frequentadores pareciam sempre decepcionados.

No entanto, assim que se esqueciam dele, Dewey pulava em seus colos. Era quando eu via os sorrisos. Não era apenas pelo fato de Dewey ficar com eles durante dez ou quinze minutos — era porque os escolhera como objeto de uma atenção especial. No final do primeiro ano, dúzias de leitores me diziam:

— Sei que Dewey gosta de todo mundo, mas eu tenho um relacionamento especial com ele.

Eu sorria e concordava com a cabeça. "É verdade, Judy," pensava, "você e todo mundo que vem a esta biblioteca."

É claro que se Judy Johnson (ou Marcy Muckey, ou Pat Jones, ou qualquer um dos outros fãs de Dewey) permanecesse ali por mais tempo, com certeza ficaria decepcionada. Muitas vezes tive essa conversa, apenas para ver o sorriso desaparecer meia hora mais tarde, quando, ao sair da biblioteca, ela por acaso notava Dewey sentado no colo de outra pessoa.

— Oh, Dewey — diria Judy. — Achei que eu era a única!

Ela olhava para o gato durante alguns segundos, porém Dewey não erguia os olhos. Então ela sorria. Eu sabia o que Judy estava pensando. "Esse é só o trabalho dele. Ele ainda me ama mais do que os outros."

E então havia as crianças. Se você quisesse compreender o efeito que Dewey tinha sobre Spencer, era só observar as crianças. Os sorrisos quando entravam na biblioteca, a alegria com que elas o procuravam e o chamavam, a excitação quando o encontravam. Por trás delas estavam as mães, sorrindo também.

Eu sabia que as famílias estavam sofrendo e que, para muitas dessas crianças, os tempos estavam difíceis. Os pais nunca discutiam seus problemas comigo ou com ninguém da equipe. Provavelmente, não discutiam nem com os amigos mais próximos. Não é o nosso jeito por aqui — não falamos a respeito de nossa situação pessoal, seja ela boa, ruim ou indiferente. Mas dava para ver. Um menino usava o casaco velho, do inverno anterior. A mãe dele parou de usar maquiagem e, mais tarde, suas joias. O menino adorava Dewey, se agarrava a ele como um verdadeiro amigo. E a mãe nunca parava de sorrir quando os via juntos. Então, por volta de outubro, o menino e sua mãe pararam de visitar a biblioteca. A família, fiquei sabendo, tinha se mudado repentinamente.

Aquele não foi o único menino que usou um casaco velho naquele outono, e certamente não era a única criança que adorava Dewey. Todas elas queriam, chegavam a ansiar pela atenção dele, tanto que aprenderam a controlar-se o suficiente para passar a *Hora da história* com ele. Toda terça-feira de manhã, o murmúrio de crianças excitadas no Salão Redondo, onde tinha lugar a *Hora da história,* era subitamente pontuado por uma exclamação de "Dewey está aqui". Começava uma movimentação maluca quando todas as crianças na sala tentavam afagar Dewey ao mesmo tempo.

— Se vocês não ficarem quietas — dizia Mary Walk, a bibliotecária do setor infantil —, Dewey vai ter de ir embora.

Um silêncio mal contido se abatia sobre a sala quando as crianças retomavam seus assentos, tentando conter a excitação. Quando estavam relativamente calmas, Dewey começava a deslizar entre elas, esfregando-se em cada uma e fazendo-as dar risadinhas abafadas. Logo, os garotos o agarravam e sussurravam:

— Fique aqui comigo, Dewey. Fique comigo.

— Crianças, não me façam avisá-las outra vez.

— Está bem, Mary. — As crianças sempre chamaram Mary Walk pelo primeiro nome. Ela nunca entrou numa de "senhorita Mary".

Dewey, sabendo que tinha abusado dos limites, parava de perambular e se enroscava no colo de uma criança de sorte. Não deixava uma criança agarrá-lo e mantê-lo no colo: *ele que esco-lhia* passar o tempo com ela. E cada semana optava por uma criança diferente.

Uma vez escolhido um colo, Dewey normalmente ficava quieto durante a hora inteira. A não ser que um filme fosse exibido. Aí, ele pulava para cima de uma mesa, encolhia as pernas sob o corpo e observava intensamente a tela. Quando os créditos começavam a rolar, ele fingia tédio e pulava para o chão. Antes de as crianças terem tempo de perguntar "Onde está Dewey?", ele já tinha sumido.

Só houve uma criança que Dewey não conseguiu conquistar. Ela tinha quatro anos na época que o gato chegou e vinha todas as semanas à biblioteca com a mãe e o irmão mais velho. O irmão adorava Dewey. A menina ficava o mais longe possível, parecia tensa, nervosa. A mãe acabou me confiando que a pequena tinha medo de animais de quatro patas, especialmente gatos e cachorros.

Que boa oportunidade! Eu sabia que Dewey poderia fazer com essa garotinha o que fizera com crianças que tinham alergia a gato e, finalmente, encontraram um bichano com o qual podiam passar algum tempo. Sugeri que expuséssemos delicadamente a menina a Dewey, primeiro olhando para ele da janela, depois com encontros sob supervisão.

— É uma tarefa perfeita para nosso dócil e amoroso Dewey — disse à mãe. Eu estava tão entusiasmada que cheguei a procurar os melhores livros para ajudar a garotinha a superar o medo.

Entretanto, a mãe preferiu não seguir esse caminho. Assim, em vez de tentar mudar os sentimentos da menina com relação a gatos, conciliei. Quando a pequena chegava à porta e acenava para a atendente na mesa da frente, íamos procurar Dewey e o trancávamos na minha sala. Ele detestava ficar trancafiado em meu escritório, especialmente quando havia frequentadores na biblioteca. *Vocês não precisam fazer isso,* podia ouvi-lo gritar. *Eu sei quem ela é! Não vou chegar perto dela!*

Eu detestava prendê-lo e odiava perder a oportunidade de fazer com que Dewey ajudasse a melhorar o medo da menininha, mas o que eu podia fazer? "Não force, Vicki", disse a mim mesma. "Vai acontecer."

Com isso em mente, planejei uma discreta comemoração do primeiro aniversário de Dewey: apenas um bolo feito de comida de gato para ele e um bolo normal para os frequentadores. Não sabíamos exatamente quando ele tinha nascido, mas, como o doutor Esterly calculara que tinha oito semanas quando o encontramos, fizemos as contas para trás, até o final de novembro, e escolhemos o dia 18. Encontramos Dewey no dia 18 de janeiro, assim calculamos ser esse o dia de sorte do gato.

Uma semana antes da comemoração, deixamos um cartão para as assinaturas. Em poucos dias, havia mais de cem. Na *Hora da história* seguinte, as crianças coloriram imagens de bolos de aniversário. Quatro dias antes da festa, penduramos os desenhos em um barbante, por trás da mesa de circulação. Aí o jornal publicou uma matéria e começamos a receber cartões de aniversário pelo correio. Eu não podia acreditar: as pessoas mandavam cartões de aniversário para um gato!

Quando a festa já estava rolando, as crianças pulavam de excitação. Outro gato estaria assustado, sem dúvida, porém Dewey absorveu tudo com sua habitual calma. Em vez de interagir com as crianças, no entanto, ele manteve os olhos no grande prêmio: seu bolo de comida de gato em formato de camundongo, coberto com o iogurte integral da marca de Jean Hollis Clark (ele detestava coisas diet). Enquanto as crianças davam risadinhas, olhei para os adultos reunidos nos fundos da sala, na maioria pais. Estavam sorrindo tanto quanto as crianças. Mais uma vez me dei conta de como Dewey era especial. Não era qualquer gato que poderia reunir esse tipo de fã-clube. E percebi outras coisas também: que Dewey estava causando um impacto, que ele tinha sido aceito como parte da comunidade e que, embora eu passasse o dia inteiro com ele, eu jamais ficaria sabendo dos relacionamentos que desenvolvera e todas as pessoas que ele tocara. Dewey não tinha favoritos — gostava de todo mundo do mesmo jeito.

No entanto, ao dizer isso, sei que não é verdade. Dewey tinha seus relacionamentos especiais e vou sempre me lembrar de Crystal. Durante décadas, a biblioteca abrigara todas as semanas uma *Hora da história* exclusiva para turmas de educação especial de ensino primário e médio. Antes de Dewey, as crianças não se comportavam bem. Era o grande passeio que tinham durante a semana e elas ficavam agitadas, gritavam e pulavam. Mas Dewey mudou isso. À medida que o conheciam, as crianças aprenderam que, se fossem demasiadamente barulhentas ou imprevisíveis, Dewey iria embora. Elas fariam qualquer coisa para manter o gato perto delas. Depois de alguns meses, ficaram tão calmas que era impossível acreditar ser o mesmo grupo de crianças.

As crianças não conseguiam afagar muito bem, já que a maior parte era deficiente física. Dewey não se importava. Desde que elas estivessem um pouquinho quietas, Dewey passava a hora com elas. Caminhava pela sala, se esfregando em suas pernas. Pulava no colo delas. As crianças ficaram tão aficionadas nele que não notavam mais nada. Se lêssemos o catálogo de telefone para elas, não se importariam nem um pouco.

Crystal era uma das integrantes mais incapacitadas do grupo. Ela era uma menina linda, de cerca de onze anos, mas não falava e tinha muito pouco controle dos membros. Ficava numa cadeira de rodas que tinha uma bandeja de madeira na frente. Quando ela chegava à biblioteca, trazia sempre a cabeça baixa e os olhos fixos na bandeja. A professora tirava-lhe o casaco ou o abria, e ela não se mexia. Era como se não estivesse ali.

Dewey notou Crystal de imediato, porém eles não formaram logo sua relação. Ela não parecia interessada nele e havia montes de crianças desesperadas pela atenção do gato. Então, uma semana, Dewey pulou na bandeja da cadeira de rodas de Crystal. A menina gritou. Ela vinha à biblioteca havia anos e eu nem sequer sabia que ela conseguia vocalizar! Aquele grito foi o primeiro som que ouvi a menina emitir.

Dewey começou a visitar Crystal todas as semanas. Sempre que ele pulava na bandeja, ela gritava de alegria. Era um grito alto, agudo, mas que nunca assustou Dewey. Ele sabia o que o grito significava. Podia sentir a agitação dela ou talvez conseguisse ver a mudança em seu rosto. Sempre que via Dewey, Crystal resplandecia. Os olhos da menina sempre estiveram vazios. Agora estavam em fogo.

Logo, não era apenas o gato na bandeja dela. Assim que a professora a levava à biblioteca, Crystal estava viva. Quando ela via Dewey, que a esperava à porta da frente, imediatamente começava a vocalizar. Não era seu grito agudo costumeiro, mas um som mais grave. Eu acreditava que ela chamava por Dewey. O gato devia achar isso também, porque, assim que ouvia o grito, já estava ao lado dela. Uma vez que a cadeira de rodas estacionava, ele pulava na bandeja e a felicidade explodia dentro da pequena. Ela começava a gritar e a sorrir, e não dava para acreditar como esse sorriso era grande e brilhante. Crystal tinha o melhor sorriso do mundo.

Geralmente, a professora de Crystal pegava a mão dela e a ajudava a afagar Dewey. Esse toque, a sensação do pelo na pele dela, sempre provocava outra rodada de gritinhos, mais altos e encantados. Juro: um dia ela ergueu os olhos e fez contato visual comigo. Estava fora de si de alegria e queria compartilhar o momento com alguém, com todo mundo. Isso vindo de uma menina que, durante anos, jamais ergueu os olhos do chão.

Uma semana, peguei Dewey da bandeja de Crystal e o pus dentro do casaco dela. Ela nem sequer gritou. Só ficou olhando para ele em profunda admiração. Ela estava tão feliz. Dewey estava tão feliz. Ele tinha um peito sobre o qual se reclinar, que era quente, e estava com alguém de quem gostava. Ele não queria sair de dentro do casaco de Crystal. Ficou lá durante vinte minutos, talvez mais. Outras crianças retiraram livros. Dewey e Crystal ficaram sentados juntos, diante da mesa de circulação. O ônibus estava com o motor ligado em frente à biblioteca e todas as outras crianças já estavam lá dentro, porém Dewey e Crystal ainda permaneciam sentados no mesmo lugar em que os tínhamos deixado, a sós. Aquele sorriso, aquele momento valia um milhão.

Não consigo imaginar a vida de Crystal. Não sei como ela se sentia quando estava fora, no mundo, ou o que ela fazia. Mas sei que, sempre que vinha à Biblioteca Pública de Spencer e se encontrava com Dewey, ela ficava feliz. E acho que ela experimentou o tipo de felicidade completa que poucos de nós sentimos. Dewey sabia disso. Ele quis que ela experimentasse essa felicidade e a amava por isso. Não é essa uma herança digna de qualquer gato ou de qualquer ser humano?

Coisas de que Dewey gosta e coisas de que não gosta

Escrito em um grande pedaço de cartolina cor de laranja e pregado na mesa de circulação da Biblioteca Pública de Spencer para o primeiro aniversário de Dewey, em 18 de novembro de 1988.

CATEGORIA	ADORA	DETESTA
Comida	Purina Special Dinners sabor leite	Qualquer outra coisa!
Lugar para dormir	Qualquer caixa ou o colo de alguém	Sozinho em sua própria cesta
Brinquedo	Qualquer coisa com erva-dos-gatos	Brinquedos que não se mexem
Hora do dia	Oito da manhã, quando o pessoal chega	Quando todo mundo vai embora
Posição do corpo	Espichado de costas	De pé durante muito tempo
Temperatura	Quente, quente, quente	Frio, frio, frio
Esconderijo	Entre os bangue-bangues da prateleira de baixo	O saguão
Atividade	Fazer novos amigos e observar a copiadora	Ir ao veterinário
Afagos	Na cabeça, atrás das orelhas	Ser coçado ou tocado na barriga
Equipamento	A máquina de escrever da Kim e a copiadora	O aspirador de pó
Animal	Ele mesmo!	—
Trato	Limpar as orelhas	Ser escovado ou penteado

CATEGORIA	ADORA	DETESTA
Remédio	Felaxin (para bolas de pelos)	Qualquer outro
Jogo	Esconde-esconde e jogar canetas no chão	Brigas
Gente	Quase todo mundo	Pessoas que são más com ele
Barulho	Embrulho de salgadinho sendo aberto e farfalhar de papel	Barulho alto de caminhão e construção e latido de cachorro
Livro	*O gato que queria ser rei*	*101 usos para um gato morto*

9
Dewey e Jodi

O relacionamento de Dewey e Crystal é importante não apenas porque mudou a vida dela, mas porque exemplifica algo a respeito de Dewey. Mostra o efeito que ele exerce sobre as pessoas. O amor dele. Sua compreensão. Até que ponto ele se importa. Pegue esse primeiro exemplo, digo cada vez que conto essa história, multiplique-o por mil e você começará a ver o quanto Dewey significava para a cidade de Spencer. Não era todo mundo, mas era uma pessoa a cada dia, um coração de cada vez. E uma dessas pessoas, muito próxima do meu próprio coração, foi minha filha Jodi.

Eu sou mãe solteira, então, quando ela era pequena, Jodi e eu éramos inseparáveis. Passeávamos com nossa cachorrinha Brandi pelo parque. Íamos ver vitrines no centro comercial. Pernoitávamos na sala de estar, só nós duas. Sempre que a televisão transmitia um filme que quiséssemos ver, fazíamos um piquenique no chão. *O mágico de Oz* — além do arco-íris, onde tudo era em cores e você tinha o poder de fazer o que sempre quisera, sendo que esse poder sempre estivera com você se soubesse como chegar a ele — passava uma vez por ano e era o nosso preferido. Quando Jodi estava com nove anos, todas as tardes, se o tempo permitisse, fazíamos uma excursão a uma região deserta nas proximidades. Pelo menos uma vez por semana excursionávamos até o topo de um penhasco de calcário, onde nos sentávamos e olhávamos o rio lá embaixo, uma mãe e sua filha conversando.

Naquela época morávamos em Mankato, Minnesota, porém passávamos bastante tempo na casa de meus pais em Hartley, Iowa. Durante duas horas, enquanto os milharais de Minnesota se transformavam em milharais de Iowa, cantávamos juntas com o velho cassete, principalmente canções cafonas dos anos 1970, como John Denver e Barry Manilow.

E sempre jogávamos um jogo especial. Eu perguntava:

— Quem é o maior homem que você conhece?

Jodi respondia e então me perguntava:

— Quem é a mulher mais forte que você conhece?

Daí eu respondia e logo perguntava:

— Quem é a mulher mais engraçada que você conhece?

Perguntávamos e respondíamos de um lado para o outro até que, por fim, eu só conseguia pensar em mais uma pergunta, a que eu estava esperando para fazer:

— Quem é a mulher mais inteligente que você conhece?

Jodi sempre respondia:

— Você, mamãe. — Ela não tinha ideia de quanto eu ansiava por ouvir aquilo.

Aí Jodi fez dez anos. Aos dez, ela parou de responder essa pergunta. Típico de uma menina em sua idade, contudo não consegui deixar de ficar decepcionada.

Com treze, depois de termos nos mudado para Spencer, ela não deixava mais eu beijá-la antes de dormir.

— Já estou muito velha para isso, mamãe — disse ela.

— Eu sei, agora você é uma menina grande — comentei. Aquilo partiu-me o coração.

Fui para a sala de estar do nosso bangalô de dois quartos e trezentos e sessenta e cinco metros, que ficava a mil e seiscentos metros da biblioteca. É claro, metade de Spencer ficava a apenas mil e seiscentos metros da biblioteca. Olhei pela janela, para as casas quadradas e silenciosas em seus belos gramados quadrados. Do mesmo jeito que no resto de Iowa, a maioria das estradas em Spencer eram perfeitamente retas. Por que a vida não era também dessa maneira?

Brandi cambaleou e encostou o focinho em minha mão. Ela estava comigo desde a minha gravidez e sentia claramente a idade. Brandi estava letárgica e, pela primeira vez na vida dela, ocorriam acidentes no chão. Coitada dela. Você também?! Eu segurei o quanto pude, porém acabei levando-a ao doutor Esterly, que diagnosticou um estado avançado de insuficiência renal.

— Ela está com catorze anos. Era de esperar.

— O que devemos fazer?

— Posso tratá-la, Vicki, mas não há esperança de restabelecimento.

Olhei para a pobre cadela cansada. Ela sempre estivera presente, sempre me dera tudo. Peguei a cabeça dela entre as mãos e cocei atrás das orelhas.

— Não posso fazer muita coisa, garota, mas farei o que puder.

Diversas semanas e pílulas mais tarde, eu estava sentada na sala com Brandi no colo quando senti uma coisa quente. Dei-me conta de que estava molhada. Brandi estava me mijando inteira. Dava para eu ver que ela não apenas sentia vergonha — estava sentindo dor.

— Está na hora — disse o doutor Esterly.

Eu não contei a Jodi, pelo menos não contei tudo. Em parte para protegê-la. Em parte porque eu mesma não queria admitir. Achei que Brandi ficaria comigo durante minha vida toda. Eu a amava, precisava dela. Não tinha coragem de colocá-la para dormir.

Liguei para minha irmã Val e pedi ao marido dela:

— Por favor, passe por aqui e a leve. Não me diga quando, só a pegue.

Alguns dias depois, fui para casa almoçar e Brandi não estava lá. Eu sabia o que isso significava. Ela se fora. Liguei para Val e pedi a ela que pegasse Jodi na escola e a levasse para jantar. Eu precisava de tempo para me recompor. Durante o jantar, Jodi percebeu que alguma coisa estava errada. Por fim, Val sucumbiu e contou-lhe que Brandi tinha sido posta para dormir.

Nessa altura, eu já tinha feito muita coisa errada. Tentara tratar a dor de Brandi. Eu a deixara morrer com meu cunhado. Não tinha sido inteiramente sincera com Jodi. E tinha permitido que minha irmã contasse à minha filha que o cachorro que ela amava morrera. Mas meu maior erro foi o que fiz quando Jodi chegou em casa. Eu não chorei. Não demonstrei qualquer emoção. Disse para mim mesma: "Preciso ser forte para ela". Eu não queria que ela visse o quanto eu estava machucada. Quando Jodi foi para a escola no dia seguinte, eu desabei. Chorei tanto que cheguei a ficar doente. Não conseguia nem dirigir o carro para o trabalho de tão mal que me sentia. Porém Jodi não viu isso. Para sua mente de treze anos, eu era a mulher que matou o bicho de estimação dela e nem ao menos se incomodou.

A morte de Brandi não foi um ponto de virada no nosso relacionamento. Foi mais um sintoma do abismo que se desenvolvia entre nós. Jodi já não era mais uma criancinha, mas uma parte de mim ainda a tratava como se fosse. Tampouco era adulta, contudo uma parte dela achava que já era inteiramente crescida e que já não precisava mais de mim. Mesmo quando me dei conta pela primeira vez da distância entre nós, a morte de Brandi nos afastou ainda mais.

Na época que Dewey chegou, Jodi tinha dezesseis anos e, do mesmo modo que muitas mães de filhas nessa idade, achei que tínhamos vidas separadas. Boa parte disso era culpa minha. Eu trabalhava muito, planejava a reforma da biblioteca que finalmente conseguira aprovar com o conselho municipal e não tinha muito tempo para ficar em casa. Entretanto, era culpa dela também. Jodi passava a maior parte do tempo com as amigas ou trancada no quarto. Durante quase toda a semana, só interagíamos ao jantar. Mesmo então, raramente tínhamos muito de que falar.

Até Dewey chegar. Com Dewey, eu tinha algo sobre o que falar e que Jodi queria ouvir. Eu lhe contava o que ele fizera, quem viera vê-lo, quem brincara com ele, que jornal ou estação de rádio local pedira uma entrevista. Alguns membros da equipe se alternavam para dar comida a Dewey no domingo de manhã. Embora eu nunca conseguisse tirar Jodi da cama para essas visitas, muitas vezes dávamos uma parada na biblioteca nas noites de domingo, na volta do jantar na casa de mamãe e papai.

Você não acreditaria na agitação de Dewey quando Jodi entrava pela porta da biblioteca. O gato se empinava. Ele literalmente dava saltos mortais de cima das estantes para impressioná-la. Enquanto eu estava na sala dos fundos, limpando a caixa de areia e reabastecendo seu prato de comida, Dewey e Jodi brincavam. Ela não era apenas outra pessoa que passava o tempo com ele: Dewey era absolutamente louco por Jodi.

Eu disse que Dewey nunca seguia ninguém, que seu estilo era manter alguma distância, pelo menos durante um tempo. Isso não era verdade com Jodi. Dewey a seguia como um cachorro. Ela era a única pessoa no mundo cujo afeto ele queria e de que precisava. Mesmo quando Jodi vinha à biblioteca durante as horas de trabalho, Dewey corria para o lado dela. Ele não se importava com quem o visse, não tinha vaidade enquanto estava ao lado daquela menina. Assim que ela sentava, Dewey estava no colo dela.

Durante os feriados, quando a biblioteca ficava fechada por alguns dias, eu levava Dewey para casa comigo. Ele não gostava da viagem de carro — sempre presumia que significava uma ida ao doutor Esterly —, então passava os primeiros minutos no chão, no assento de trás. Contudo, assim que ele sentia virar da Grand Avenue para a Eleventh Street, pulava para espiar pela janela. Assim que eu abria a porta, ele corria para dentro de casa para dar uma bela e longa cheirada em tudo. Aí corria para cima e para baixo da escada, para o porão. Como morava num mundo de um só andar na biblioteca, ele não se cansava dos degraus.

Uma vez gasta sua excitação com a escada, Dewey vinha muitas vezes se instalar a meu lado no sofá. Com a mesma frequência, no entanto, sentava nas costas do sofá e ficava olhando pela janela. Estava esperando por Jodi. Quando ela chegava em casa, ele dava um pulo e corria para a porta. Assim que ela entrava, Dewey era igual a velcro: não saía do lado de Jodi. Metia-se entre as pernas dela, quase a fazendo tropeçar, de tão agitado. Enquanto Jodi tomava banho, Dewey esperava no banheiro com ela, de olhos fixos na cortina do chuveiro. Se ela fechasse a porta, ele ficava sentado do lado de fora. Se o chuveiro parasse e ela não saísse logo, ele chorava. Assim que ela sentava, ele estava no colo dela. Não interessava se ela estivesse à mesa do jantar ou no banheiro. Ele pulava em cima dela, massageava-lhe a barriga e ronronava, ronronava, ronronava.

O quarto de Jodi era uma bagunça absoluta. No que dizia respeito à aparência dela, a menina era impecável. Não havia um cabelo fora do lugar, um grão de poeira em canto algum. Só para dar uma ideia: ela passava as meias a ferro. Então dá para acreditar que o quarto dela parecia a toca de um ogro? Só um adolescente consegue viver num quarto em que é impossível ver o chão ou fechar a porta do armário, em que pratos e copos cheios de restos ficam enterrados durante semanas sob roupas sujas. Eu me recusava a limpá-lo, porém também me recusava a parar de reclamar com ela a respeito disso. Um típico relacionamento de mãe e filha, eu sei, mas só é fácil falar quando já passou. Nunca é simples quando você está passando por isso.

No entanto, tudo era fácil para Dewey. Quarto sujo? Mãe reclamona? E ele se importava? *A Jodi está lá*, disse ele para mim com um último olhar, ao desaparecer atrás da porta dela para passar a noite. *O que mais importa?*

Algumas vezes, logo antes de se deitar para dormir, Jodi me chamava em seu quarto. Eu entrava e encontrava Dewey guardando o travesseiro dela como se fosse um pote de ouro ou deitado em cima de metade do rosto dela. Eu olhava para ele um segundo, tão desesperado pelo toque dela, e então nós duas começávamos a rir. Jodi era biruta e engraçada quando estava com as amigas, entretanto, com todos aqueles anos de escola secundária, ela era muito séria comigo. Dewey era a única coisa que tornava nosso relacionamento leve e brincalhão. Com Dewey por perto, ríamos juntas, quase do jeito que fazíamos quando Jodi era criança.

Jodi e eu não éramos as únicas que Dewey estava ajudando. A Escola Secundária de Spencer ficava em frente à biblioteca e cerca de cinquenta alunos ficavam conosco regularmente depois da aula. Nos dias que eles apareciam como um furacão, Dewey os evitava, especialmente os mais turbulentos, mas geralmente ele se misturava entre eles. Tinha muitos amigos entre os estudantes, tanto meninos como meninas. Eles o afagavam e brincavam com ele. Por exemplo: rolavam alguns lápis para fora da mesa e viam a surpresa do gato quando os lápis desapareciam. Uma menina sacudia uma caneta da ponta da manga do casaco. Dewey perseguia a caneta pela manga acima e, aí, resolvendo que gostava do local quentinho, algumas vezes se deitava para uma soneca.

A maioria das crianças ia embora logo depois das cinco, quando os pais saíam do trabalho. Algumas poucas ficavam até as oito horas. Spencer não era imune a problemas — alcoolismo, negligência, maus-tratos —, contudo nossos frequentadores regulares eram filhos de pais de colarinho azul. Eles amavam os filhos, porém tinham de trabalhar em mais de um emprego ou em mais de um turno para pagar as contas.

Esses pais, que só vinham por um momento, raramente encontravam tempo para afagar Dewey. Eles trabalhavam por longas jornadas e tinham refeições para preparar e uma casa para limpar antes de caírem na cama. Mas seus filhos passavam horas com Dewey, que os entretinha e os amava. Eu nunca me dera conta de quanto isso significava ou de quão profundas eram essas ligações, até ver a mãe de um dos meninos inclinar-se e sussurrar "Obrigada, Dewey", enquanto afagava ternamente sua cabeça.

Imaginei que ela estava agradecendo por ele passar certo tempo com o filho ou por preencher o que poderia ter sido um tempo difícil e solitário para ele.

Ela se levantou e pôs o braço em torno do filho. Aí, quando estavam saindo, eu a ouvi perguntar: "Como estava Dewey hoje?". De repente, eu sabia exatamente como ela se sentia. Dewey transformara um difícil tempo de separação em conhecimento geral: ele era o caminho de volta para muito do que ela tinha deixado para trás. Eu nunca considerara esse garoto como um dos companheiros mais próximos de Dew — ele passava a maior parte do tempo à toa com os amigos ou em jogos no computador —, mas aquele gato claramente causava um impacto na vida dele além das paredes da biblioteca. E não era só desse menino. Quanto mais eu olhava, mais percebia que a brasa que se acendia em meu relacionamento com Jodi estava caindo também sobre outras famílias. Como eu, pais em Spencer inteira passavam uma hora por dia com seus adolescentes, conversando a respeito de Dewey.

A equipe não entendia. Eles viam Jodi e Dewey juntos e achavam que eu ficaria ofendida se o gato amasse alguém mais do que a mim. Depois que Jodi saía, alguém normalmente dizia:

— A voz dela é igual a sua. É por isso que ele a ama tanto.

Entretanto eu não sentia nem um pouco de ciúmes. Dewey e eu tínhamos um relacionamento complexo, que envolvia banhos, escovações, visitas ao veterinário e outras experiências desagradáveis. O relacionamento com Jodi era puro e inocente. Divertido e gostoso, sem complicações com as responsabilidades. Se eu quisesse dar uma interpretação do meu ponto de vista sobre o relacionamento deles, poderia dizer que Dewey se dava conta de como Jodi era importante para mim e isso a tornava importante para ele. Eu poderia até ampliar isso e dizer que talvez, apenas talvez, Dewey entendesse o significado daqueles momentos que nós três compartilhávamos, o quanto eu sentia falta de rir com minha filha — e ele então ficava feliz em se jogar sobre a fenda e servir como ponte entre nós.

Mas não acho nem um pouco que fosse isso. Dewey amava Jodi porque ela era a Jodi — a calorosa, a amiga, a maravilhosa Jodi. E eu o amava por ele amar a minha filha.

10

Longe de casa

Em Hartley, Iowa, para onde minha família se mudou quando eu tinha catorze anos, eu era uma garota certinha, chefe dos bibliotecários voluntários e a segunda menina mais inteligente da minha turma, depois de Karen Watts. Vicki Jipson só tirava A, com exceção de datilografia, em que tirei C. Mas isso não foi o suficiente para me manter longe das más línguas. Uma noite, fui com meus pais a um baile em Sanborn, uma cidadezinha a uns quinze quilômetros de Hartley. Quando o baile acabou às onze, fomos para o restaurante ao lado, no qual eu imediatamente desmaiei. Papai me levou para fora a fim de tomar ar fresco, e eu vomitei. Na manhã seguinte, às oito e meia, meu avô veio até nossa casa e questionou:

— Que diabos está acontecendo aqui? Ouvi dizer que Vicki estava bêbada em Sanborn ontem à noite. — O motivo do desmaio foi um abscesso num dente, porém não havia como vencer a má reputação em uma cidade pequena como Hartley.

Enquanto isso, meu irmão mais velho era considerado um dos garotos mais inteligentes que já frequentaram o Ginásio Hartley. Todo mundo o chamava de "O Professor". David se formou um ano antes de mim e foi para a faculdade em Mankato, Minnesota, a cento e sessenta quilômetros dali. Eu achei que o seguiria. Quando mencionei esses planos para meu orientador, ele disse: "Você não tem que se preocupar com a faculdade. Há de se casar, ter filhos e deixar um homem tomar conta de você". Que babaca. Mas estávamos em 1966. Estávamos na Iowa rural. Eu não recebi nenhum outro conselho.

Depois da formatura, fiquei noiva do terceiro menino que eu havia namorado. Já saíamos juntos havia dois anos e ele me adorava. No entanto, eu precisava sair da microscópica cidade em Iowa, tinha de ficar sozinha. Então rompi o noivado, que foi a coisa mais difícil que já fiz, e me mudei para Mankato com a minha melhor amiga, Sharon.

Enquanto David frequentava a faculdade no outro lado da cidade, Sharon e eu trabalhávamos na Mankato Box Company, empresa que embalava produtos do tipo JetDry, o detergente de lavar pratos, e bonecos do desenho animado Gumby, que na época era um sucesso. Eu trabalhava principalmente com a Punch and Grow, uma embalagem para plantas em vasos, com sementes presas à tampa. Minha tarefa era pegar embalagens de terra para vasos numa esteira rolante, prender a tampa de plástico, colocá-las num envoltório de papelão e arrumá-las numa caixa. Sharon e eu trabalhávamos lado a lado e sempre cantávamos músicas idiotas sobre a Punch and Grow, com melodias de canções populares. Fazíamos a linha de montagem inteira rir, como se fôssemos as comediantes Laverne e Shirley da Mankato Box. Depois de três anos, fui promovida para encher as embalagens plásticas vazias na máquina. O trabalho era mais isolado, então eu já não cantava tanto, mas pelo menos não me sentia imunda com toda aquela terra de vaso.

Sharon e eu criamos uma rotina, o que acontece com o trabalho em linha de montagem. Saíamos do trabalho exatamente às cinco, tomávamos o ônibus até nosso apartamento para um rápido jantar e depois íamos aos clubes de dança com meu irmão David e seus amigos. David não era apenas meu irmão, era meu melhor amigo. Ficávamos juntos, dançando, até doerem os dedos dos pés, até que fechassem os salões de dança. Quando eu ficava em casa, o que era raro, colocava um disco para tocar e dançava sozinha no quarto. Eu simplesmente tinha de dançar. Eu adorava dançar.

Conheci Wally Myron em um clube de dança, e ele não era como os outros caras com quem eu já tinha saído. Ele era muito inteligente e lia bastante, o que me impressionou de imediato. E tinha personalidade. Wally estava sempre sorrindo, e todo mundo ao redor dele sorria também. Ele era o tipo de pessoa que ia até a loja da esquina comprar leite e conversava com o atendente por duas horas. Wally conseguia conversar com qualquer pessoa a respeito de qualquer assunto. Ele não tinha um pingo de maldade em seu ser. Digo isso até hoje. Wally era incapaz de ferir qualquer pessoa intencionalmente.

Namoramos durante um ano e meio antes de nos casarmos em julho de 1970. Eu tinha vinte e dois anos e logo engravidei. Foi uma gravidez difícil, com enjoos matinais, ao meio-dia e à noite. Depois do trabalho, Wally passava as tardes com os amigos, geralmente andando de motocicleta, mas sempre estava em casa por volta das sete e meia. Queria uma esposa sociável, porém ele aceitaria uma doente, se isso significasse um bebê a caminho.

Algumas vezes, uma decisão muda a sua vida, e não é necessariamente uma decisão tomada por você — ou mesmo da qual você esteja sabendo. Quando entrei em trabalho de parto, o médico resolveu apressar o processo com duas doses maciças de Pitocin. Mais tarde, descobri que ele tinha uma festa para ir e queria ficar livre daquele raio de procedimento. Passei de uma dilatação de três centímetros para o coroamento em duas horas. O choque rompeu a placenta, então me puseram de novo em trabalho de parto. Eles não retiraram todos os pedaços. Passadas seis semanas, tive uma hemorragia e me mandaram correndo de volta para o hospital, a fim de me submeter a uma cirurgia de emergência.

Sempre quis uma filha chamada Jodi Marie. Sonhara com isso desde muito jovem. Agora eu tinha uma filha, Jodi Marie Myron, e estava morrendo de vontade de passar o tempo com ela, de abraçá-la e olhar nos olhos dela. Mas a cirurgia me derrubou completamente. Meus hormônios piraram e eu fiquei uma ruína, com dores de cabeça, insônia e suores frios. Depois de dois anos e seis cirurgias, minha saúde não tinha melhorado. Foi quando o médico sugeriu uma cirurgia exploratória. Então, acordei na cama do hospital para descobrir que ele tinha retirado meus dois ovários e o útero. A dor física foi intensa, porém o pior foi saber que não poderia mais ter filhos. Eu achava que seria apenas uma espiadela lá dentro — não estava preparada para ser esvaziada, nem para entrar numa menopausa súbita e severa. Eu estava com vinte e quatro anos, mas praticamente entrando nos sessenta, com cicatrizes nas minhas entranhas, tristeza no coração e uma filha que eu não conseguia segurar. A cortina caiu e tudo ficou preto.

Quando voltei a mim alguns meses depois, Wally não estava lá. Não que ele costumasse estar, de qualquer maneira. Foi quando notei, repentinamente, que tudo significava bebida para Wally. Se ele ia pescar, significava beber. Se ia caçar, significava beber. Até andar de moto significava beber. Não levou muito tempo para ele não aparecer quando prometia. Chegava tarde e não avisava. Aparecia em casa bêbado, e eu dizia:

— O que você está fazendo? Você tem uma mulher doente e uma filha de dois anos!

— Fomos pescar — respondia. — Bebi um pouco demais, nada de especial.

Eu acordava na manhã seguinte e ele já tinha saído para trabalhar. Eu encontrava um bilhete na mesa da cozinha. "Eu amo você. Não quero brigar. Desculpe." Wally nunca conseguia dormir e ficava de pé a noite inteira escrevendo-me longas cartas. O homem era inteligente. Ele sabia escrever maravilhosamente bem. E, cada manhã, quando eu via essas cartas, eu o amava.

A consciência de que seu marido tem problemas com a bebida vem de repente, mas a admissão demora muito, muito tempo. Suas entranhas ficam emaranhadas, porém seu coração se recusa a perceber o fato. Você tece explicações, depois desculpas. Você tem medo do toque do telefone. Depois teme o silêncio, quando ele não toca. Em vez de conversar, você joga a cerveja fora. Você finge não notar determinadas coisas, feito dinheiro. Ele sempre aparece, mas só quando a despensa está vazia. No entanto, você tem medo de se queixar. Então você pensa: "Quais são as chances de que as coisas piorem, e não melhorem?".

— Eu compreendo — diz ele quando você menciona o fato. — Não é um problema, mas vou largar. Por você. Prometo. Mas nenhum dos dois acredita naquilo.

Dia a dia, seu mundo fica menor. Você não quer abrir armários com medo do que vai encontrar. Não quer examinar os bolsos das calças dele. Não quer ir a lugar nenhum. Onde ele irá levá-la que não envolva bebida?

Uma manhã, descobri garrafas de cerveja dentro do forno. Jodi encontrou latas da bebida na caixa de brinquedos dela. Wally acordava cedo todas as manhãs e, se eu ousasse olhar pela janela, poderia vê-lo sentado em seu furgão, bebendo cerveja quente. Ele nem se dava mais ao trabalho de dirigir até a esquina.

Quando Jodi estava com três anos, fomos a Hartley para o casamento do meu irmão Mike. Como Jodi e eu estávamos na cerimônia, Wally ficou com todo o tempo livre. Ele desapareceu e só voltou tarde da noite, quando todo mundo já estava dormindo.

— Você está tentando nos evitar? — perguntei a ele.

— Não, adoro sua família. Você sabe disso.

Certa noite, a família estava sentada em torno da mesa da cozinha da mamãe e, como de costume, não era possível encontrar Wally em lugar nenhum. Assim que acabou a cerveja, mamãe foi ao armário onde guardava bebida extra para os amigos e parentes. A maior parte tinha sumido.

— Que ideia foi essa de pegar a cerveja da mamãe?

— Não sei. Desculpe.

— Como você acha que eu me sinto? Como você acha que Jodi se sente?

— Ela não sabe.

— Ela tem idade suficiente para saber. Você simplesmente não a conhece.

Medo de perguntar. Medo de não perguntar.

— Você pelo menos está trabalhando?

— Claro que estou. Você vê os cheques de pagamento, não vê?

O pai de Wally dera a ele parte da firma de construções da família, o que significava que meu marido não recebia um cheque de pagamento constante. Eu não sabia se a companhia estava realizando projetos ou se o mundo inteiro desabava ao nosso redor.

— Não é só o dinheiro, Wally.

— Eu sei. Vou passar mais tempo em casa.

— Deixe de beber durante uma semana.

— Por quê?

— Wally.

— Está bem, uma semana. Vou parar.

Mas, de novo, nenhum dos dois acreditou.

Depois do casamento de Mike, finalmente admiti que Wally tinha um problema. Que cada vez menos voltava para casa. Que eu quase não o via sóbrio. Ele não era um bêbado malvado, mas tampouco era um bêbado operante. E, mesmo assim, administrava as nossas vidas. Dirigia o nosso único carro. Eu tinha de tomar o ônibus ou pegar uma carona com uma amiga para comprar os mantimentos. Ele retirava o dinheiro dos cheques de pagamento e pagava as contas. Muitas vezes, eu me sentia mal demais para acompanhar as finanças, quanto mais para criar uma criança sozinha. Eu chamava nossa casa de "caixão azul", porque ela era pintada de uma tonalidade horrorosa de azul e tinha o formato de um caixão de defunto. Comecei como piada — na realidade, era uma bela casa numa boa vizinhança —, contudo, dentro de dois anos, parecia ser verdade. Jodi e eu estávamos empacadas naquela casa, enterradas vivas.

Minha família fez por mim o que era de esperar. Eles nunca me culparam. Nunca me deram lições de moral. Meus pais não tinham dinheiro, mas receberam Jodi na casa deles, durante duas semanas de cada vez, e a criaram como filha deles. Sempre que a vida me sufocava, eles me davam espaço para respirar.

E então havia meus amigos. Se aquele médico na sala de parto acabou com o meu corpo, outro estranho salvou a minha mente. Quando Jodi tinha seis meses, uma mulher bateu à minha porta. Ela trazia a filha em um carrinho, mais ou menos da idade de Jodi, e disse:

— Sou Faith Landwer. Meu marido é amigo do seu desde a escola secundária. Que tal tomarmos um café e nos conhecermos?

Graças aos céus, concordei.

Faith conseguiu com que eu me envolvesse em um clube de recém-chegados que jogavam cartas uma vez por mês. Conheci Trudy durante nosso corriqueiro jogo de 500, depois Barb, Pauli, Rita e Idelle. Logo, estávamos tomando café juntas na casa de Trudy alguns dias na semana. Éramos todas jovens mães, e a casa de Trudy era a única grande o suficiente para cabermos todas. Púnhamos as crianças na enorme sala de brinquedos, nos sentávamos à mesa da cozinha e mantínhamos nossa sanidade. Fiz a elas confidências a respeito de Wally, e elas nem piscaram. Trudy simplesmente contornou a mesa e me abraçou.

O que as minhas amigas fizeram por mim durante aqueles anos? O que elas não fizeram por mim? Quando eu precisava fazer compras, elas me levavam de carro. Quando eu estava doente, cuidavam de mim. Quando eu precisava de alguém para olhar Jodi, ficavam com ela. Não sei quantas vezes uma delas aparecia com um prato de comida quente, exatamente quando eu precisava.

— Eu cozinhei um pouco de ensopado a mais. Você quer?

Mesmo assim, não foi minha família nem minhas amigas que me salvaram. Não de verdade. Minha razão verdadeira, meu motivo real para me levantar todas as manhãs e seguir lutando foi minha filha Jodi. Ela precisava que eu fosse a mãe dela, para ensinar pelo exemplo. Não tínhamos dinheiro, porém tínhamos uma à outra. Quando eu estava acamada, Jodi e eu passávamos horas conversando. Quando estava fisicamente capaz, caminhávamos pelo parque com o verdadeiro terceiro membro da família, nossa mistura de cocker spaniel e poodle, Brandi. Brandi e Jodi me veneravam — elas me adoravam sem questionamentos ou dúvidas, me davam amor incondicional, que é o poder secreto de crianças e cachorros. Toda noite, quando punha Jodi na cama, eu a beijava, e aquele toque, aquela pele na minha pele, me segurava.

— Eu te amo, mamãe.

— Eu também te amo. Boa noite.

Uma heroína minha, a doutora Charlene Bell, diz que todo mundo tem um termômetro de dor que vai de zero a dez. Ninguém faz qualquer mudança enquanto não chegar a dez. Nove não serve. No nove, você ainda tem medo. Só o dez vai fazer com que você se mexa e, quando chegar lá, saberá. Ninguém pode tomar essa decisão por você.

Testemunhei isso com uma de minhas amigas. Ela estava grávida e o marido violento batia nela todos os dias. Resolvemos que tínhamos de fazer com que ela saísse de casa antes que fosse tarde demais, então tentamos convencê-la a largar o marido. Instalamos nossa amiga com os filhos em um trailer. Os pais dela a visitavam todos os dias, e ela tinha tudo de que precisava. Duas semanas mais tarde, voltou para o marido. Eu me dei conta de que você não pode obrigar ninguém a fazer o que você acha que é certo. Cada um chega a isso sozinho. Um ano depois, minha amiga largou do marido definitivamente. Ela não precisou de nenhuma ajuda nossa.

Aprendi essa lição também, porque um casamento se desenrola lentamente. Talvez não seja a lentidão, mas a consistência o que a esmaga. Cada dia é um pouco pior, um pouco menos previsível, até que você está fazendo coisas que jamais pensaria fazer. Eu procurava comida uma noite, na cozinha, e encontrei um talão de cheques. Era de uma conta bancária secreta que Wally abrira para ele. Acendi o grill às duas da madrugada, rasguei os cheques um a um e os queimei. Na metade do processo, pensei: "Gente de verdade não vive desse jeito".

Mas vivi. Eu estava exausta. Estava emocionalmente esgotada. Minha confiança estava estropiada. Sentia-me fisicamente fraca em razão das cirurgias. E estava com medo. Mas não com medo o suficiente para fazer a mudança.

O último ano foi o pior. Foi tão ruim que nem sequer consigo me lembrar dos detalhes. O ano inteiro foi tenebroso. Wally não voltava mais para casa antes das três da manhã e, já que estávamos dormindo em quartos separados, eu nunca o via. Ele saía cedo todas as manhãs, mas eu não sei para onde ia. Tinha sido posto para fora da firma da família, e nossa situação financeira estava indo de ruim a insuportável. Mamãe e papai me mandavam o que podiam. Depois, apelaram para o resto da família e coletaram algumas centenas de dólares. Quando aqueles recursos acabaram, Jodi e eu não tínhamos o que comer. Vivemos de aveia, nada a não ser aveia, durante duas semanas. Finalmente, apelei para a mãe de Wally, que eu sabia me culpar pela situação do filho.

— Não faça por mim — eu disse. — Faça por sua neta. Ela comprou uma sacola de mantimentos, pôs em cima da mesa e foi embora.

Poucas noites depois, Wally chegou em casa. Jodi estava dormindo. Eu estava na sala, lendo *Um dia de cada vez*, a bíblia do Al-Anon, um grupo de apoio para os cônjuges de alcoólatras. Não gritei com ele, não bati nele, nem qualquer coisa do gênero. Nós dois agimos como se Wally viesse para casa sempre. Eu não o encontrava havia um ano e fiquei surpresa com a péssima aparência que ele estava. Magro, doente. Era aparente que não comia havia algum tempo. Eu conseguia sentir o cheiro de álcool, e ele tinha tremedeiras. Sentou do outro lado da sala sem dizer uma palavra, esse homem que costumava falar durante horas com qualquer pessoa, e ficou me observando ler. Por fim, cochilou, até que me surpreendeu quando disse:

— Por que você está sorrindo?

— Nada — respondi, mas, quando ele perguntou, eu sabia. Eu tinha chegado ao dez. Sem fogos de artifício. Sem injustiça final. O momento se introduzira tão silenciosamente quanto um estranho voltando para casa.

Fui a um advogado no dia seguinte e dei início ao processo de divórcio. Foi quando descobri que estava com o pagamento da casa seis meses atrasado, seis meses de atraso também no pagamento do carro e com uma dívida de seis mil dólares. Wally tinha até feito um empréstimo para a melhoria da casa, mas é claro que não fizera obra alguma. O "caixão azul" caía aos pedaços.

A avó Stephenson — mãe da minha mãe, que se divorciara de seu marido alcoólatra — me deu o dinheiro para salvar a casa. Deixamos o banco tomar o carro. Não valia a pena salvá-lo. Meu pai passou o chapéu em Hartley e conseguiu oitocentos dólares para me comprar o Chevy 1962 de uma velha senhora que nunca dirigia na chuva. Eu jamais pilotara um carro na vida. Tive aulas de direção durante um mês e passei no exame de habilitação. Eu tinha vinte e oito anos.

O primeiro lugar para onde dirigi o carro foi o escritório da Previdência Social. Eu tinha uma filha de seis anos, um diploma de escola secundária, um histórico clínico que só podia ser chamado de desastroso e uma pilha de dívidas. Eu não tinha escolha. Disse a eles:

— Preciso de ajuda, mas só vou aceitá-la se vocês me deixarem ir para a faculdade.

Graças a Deus, a Previdência Social era diferente naquela época. Eles concordaram. Fui direto para a Faculdade Estadual de Mankato e me matriculei para o semestre seguinte. Quatro anos mais tarde, em 1981, me formei *summa cum laude*, o mais alto nível de honras, com um diploma em estudos gerais, especialização dupla em psicologia e estudos femininos e interesses secundários em antropologia e biblioteconomia. A Previdência Social pagou tudo: aulas, habitação, gastos de subsistência. Meus irmãos David e Mike tinham largado a faculdade sem se formar — assim, aos trinta e dois anos, me tornei a primeira Jipson a se formar numa faculdade de quatro anos. Doze anos depois, minha filha Jodi seria a segunda.

[illegible]

11

Esconde-esconde

Depois da formatura, descobri que é preciso mais que um diploma universitário para se tornar psicóloga. Para conseguir pagar as contas, aceitei um emprego de secretária com o marido da minha amiga Trudy, Brian. Passada uma semana, disse a ele:

— Não jogue seu dinheiro fora para me treinar. Não vou ficar. — Eu detestava arquivar. Detestava datilografar. Depois de trinta e dois anos, estava cansada de aceitar ordens. Durante a maior parte da minha vida adulta, eu tentara ser a pessoa que o meu orientador predissera lá no Ginásio Hartley. Seguira o caminho estabelecido para mim e para a metade das mulheres da minha geração. Não queria mais aquilo.

Minha irmã Val, que morava em Spencer, mencionou que iam abrir uma biblioteca local. Naquele momento, eu não tinha a intenção de voltar para a minha terra. Apesar da especialização secundária em biblioteconomia, nunca tinha pensado de verdade em trabalhar numa biblioteca. No entanto, fiz a entrevista e adorei as pessoas. Uma semana depois, eu estava no caminho de volta a Iowa, a nova vice-diretora da Biblioteca Pública de Spencer.

Eu não esperava gostar do trabalho. Como a maioria das pessoas, achava que ser bibliotecária significava carimbar datas de devolução na contracapa de livros. Mas era tão mais que isso. Em alguns meses, eu já estava mergulhada até o pescoço em campanhas de marketing e design gráfico. Comecei um programa de leitura em casa que levava livros às pessoas impossibilitadas de visitarem a biblioteca e desenvolvi uma iniciativa importante para aumentar o interesse dos adolescentes pela leitura. Trabalhei em programas para asilos geriátricos e escolas, comecei a responder perguntas na rádio e a falar em clubes sociais e organizações comunitárias. Eu era uma pessoa de visão ampla e começava a notar a diferença que uma boa biblioteca pode fazer em uma comunidade. Quando me envolvi no lado comercial da administração da biblioteca — orçamento e planejamento a longo prazo —, senti-me totalmente fisgada. Percebi que aquele era um trabalho de que eu poderia gostar pelo resto da vida.

Em 1987, minha amiga e chefe, Bonnie Pluemer, foi promovida para um posto de administração da biblioteca regional. Falei confidencialmente com diversos membros do conselho da biblioteca para contar que eu queria ser a nova diretora. Ao contrário dos demais candidatos, que foram entrevistados na biblioteca, fiz uma entrevista secreta na casa de um membro do conselho. Afinal, uma cidade pequena pode se transformar rapidamente de um ninho acolhedor em um arbusto de espinhos, quando parece que você dá passos maiores que as pernas.

A maior parte dos membros do conselho da biblioteca gostava de mim, mas estava cética. Eles me perguntaram:

— Tem certeza de que você pode *dar conta* desse trabalho?

— Fui vice-diretora durante cinco anos, conheço as funções melhor que ninguém. Conheço a equipe. Conheço a comunidade. Conheço os problemas da biblioteca. Os últimos três diretores foram promovidos para postos regionais. Vocês realmente vão querer outra pessoa que encare esse posto apenas como um trampolim?

— Mas você *quer mesmo* o trabalho?

— Vocês não têm ideia de quanto quero esse trabalho.

A vida é um percurso. Depois de tudo pelo que tinha passado, era inconcebível que esse não fosse meu próximo passo ou que eu não fosse a melhor pessoa para o emprego. Eu era mais velha que os antigos diretores. Eu tinha uma filha. Não estava agarrando levianamente uma oportunidade.

— Este é o meu lugar — afirmei ao conselho. — Não há outro onde eu queira estar.

No dia seguinte, ofereceram-me o posto.

Eu não tinha a qualificação. Isso não é uma opinião, é um fato. Eu era inteligente, experiente e trabalhadora, mas o emprego exigia um título de mestrado em biblioteconomia, que eu não tinha. O conselho estava disposto a fazer vista grossa quanto a esse fato desde que eu começasse um programa de mestrado dentro de dois anos. Isso parecia mais que justo, então aceitei a oferta.

Aí descobri que o programa de mestrado credenciado pela Associação Americana de Bibliotecas mais próximo ficava a cinco horas de distância, em Iowa City. Eu cuidava da minha filha sozinha. Tinha um trabalho em tempo integral. Não ia dar certo.

Hoje em dia, é possível obter um título de mestrado em biblioteconomia pela internet. Mas, em 1987, você nem sequer conseguia encontrar um programa de ensino a distância. Acredite, eu procurei. No fim, por insistência de meu administrador regional, John Houlahan, a Universidade Estadual de Emporia, em Emporia, Kansas, se decidiu. O primeiro programa de mestrado a distância credenciado pela Associação Americana de Bibliotecas no país se reuniu em Sioux City, Iowa, no outono de 1988. Eu era a primeira aluna à porta.

Adorei as aulas. Não eram sobre catalogação ou vistoria de livros. Eram de demografia, psicologia, análise de orçamento e negócios, metodologia do processamento de informações. Aprendemos relações comunitárias. Passamos doze cansativas semanas em análise de comunidade, que é a arte de descobrir o que os frequentadores querem. Na superfície, análise de comunidade é fácil. Em Spencer, por exemplo, não tínhamos livros sobre esqui na neve, porém sempre havia a última informação a respeito de pesca e barcos, porque os lagos estavam a apenas vinte minutos de distância.

Uma boa bibliotecária, no entanto, vai mais fundo. O que a sua comunidade valoriza mais? Onde ela tem estado? Quanto mudou? E, o mais importante, para onde está indo? Uma boa bibliotecária desenvolve um filtro no fundo da mente para perceber e processar informações. Crise agrícola a mil por hora? Não acumule livros sobre como fazer currículos e manuais de profissão — compre livros sobre conserto de maquinaria e outras medidas de economia de custos. Hospital admitindo enfermeiras? Atualize os manuais médicos e faça parceria com a faculdade comunitária local para ajudá-las a utilizarem nossos recursos. Mais mulheres trabalhando fora de casa? Comece uma segunda *Hora da história* à tarde e concentre-se em creches e maternais durante o restante do dia.

O material era complexo, e o trabalho de casa, brutal. Todos os alunos trabalhavam como bibliotecários e havia diversas outras mães sozinhas. Esse programa não era uma decisão tomada por acaso — era uma última chance e estávamos dispostos a trabalhar por ela. Além de frequentarmos aulas das cinco e meia da tarde nas sextas-feiras até o meio-dia de domingo — depois de uma viagem de mais de duas horas até Sioux City —, pesquisávamos e escrevíamos dois artigos por semana, às vezes mais. Como eu não tinha uma máquina de escrever em casa, muito menos um computador, saía do trabalho às cinco horas, fazia o jantar para mim e para Jodi e depois voltava para a biblioteca, onde trabalhava até a meia-noite, ou muitas vezes até mais tarde.

Ao mesmo tempo, atirei-me na reforma da biblioteca. Queria que ela estivesse terminada no verão de 1989 e tinha meses de trabalho antes de até mesmo começar. Aprendi sobre planejamento espacial, organização de seções, adaptação a deficiências. Escolhi cores, mapeei a arrumação da mobília e me informei se havia dinheiro suficiente para novas mesas e cadeiras (não havia, então reformamos as velhas). Jean Hollis Clark e eu fizemos maquetes em escala exata da velha e da nova biblioteca para exibir na mesa de circulação. Não bastava planejar uma grande reforma: o público tinha de se entusiasmar e ficar informado. Dewey ajudou, dormindo todos os dias dentro de uma das maquetes.

Uma vez terminado o projeto, passei para o estágio seguinte: planejar como retirar mais de trinta mil objetos de dentro do prédio para depois recolocá-los de volta em seus lugares certos. Encontrei um espaço para a armazenagem. Consegui equipamento de mudança. Organizei e programei os voluntários. E todos os planos, cada centavo, tinham de ser contados, dirigidos e justificados para o conselho da biblioteca.

As horas no trabalho e nas aulas me desgastavam física e mentalmente, e as mensalidades da universidade comprimiam meu orçamento. Assim, mal pude acreditar quando o conselho municipal adotou um fundo educacional para empregados. Se um empregado municipal voltasse a estudar para melhorar seu desempenho no trabalho, a cidade pagaria por isso. Donna Fisher, a escrevente, recebeu um bem merecido diploma. Quando mencionei meu programa de mestrado em uma reunião do conselho, a recepção já não foi tão conciliadora.

Cleber Meyer, nosso novo prefeito, estava sentado à minha frente, do outro lado da mesa. Cleber era o exemplo típico da pessoa influente do Sister's

Café, um tipo de colarinho azul e boa gente. Ele só tinha estudado até a oitava série, mas possuía uma voz alta, os ombros largos e o dedo no pulso de Spencer. Era dono e operava um posto de gasolina, o Meyer Service Station, porém dava para perceber, por suas mãos enormes, que ele crescera em uma fazenda. De fato, fora criado nos arredores de Moneta — ele e papai se conheciam a vida inteira. E o nome de seu irmão, se puder acreditar, era Cletus.

Apesar de suas fanfarronices, Cleber Meyer era o melhor ho-mem que se podia conhecer. Ele lhe emprestaria a camisa que estivesse vestindo (inclusive com as manchas de gasolina), e acredito que ele nunca tenha tido a intenção de prejudicar ninguém. Tinha boas intenções e sempre pensou no melhor para Spencer. Mas era um bom velhote, teimoso, e digamos que conseguia ser brusco. Quando mencionei o programa de mestrado, Cleber bateu com o punho na mesa e trovejou:

— Quem você acha que é? Uma empregada municipal?

David Scott, advogado local e membro do conselho, me abordou alguns dias depois, dizendo que ele tinha de defender minhas despesas. Afinal, eu *era* uma empregada municipal.

— Não se preocupe — disse a ele. — Só vai prejudicar a biblioteca. — Eu não tinha a intenção de desfazer todo o bem que Dewey começara a promover.

Pelo contrário, trabalhei ainda mais. Mais horas no trabalho do mestrado: escrever, pesquisar, estudar. Mais trabalho no projeto de reforma: planejar, pesquisar, fazer orçamentos. Mais trabalho tocando as operações diárias da biblioteca. Tudo isso significava, infelizmente, menos tempo com minha filha. Um domingo, o telefonema de minha irmã Val me pegou bem na hora que eu saía de Sioux City.

— Oi, Vicki. Detesto ter de dizer isso, mas, ontem à noite...

— O que aconteceu? Onde está Jodi?

— Jodi está bem. Mas sua casa...

— Sim?

— Olhe, Vicki, Jodi deu uma festa para alguns amigos e, bem, ela fugiu um pouco do controle. — Fez uma pausa. — Durante as próximas duas horas apenas imagine o pior, e você ficará feliz com o que vai encontrar.

A casa estava uma ruína. Jodi e seus amigos passaram a manhã limpando, mas ainda havia manchas no tapete... E no teto. A porta da penteadeira no banheiro fora arrancada das dobradiças. Os garotos jogaram todos os meus discos na parede e os quebraram. Alguém pôs latas de cerveja pelas saídas da calefação. Minhas pílulas tinham sumido. Um garoto deprimido se trancou no banheiro e tentou se matar com uma overdose de... Estrogênio. Depois descobri que a polícia tinha sido chamada duas vezes, entretanto, como havia um time de futebol na festa, e era a temporada de vitórias, eles desviaram para o outro lado. A bagunça não me incomodou, não mesmo, mas me lembrou mais uma vez de que Jodi estava crescendo sem mim. Percebi que a única coisa que eu não podia impulsionar com mais trabalho era o relacionamento com minha filha.

Ironicamente, foi Cleber Meyer quem avaliou a importância do assunto. Um dia, ele estava colocando gasolina no meu carro — sim, ele era o prefeito, porém essa era uma atividade em tempo parcial — quando surgiu o assunto de Jodi.

— Não se preocupe — disse-me ele. — Quando eles fazem quinze anos, você passa a ser a pessoa mais burra no mundo. Mas, quando completam vinte e um, você fica inteligente outra vez.

Trabalho, mestrado, vida familiar, mesquinharias políticas locais... Fiz o que sempre fazia em horas de estresse: respirei fundo, mergulhei em mim mesma e me obriguei mais do que nunca a me sobrelevar ainda mais. Eu me erguera por esforço próprio a vida inteira. Não havia nada nessa situação, disse a mim mesma, com que eu não pudesse lidar. Foi só tarde da noite, na biblioteca, sozinha com meus pensamentos e olhando fixo para uma tela de computador, que comecei a sentir a pressão. Foi apenas ali, no único momento tranquilo do dia, que comecei a sentir minhas bases tremerem.

Uma biblioteca é um lugar solitário depois que fecha. Tem um silêncio que faz o coração bater mais forte, e as fileiras de estantes criam um número quase incalculável de cantos escuros e arrepiantes. A maioria dos bibliotecários que conheço não fica sozinha numa biblioteca depois que ela fecha, especialmente no escuro, porém eu nunca fiquei nervosa ou com medo. Eu era forte. Teimosa. E, acima de tudo, nunca estava sozinha. Tinha Dewey. Todas as noites, ele se instalava sobre o monitor do computador enquanto eu trabalhava, passando a cauda preguiçosamente de um lado para o outro. Quando eu empacava, por bloqueio criativo ou pela fadiga ou pelo estresse, ele pulava em meu colo ou no teclado. *Chega*, ele me dizia. *Vamos brincar*. Dewey tinha um senso de oportunidade fantástico.

— Está bem, Dewey, você primeiro.

O jogo de Dewey era esconde-esconde. Assim que eu dava o sinal, ele ia para a parte principal da biblioteca. Na metade das vezes, eu imediatamente avistava a traseira de um gato cor de laranja de pelo comprido. Para Dewey, esconder-se significava enfiar a cabeça numa estante, parecia esquecer que tinha rabo.

— Onde será que Dewey está? — eu falava em voz alta enquanto vinha sorrateira por trás dele. — Buuu! — eu gritava quando chegava a alguns metros, fazendo com que Dew saísse correndo.

Outras vezes, ele se escondia melhor. Eu andava furtivamente em torno de algumas prateleiras, sem sorte, para virar uma esquina e vê-lo dançando na minha direção com aquele grande sorriso Dewey.

Você não me achou! Você não me achou!

— Não é justo, Dewey, você só me deu vinte segundos.

Ocasionalmente, ele se enroscava em um local apertado e ficava quieto. Eu procurava durante cinco minutos e começava a chamá-lo pelo nome:

— Dewey! Dewey! — Uma biblioteca às escuras pode parecer vazia quando você se inclina entre pilhas e olha pelas fileiras de livros, porém eu sempre imaginava Dewey em algum lugar, a poucos metros de distância, rindo de mim.

— Está bem, Dewey, chega. Você venceu! — Nada. Onde poderia estar aquele gato? Eu me virava e lá estava ele, no meio do corredor, olhando fixo para mim.

— Oh, Dewey, espertinho. Agora é minha vez.

Eu corria para me esconder atrás de uma estante e, invariavelmente, acontecia uma coisa ou outra. Ou eu chegava em meu esconderijo, virava, e Dewey estava lá. Ele tinha me seguido.

Achei! Essa foi fácil.

Ou ele corria pelo outro lado da prateleira e chegava antes de mim em meu esconderijo.

Ah, era aqui que você estava pensando em se esconder? Bem, eu já tinha imaginado.

Eu ria e o afagava atrás das orelhas.

— Ótimo, Dewey. Vamos correr um pouco.

Então corríamos entre as prateleiras, encontrando-nos no final dos corredores, sem que ninguém exatamente se escondesse ou procurasse. Depois de quinze minutos, eu esquecia completamente meu artigo de pesquisa ou a mais recente reunião de orçamento para o projeto de reforma ou aquela infeliz conversa com Jodi. Fosse lá o que estivesse me incomodando, tinha sumido. O peso, como dizem, fora erguido.

— Ok, Dewey. Vamos voltar ao trabalho.

Ele nunca se queixava. Eu voltava à minha cadeira, e o gato voltava a se empoleirar no topo do monitor e começava a balançar a cauda na frente da tela. Na próxima vez que eu precisasse, ele estaria ali.

Não é exagero dizer que esses jogos de esconde-esconde com Dewey, aquele tempo que passávamos juntos, me ajudaram. Talvez fosse mais fácil contar agora que Dewey punha a cabeça em meu colo e choramingava enquanto eu chorava ou que ele lambia as lágrimas do meu rosto. Qualquer um pode contar isso. E é quase verdade, porque, algumas vezes, quando o teto começou a cair na minha cabeça, me vi fixando o olhar em meu colo, sem ver, com lágrimas nos olhos, e Dewey estava lá, exatamente onde eu precisava que ele estivesse.

Mas a vida não é ordenada nem clara. Nosso relacionamento não pode estar associado a um conjunto de lágrimas. Para começar, não sou muito de chorar. E, embora Dewey fosse expansivo com o amor dele — ele era sempre freguês de um aconchego tarde da noite —, não me banhava de afeição. De algum modo, Dew sabia quando eu precisava de um empurrãozinho ou de um corpo quente e sabia quando a melhor coisa para mim era um jogo bobo, sem sentido, de esconde-esconde. Sempre que precisei, ele me deu, sem pensar, sem querer algo em troca e sem eu pedir. Não era apenas amor. Era mais que isso. Era respeito. Era empatia. E era mútuo. Aquela centelha que Dewey e eu sentimos quando nos conhecemos: essas noites a sós, juntos, na biblioteca, a transformavam num incêndio.

Acho que minha ideia final é esta: quando tudo na minha vida estava complexo demais, quando as coisas fugiam em todas as direções ao mesmo tempo e às vezes parecia que o centro não ia aguentar, meu relacionamento com Dewey era muito simples e natural — era isso que o tornava tão legal.

12
Natal

O Natal é uma festa que a cidade de Spencer celebra unida. É a estação de menor movimento para os agricultores e fabricantes, uma época para relaxar e espalhar nossas moedas reunidas entre os comerciantes. A atividade do período é a Grande Perambulação, um tour a pé que começa na primeira semana de dezembro pela Grand Avenue. A rua inteira é enfeitada de luzes, uma exibição coordenada que mostra as belas linhas de nossas construções. Tocam-se músicas natalinas e Papai Noel aparece para receber as listas de desejos das crianças. Os elfos, também fantasiados, tocam sinetas nas esquinas e coletam moedas para as obras de caridade. A cidade inteira sai, ri, conversa, abraça um ao outro para compartilhar o calor. As lojas ficam abertas até mais tarde, mostrando suas seleções de festas e oferecendo biscoitos e chocolate quente para combater o frio cortante.

Todas as vitrines são decoradas. São chamadas vitrines vivas porque, em cada uma delas, residentes representam cenas natalinas. O Museu Parker, que abriga uma coleção de artefatos de Clay County, inclusive um caminhão de bombeiros que combateu o grande incêndio de 1931, sempre cria uma variação do Natal dos pioneiros. Outra vitrine oferece interpretações de um Natal passado há nem tanto tempo, com *radio flyers*, aqueles carrinhos vermelhos de criança, e bonecas de porcelana. Algumas têm manjedouras. Outras apresentam tratores e carros de brinquedo, a visão de uma manhã de Natal pelos olhos de um menino. É impossível olhar as vitrines, divertidas ou tocantes, engraçadas ou sérias, sem pensar nas cento e cinquenta perambulações prévias para cima e para baixo dessa extensão de lojas e nas cento e cinquenta que ainda virão. Isso, dizem todas as vitrines, é Spencer.

O Festival de Árvores, uma competição de decoração de árvores de Natal, é organizado na esquina da First Avenue com a Fifth Street, dentro do que era o Centro de Convenções de Spencer e hoje é o Eagle's Club, um clube social relacionado aos militares que organiza bailes e jantares a fim de levantar fundos para obras de caridade. Já que 1988 era o primeiro Natal de Dewey, a biblioteca fez uma árvore intitulada *Do-We Love Christmas?* [Nós Gostamos do Natal? — *Do-We*, como Dewey]. A árvore foi decorada com o que mais senão fotos de Dewey? Apresentava, além disso, ornamentos de gatinhos de pelúcia e bolas de lã vermelha. Os presentes sob a árvore eram livros apropriados, como *The cat-a-log* [O gatálogo] e *The cat in the hat* [O gato no chapéu], envolvidos em lindos laços vermelhos. Os visitantes passavam pelas árvores depois de fazer uma pequena doação para caridade. Mesmo sem um julgamento oficial, não acho exagerado dizer que a *Do-We Love Christmas?* venceu de barbada!

O Natal na biblioteca, como o Natal na Grand Avenue, foi uma época para afastarmos as preocupações e nos centrarmos no aqui e agora. Depois de um outono estressante, eu estava contente de parar de pensar no mestrado e na reforma e, para variar, focar na decoração. Na segunda-feira depois da Grande Perambulação, descemos as caixas da prateleira do alto do almoxarifado para prepararmos as festas. A peça central era nossa grande árvore artificial ao lado da mesa de circulação. Na primeira segunda-feira de dezembro, Cynthia Berends e eu sempre chegávamos mais cedo para montar e decorar a árvore. Cynthia era a pessoa mais trabalhadora da equipe e se oferecia para a tarefa com entusiasmo. Porém ela não sabia no que estava se metendo, porque, naquele ano, quando pegamos a comprida caixa da árvore na prateleira do alto, tínhamos companhia.

— Dewey está agitado esta manhã. Ele deve gostar da aparência da caixa.

— Ou do cheiro de todo esse plástico. — Dava para perceber o nariz dele farejando noventa odores por minuto e sua cabeça a mil. *Será que durante esse tempo todo a mamãe andou escondendo o maior, o mais espetacular, o mais deliciosamente cheiroso elástico do mundo?*

Quando retiramos a árvore de dentro da caixa, eu quase conseguia ver o queixo de Dewey cair.

Não é um elástico, é... é... melhor!

À medida que retirávamos cada galho da caixa, Dew arremetia contra ele. Queria cheirar e mastigar todos os pedaços de plástico verde que saíam de cada galho de arame. Ele puxava algumas agulhas de plástico da árvore e começava a revolvê-las na boca.

— Dê isso aqui, Dewey!

Ele tossia alguns pedaços de plástico no chão. Depois pulava para a frente e enfiava a cabeça dentro da caixa no momento que Cynthia puxava o galho seguinte.

— Saia, Dewey!

Cynthia o puxava para fora, mas, um segundo mais tarde, ele estava de volta, com uma agulha verde espetada na ponta úmida do nariz. Dessa vez, a cabeça inteira desapareceu dentro da caixa.

— Assim não vai dar, Dew. Você quer ou não quer que eu tire o resto da árvore de dentro da caixa?

Pelo jeito, a resposta era "não", porque ele não saía.

— Tudo bem, Dew, saia. Eu detestaria que você perdesse um olho.

Cynthia não estava ralhando com ele, ela estava rindo. Dewey percebeu a mensagem e pulou para trás, apenas para começar a fuçar a pilha de galhos no chão.

— Isso vai levar o dia inteiro — disse Cynthia.

— Espero que sim.

Assim que Cynthia puxou os últimos galhos de dentro da caixa, comecei a montar a árvore. Dewey corcoveava e ria, observando cada movimento. Aproximou-se para uma cheirada e uma provada, depois pulou para trás alguns metros, para ter uma perspectiva melhor. O pobre gato parecia prestes a explodir de alegria. *Rápido, rápido. Quero a minha vez.* Foi o instante que o vi mais feliz durante o ano todo.

— Ah não, Dewey. De novo, não!

Dei uma espiada e vi Dew enterrado na caixa da árvore de Natal, sem dúvida cheirando e arranhando os cheiros aderidos ao papelão. Ele desapareceu completamente lá dentro e, passados alguns segundos, a caixa rolava no chão para a frente e para trás. Ele parava, punha a cabeça para fora e olhava em torno. Viu a árvore meio montada e disparou de volta para mastigar os galhos mais baixos.

— Acho que ele encontrou um brinquedo novo.

— Acho que ele encontrou um *amor* novo — brinquei enquanto montava os galhos de cima nas fendas da haste verde que compunha o tronco da nossa árvore.

Era verdade. Dewey amou a árvore de Natal. Ele adorava o cheiro dela. O tato dela. Uma vez armada e instalada ao lado da mesa de circulação, ele adorou sentar-se embaixo dela. *Agora ela é minha,* ele dizia ao rodear a base algumas vezes. *Deixe-nos a sós aqui, obrigado.*

— Desculpe, Dewey. Ainda não vai dar. Nós nem a decoramos ainda!

Apareceram os ornamentos, as novas bugigangas com a cor daquele ano, as imagens e os enfeites especiais para o tema escolhido. Anjos em fitas. Papais-noéis. Bolas reluzentes recobertas com purpurina. Fitas, ornamentos, cartões e bonecas. Dewey corria para cada caixa, mas tinha pouco interesse em pano e metal, ganchos e luzes. Ele se distraiu com a coroa, feita com pedaços gastos da árvore de Natal antiga da biblioteca, porém plástico velho não se igualava ao novo, brilhante. Logo ele estava de volta ao seu posto embaixo da árvore.

Começamos a pendurar os enfeites. Em um minuto, Dew estava nas caixas, descobrindo qual seria o próximo enfeite. No segundo seguinte, estava aos nossos pés, brincando com os cordões dos nossos sapatos. Depois, já se espichava para a árvore, para outra cheirada no plástico. Alguns segundos mais tarde, tinha sumido.

— O que é esse barulho de alguma coisa roçando?

De repente, Dewey passou correndo por nós com a cabeça enfiada em uma alça de sacola plástica de supermercado. Ele correu até o final da biblioteca e depois voltou descontrolado em nossa direção.

— Pegue-o!

O gato desviou e continuou a correr. Logo ele estava de volta. Cynthia bloqueou a área próxima à porta da frente. Eu cuidei da mesa de circulação. Dew pulou bem entre nós duas. Dava para ver, pelo jeito do olhar, que ele estava frenético. Não tinha a menor ideia de como tirar o saco plástico do pescoço. Seu único pensamento era: *Continue correndo. Talvez assim eu consiga me livrar deste monstro.*

Já havia quatro ou cinco de nós correndo atrás dele, mas o gato não parava de desviar e saltar. O fato de estarmos todos rindo não ajudava.

— Desculpe, Dewey, mas você tem de reconhecer que é engraçado.

Finalmente, eu o encurralei num canto e, apesar das contorções aterrorizadas, consegui livrá-lo da sacola. Dew imediatamente foi para sua nova melhor amiga, a árvore de Natal, e deitou-se sob os galhos para um belo e reconfortante banho de língua completo, com os costumeiros punhos dentro das orelhas. Sem dúvida, haveria uma bola de pelos ainda hoje, mais tarde, ou na manhã seguinte. Pelo menos uma lição fora aprendida: daí por diante, Dewey passou a detestar sacos plásticos.

Naquele primeiro dia, a árvore de Natal da biblioteca era uma de nossas melhores árvores. A equipe passou o dia inteiro rindo, e Dewey passou o dia todo — fora a corrida com a sacola, é claro — em um estado de felicidade pegajosa, romântica. Seu amor pela árvore de Natal jamais diminuiu. Todos os anos, quando a caixa saía da prateleira, ele se ouriçava.

As bibliotecárias geralmente recebiam alguns presentes de usuários gratos, contudo, naquele ano, nosso pequeno tesouro de chocolates e biscoitos foi reduzido pela enorme pilha de bolas, guloseimas e camundongos para Dewey. Parecia que todo mundo na cidade queria que Dew — e nós — soubéssemos o quanto ele significava para todos. Havia alguns brinquedos caros na pilha, até uns belos itens feitos em casa, porém o brinquedo favorito naquele ano não foi presente nenhum, e sim uma bola de lã vermelha que encontrou na caixa de enfeites. Aquele novelo virou seu companheiro constante, não apenas durante o período de festas, mas pelos anos seguintes. Dewey saía batendo nele pela biblioteca até que alguns metros de fio se projetavam, e ele o socava, lutava contra ele e, muito em breve, estava todo enrolado nele. Mais de uma vez quase fui derrubada por um gato cor de laranja correndo pela sala dos funcionários, com um fio vermelho na boca e arrastando o rolo atrás dele. Uma hora mais tarde, ele estaria enovelado embaixo da árvore de Natal, com as quatro patas agarradas ao novo companheiro vermelho.

Como a biblioteca fechava por alguns dias no Natal, Dewey veio para casa comigo. No entanto, ele passou muito tempo sozinho, porque o Natal em Hartley era uma tradição familiar dos Jipson. Todo mundo ia para a casa de mamãe e papai no Natal — você poderia ser deserdado se não fosse. Não era permitido faltar a qualquer das festividades do feriado, e havia montes delas: refeições extravagantes, festas de decoração, brincadeiras para as crianças, cânticos natalinos, sobremesas e biscoitos, jogos para adultos, parentes que apareciam com um prato de biscoitos ou nada de mais, "só uma coisinha que vi em Sioux City e achei que você ia gostar", histórias de um ano inteiro, contadas e recontadas. Sempre existia uma história para se contar em torno da árvore da família. Os presentes não eram extravagantes, mas cada Jipson tinha de passar uma semana nos braços de uma grande família ampliada, e esse era o melhor presente de todos.

Finalmente, alguém dizia:

— Vamos tocar *Johnny M'Go!*

Mamãe e papai colecionavam antiguidades e, uns poucos anos antes, nós as usamos para formar a banda da família Jipson. Eu tocava baixo, que era uma tina de lavar roupa com um cabo de vassoura amarrado e uma corda entre eles. Minha irmã Val tocava a tábua de lavar roupa. Papai e Jodi batiam um ritmo com colheres. Mike soprava num pente recoberto com papel encerado. Doug soprava no gargalo de um jarro para fazer aguardente ilegal. Era um recipiente antigo, é claro que nunca fora usado para o objetivo a que se propunha. Mamãe virava uma velha batedeira de madeira do tempo dos pioneiros de cabeça para baixo e tocava nela como num tambor. Nossa cantiga era *Johnny Be Good*. Quando Jodi era pequena, ela sempre dizia: "Toquem o Johnny M'Go!". E o nome pegou. Todos os anos, tocávamos *Johnny M'Go* e outras cantigas de rock'n'roll até tarde da noite em nossos instrumentos feitos em casa, homenagem a uma tradição regional que provavelmente nunca existiu nessa parte de Iowa, todos rindo o tempo inteiro.

Depois da Missa do Galo, na noite de Natal, Jodi e eu íamos para casa, para Dewey, que estava sempre ansioso por nos ver. Passávamos a manhã do dia de Natal juntos em Spencer, só nós três. Eu nem tinha arranjado um presente para Dewey. Para quê? Ele já tinha mais coisas do que precisava. E, depois de um ano juntos, nosso relacionamento tinha ido bem além de presentes simbólicos ou atenção forçada. Não tínhamos de provar nada. Tudo que Dew queria ou esperava de mim eram algumas horas do meu tempo por dia. Eu sentia isso da mesma forma. Naquela tarde, deixei Jodi na casa de mamãe e papai e voltei para casa a fim de passar algum tempo com Dewey no sofá, sem fazer nada, sem dizer nada, apenas dois amigos ociosos, como um par de meias velhas à espera de um sapato.

13

Uma grande biblioteca

Uma grande biblioteca não precisa ser extensa ou bonita. Não precisa ter as melhores instalações, o pessoal mais eficiente ou o maior número de usuários. Uma grande biblioteca toma providências. Está sempre emaranhada na vida da comunidade de um modo que a torna indispensável. Uma grande biblioteca nunca é notada, porque está sempre lá e sempre tem o que a comunidade precisa.

A Biblioteca Pública de Spencer foi fundada em 1883 na sala de visitas da senhora H .C. Crary. Em 1890, a biblioteca se mudou para um pequeno prédio de madeira na Grand Avenue. Em 1902, Andrew Carnegie doou dez mil dólares à cidade para uma nova biblioteca. Carnegie era um produto da revolução industrial que transformara uma nação de agricultores em trabalhadores de fábricas, negociantes de petróleo e fundidores. Ele era um capitalista implacável, que fez da siderúrgica United States Steel a empresa de maior sucesso no país. Além disso, era batista e, naquele ano, estava mergulhado na tarefa de dar seu dinheiro para causas merecedoras. Uma dessas causas era propiciar subvenções para bibliotecas de cidades pequenas. Para uma cidade como Spencer, uma Biblioteca Carnegie era um sinal de que você não tinha bem chegado até o topo, mas fora mais longe do que Hartley e Everly.

A Biblioteca Pública de Spencer abriu em 6 de março de 1905, na East Third Street, a meia quadra da Grand Avenue. Era um exemplar típico das Bibliotecas Carnegie, já que Carnegie impunha um estilo clássico e a simetria de projeto. Havia três janelas com vitrais no hall de entrada, duas com flores e a outra com a palavra "biblioteca". A bibliotecária ficava empoleirada atrás de uma grande mesa central, rodeada de gavetas de cartões. As salas laterais eram pequenas e isoladas, com estantes até o teto. Em uma época que os edifícios públicos eram segregados pelo sexo, homens e mulheres tinham a liberdade de entrar em qualquer aposento daquela biblioteca. As Bibliotecas Carnegie estavam, além disso, entre as primeiras a deixar os usuários escolherem os livros nas prateleiras, em vez de terem de fazer os pedidos à bibliotecária.

Alguns historiadores descrevem as Bibliotecas Carnegie como simples, porém isso só é verdade em comparação com as elaboradas bibliotecas centrais em cidades como Nova York e Chicago, que tinham frisos esculpidos, pinturas ornamentais e lustres de cristal. Agora, se comparada à sala de visitas da casa de uma habitante local ou a uma fachada de loja na Grand Avenue, a Biblioteca Pública de Spencer era fantasticamente adornada. O teto era alto, e as janelas, enormes. O andar de baixo, um semiporão, continha a biblioteca das crianças, inovação num período que frequentemente se mantinham as crianças trancadas dentro de casa. As crianças podiam sentar e ler em um banco circular, enquanto, acima delas, uma janela dava para o nível térreo, para o gramado plano. As tábuas do chão eram de madeira escura, bem enceradas e largas. Elas estalavam quando se andava, e muitas vezes esses estalos eram o único som que se ouvia. A Carnegie era uma biblioteca na qual os livros eram vistos, não ouvidos. Era um museu. Era silenciosa como uma igreja. Ou um mosteiro. Era um santuário do aprendizado e, em 1902, aprendizado queria dizer livros.

Quando muitas pessoas pensam em uma biblioteca, pensam nas Bibliotecas Carnegie. Elas eram as bibliotecas da nossa infância. O silêncio. Os tetos altos. A mesa central completada por uma bibliotecária amatronada (pelo menos em nossas lembranças). Essas bibliotecas pareciam projetadas para fazer as crianças acreditarem que você poderia se perder lá dentro, e ninguém jamais o encontraria — e isso seria a coisa mais maravilhosa que poderia acontecer.

Quando fui contratada em 1982, a velha Biblioteca Carnegie não existia mais. Era linda, mas pequena. Pequena demais para uma cidade em crescimento. A escritura de doação especificava que a cidade tinha de usar o terreno para uma biblioteca ou devolvê-lo ao dono. Então, em 1971, a cidade pôs abaixo a velha construção para levantar uma biblioteca maior, mais moderna e eficiente, sem tábuas no chão que estalavam, luz baixa, imponentes estantes altas, nem salas em que a gente poderia se perder.

Foi um desastre.

Spencer é construída em estilo tradicional. Os prédios comerciais são de tijolos, e as casas ao longo da Third Street são pensões de madeira de dois e três andares. A biblioteca era de concreto. Com um andar de altura, curvava-se na esquina como se fosse um bunker. O gramado largo desaparecera e fora substituído por dois jardins minúsculos. Sombreados demais para que muita coisa crescesse ali, logo ficaram cheios de pedras. As portas da frente, de vidro, estavam afastadas da rua, porém a passagem de entrada era fechada e pouco acolhedora. A parede leste, que dava para a escola de ensino médio da cidade, era de concreto sólido. Grace Renzig se infiltrou no conselho da biblioteca, no final dos anos 1970, com o único objetivo de fazer com que se plantassem trepadeiras ao longo da parede leste. Ela conseguiu suas trepadeiras alguns anos mais tarde, contudo acabou ficando no conselho por quase vinte anos.

A nova Biblioteca Pública de Spencer era moderna, mas com uma eficiência fria, abrutalhada. E era simplesmente gélida. Uma parede de vidro dava para o norte, com uma linda vista para o beco. No inverno, era impossível manter aquecidos os fundos da biblioteca. O projeto do pavimento era aberto, sem espaço para almoxarifado. Não havia um local para o pessoal da equipe. Só tinha cinco tomadas elétricas. O mobiliário, feito por artesãos locais, era lindo, porém pouco prático. As mesas tinham barras de sustentação protuberantes, de modo que não dava para encaixar cadeiras adicionais, e eram de carvalho sólido com tampos laminados pretos, pesadíssimas para mover. O carpete era laranja, um pesadelo de Halloween.

Para dizer de maneira mais simples, o prédio não era adequado para uma cidade como Spencer. A biblioteca sempre fora bem administrada. A coleção de livros era excepcional, especialmente para uma cidade daquele tamanho, e os diretores sempre foram os primeiros a adotar novas ideias e tecnologias. Pelo entusiasmo, profissionalismo e qualificação, a biblioteca era de primeira. No entanto, depois de 1971, estava tudo espremido dentro do prédio errado. A fachada não combinava com o entorno. O interior não era prático nem simpático. Não fazia você querer sentar e relaxar. Era frio em todos os sentidos.

Começamos a reforma — vamos chamá-la de "processo de aquecimento" — em maio de 1989, exatamente quando Iowa acordava e mudava de marrom para verde. De repente, os gramados precisavam ser aparados, as árvores na Grand Avenue brotavam mais uma vez com folhas novas. Nas fazendas, as plantas saíam do solo e se desdobravam, e se conseguia ver o resultado de todo aquele tempo gasto em consertar equipamentos, revirar campos e plantar sementes. O clima ficava mais quente. As crianças saíam com as bicicletas. Na biblioteca, depois de quase um ano de planejamento, era finalmente tempo de trabalhar.

O primeiro estágio da reforma foi pintar as paredes nuas de concreto. Como resolvemos deixar as estantes de dois metros e setenta pregadas na parede, Tony Joy, nosso pintor e marido de uma das integrantes da equipe, Sharon Joy, simplesmente teve de jogar alguns panos por cima e encostar a escada contra as prateleiras. Assim que ele fez isso, Dewey subiu.

— Está bem, Dewey, vamos descer.

Dew não estava prestando atenção. Ele já estava na biblioteca havia mais de um ano, mas nunca a vira de uma altura de quase três metros. Foi uma revelação. O gato pulou da escada para o topo da prateleira na parede. Com uns poucos passos, estava fora de alcance.

Tony moveu a escada. Dewey foi mais longe. Tony subiu ao topo, apoiou o cotovelo na estante e olhou para o gato teimoso.

— É uma péssima ideia, Dewey. Vou pintar esta parede, depois você vai se esfregar nela. Vicki vai ver um gato azul. Então você sabe o que vai acontecer? Eu vou ser despedido. — Dew simplesmente fixou os olhos na biblioteca. — Você não se importa, não é? Bom, eu avisei. Vicki!

— Estou aqui.

— Você viu?

— Foi um aviso honesto. Não vou responsabilizá-lo.

Não estava preocupada com Dewey. Ele era o gato mais consciencioso que já conhecera. Ele corria pelas prateleiras sem um passo em falso. De propósito, roçava os mostruários com a lateral do corpo, do jeito que os gatos fazem, sem derrubá-los. Eu sabia que ele não só conseguia caminhar por uma prateleira sem tocar a tinta fresca como podia subir pela escada nas pontas das patinhas, sem derrubar a lata de tinta. Minha preocupação era com Tony. Não é fácil compartilhar a escada com o rei da biblioteca.

— Para mim, está tudo bem, se você estiver de acordo — gritei para ele.

— Vou arriscar — Tony brincou.

Em alguns dias, Tony e Dewey estavam amicíssimos. Ou talvez eu deva dizer Tony e Dewkster, porque era como ele sempre o chamava. Tony achava que Dewey era um nome muito delicado para um gato tão macho. Estava preocupado que os gatos do beco se reunissem no lado de fora da janela da biblioteca das crianças para gozar com a cara dele. Então Tony resolveu que o nome verdadeiro dele não era Dewey, e, sim, "O Duque", como John Wayne.

— Só os amigos mais íntimos o chamam de Dewkster — explicou. Ele sempre me chamou de Madame Presidente.

— O que você acha deste tom de vermelho, Madame Presidente? — perguntava ao me ver atravessar a biblioteca.

— Não sei. Para mim, parece rosa.

Mas a cor rosa não era a nossa maior preocupação. De repente, não conseguíamos manter nosso gato, educado e bem-comportado, fora do topo das prateleiras fixas na parede. Um dia, Tony olhou para o outro lado da biblioteca e viu Dewey em cima das prateleiras no outro lado do prédio. Foi aí que as coisas mudaram para Dew — quando ele se deu conta de que conseguia trepar no topo das prateleiras fixas sempre que quisesse. De lá, ele andava livremente por toda a biblioteca e, alguns dias, nem sequer queria descer.

— Onde está Dewey? — perguntava cada membro do clube de genealogia ao chegar para a reunião regular no primeiro sábado do mês.

Como todos os clubes que se encontravam na biblioteca — nosso Salão Redondo era o maior espaço de reunião na cidade, sendo geralmente reservado —, seus membros estavam acostumados ao tratamento Dewey, que começava com o gato pulando para o centro da mesa no início de cada reunião. Então ele vistoriava os participantes do encontro e andava em torno de cada um sobre a mesa, cheirando-lhe a mão e olhando em seu rosto. Depois de fazer o circuito completo, escolhia uma pessoa e se instalava em seu colo. Não importa o que acontecesse na reunião, Dew jamais se apressava ou alterava sua rotina. O único jeito de quebrar-lhe o ritmo era jogá-lo para fora e fechar a porta.

No início, o tratamento Dewey encontrou resistência, especialmente de grupos de negócios e de políticos que muitas vezes se reuniam no Salão Redondo. Entretanto, passados alguns meses, até os vendedores tratavam isso como um destaque. O grupo de genealogia lidava com o tratamento quase como um jogo, já que cada mês Dewey escolhia uma pessoa diferente com quem passar a reunião. Eles riam e tentavam atraí-lo para seus colos, quase igual às crianças na *Hora da história*.

— Dewey anda confuso esses dias — eu disse ao grupo. — Desde que Tony começou a pintar a biblioteca, ele tem saído da rotina. Mas tenho certeza de que assim que ele notar que vocês estão aqui...

Como se isso fosse uma deixa, Dewey entrou na sala, pulou para cima da mesa e começou suas rondas.

— Me avisem se precisarem de algo — falei, voltando para a parte principal da biblioteca. Ninguém disse nada. Todos estavam muito ocupados, focalizados em Dewey.

— Não é justo, Esther — ouvi, enquanto o som da reunião desaparecia à distância. — Você deve ter um atum no bolso!

Quando Tony acabou de pintar, depois de três semanas, Dewey era outro gato. Talvez ele pensasse mesmo que era "O Duque", porque já não estava mais satisfeito só com sonecas e colos. Ele queria explorar. E subir. E, mais importante, explorar novos lugares onde subir. Chamávamos isso de fase Edmund Hillary de Dewey, em homenagem ao famoso alpinista. Dew não queria parar de subir enquanto não atingisse o topo de seu Everest pessoal, o que conseguiu fazer em menos de um mês.

— Algum sinal de Dewey esta manhã? — perguntei a Audrey Wheeler, que trabalhava na mesa de circulação. — Ele não apareceu para o café da manhã.

— Não o vi.

— Diga-me, se o vir. Quero ter certeza de que não está doente. Cinco minutos mais tarde, escutei Audrey pronunciar o que em nosso meio era uma surpreendente blasfêmia.

— Ai, minha nossa! — Ela estava de pé no meio da biblioteca, olhando para cima. Lá, sobre as luminárias, olhando diretamente para baixo, estava Dewey. Ao perceber que olhávamos para ele, o gato puxou a cabeça para trás. Instantaneamente ficou invisível. Enquanto olhávamos, a cabeça de Dewey reapareceu alguns metros além, sobre as lâmpadas. Aí desapareceu outra vez para reaparecer alguns metros adiante. As lâmpadas corriam em faixas de trinta metros de comprimento e ele claramente estava lá havia horas, nos observando. — Como vamos fazer para ele descer?

— Talvez devamos ligar para a prefeitura — sugeriu alguém. — Eles mandam alguém com uma escada.

— Deixem ele lá — falei. — Ele não fará nada de mau e vai acabar tendo de descer para comer.

Uma hora depois, Dewey entrou trotando em meu escritório, lambendo a boca depois de um café da manhã tardio, e pulou em meu colo para um afago. Era perceptível que ele estava animado com o novo jogo, mas não queria exagerar. Eu sabia que estava ele morrendo de vontade de perguntar...

O que você acha dessa façanha?

— Não vou nem falar nisso, Dewey.

Ele me olhou de banda.

— Estou falando sério.

Então está bem, vou tirar uma soneca. Foi uma manhã emocionante, sabe?

Eu perguntei a todos e realmente ninguém o vira descer. Foram algumas semanas de observação constante para descobrir o método dele. Primeiro, Dewey saltava em uma mesa vazia na sala dos funcionários. Depois, pulava em um arquivo, o que lhe propiciava um longo salto até a parede divisória da sala, na qual ele conseguia se esconder atrás de um enorme painel com a história de Spencer. De lá, era apenas pouco mais de um metro para a luminária.

Claro, poderíamos rearranjar a mobília, porém, uma vez fixado no teto, sabíamos que não havia muito, com exceção de velhice e artrose, que impedisse Dewey de caminhar por cima das luminárias. Quando os gatos não sabem que algo existe, é fácil mantê-los afastados. Se eles não conseguem chegar a alguma coisa e é algo que eles resolveram querer, é quase impossível. Gatos não são preguiçosos. Eles se esforçam por frustrar até os planos mais elaborados.

Além disso, Dewey adorava ficar lá em cima das luminárias. Amava caminhar de um lado para o outro, de uma extremidade à outra, até encontrar um ponto interessante. Aí se deitava, debruçava a cabeça pela beirada e observava. Os usuários também adoravam. Algumas vezes, quando Dew estava caminhando para lá e para cá, era possível vê-los virando o pescoço na direção do teto, com a cabeça para frente e para trás, como o pêndulo de um relógio. Falavam com ele. Quando apontavam Dewey para as crianças, com a cabeça mal aparecendo na beirada da luminária, elas gritavam de alegria. Faziam tantas perguntas...

— O que ele está fazendo?

— Como chegou lá?

— Por que ele está ali?

— Ele vai se queimar?

— Se ele cair, vai morrer?

— E se ele cair em cima de alguém? A pessoa vai morrer?

Quando os pequenos descobriram que não podiam subir até o teto com ele, imploravam para o gato descer.

— Dewey gosta de ficar lá em cima — explicávamos. — Ele está brincando.

Por fim, as crianças compreenderam que, quando Dewey estava em cima das luminárias, ele só desceria quando quisesse. Tinha descoberto seu pequeno sétimo céu lá em cima.

A reforma oficial aconteceu em julho de 1989, porque julho era o mês de menor movimento na biblioteca. As crianças estavam de férias, o que significava ausência da visita de turmas e nenhuma creche não oficial depois do horário de aulas. Uma firma tributária vizinha doou espaço de armazenagem do outro lado da rua. A Biblioteca Pública de Spencer continha cinquenta e cinco unidades de estantes, cinquenta mil livros, seis mil revistas, dois mil jornais, cinco mil álbuns e fitas cassete e mil genealogias, sem falar de projetores, telas de projeção, televisões, câmeras (dezesseis e oito milímetros), máquinas de escrever, escrivaninhas, mesas, cadeiras, carrinho de catálogos, arquivos e material de escritório. A tudo isso foi dado um número. O número correspondia a uma grade com cores coordenadas, que mostrava tanto o lugar no depósito quanto seu novo local na biblioteca. Sobre o novo carpete azul, Jean Hollis Clark e eu desenhamos com giz o local de cada estante, mesa e escrivaninha. Se uma prateleira fosse colocada dois centímetros fora do lugar, os trabalhadores teriam de movê-la, porque a largura dos corredores era rigorosamente regulada segundo as exigências da ADA (Americans with Disabilities Act, a lei dos norte-americanos com deficiência). Se uma estante estivesse desviada em dois centímetros, a seguinte teria um desvio de cinco, e logo haveria uma cadeira de rodas presa num canto dos fundos.

A mudança foi realmente um esforço comunitário. O Rotary Club ajudou a retirar os livros; o Golden Kiwanis ajudou a colocá-los de volta. Nosso administrador de desenvolvimento do centro da cidade, Bob Rose, moveu as estantes. O marido de Doris Armstrong, Jerry, passou mais de uma semana aparafusando mais de cento e dez novas placas de aço nas extremidades de cada uma das estantes, pelo menos seis parafusos e porcas por placa, e nunca se queixou. Todo mundo se ofereceu: o clube de genealogia, o conselho da biblioteca, professores, pais, os nove membros do conselho do Grupo de Amigos da Biblioteca de Spencer. Os comerciantes do centro da cidade também compareceram e houve bebidas e lanchinhos grátis para todo mundo.

A reforma funcionou feito um relógio. Em exatamente três semanas, nosso horror de Halloween foi substituído por um carpete azul neutro e mobília com estofado colorido. Acrescentamos balanços de dois lugares à biblioteca das crianças, assim as mães poderiam balançar e ler para os filhos. Em um armário, encontrei dezoito gravuras de Grosvenor, junto com sete canetas velhas e desenhos a tinta. A biblioteca não tinha dinheiro suficiente para mandar emoldurá-las, então um membro da comunidade — adotou cada gravura e pagou a moldura. As estantes recém-arrumadas em ângulos levavam o olhar de volta para os livros, onde milhares de lombadas coloridas convidavam para a pesquisa, a leitura e o repouso.

Inauguramos a nova biblioteca com um open house repleto de biscoitos e chá. Ninguém estava mais feliz que Dewey. Estivera trancado em casa durante as três semanas e, ao longo desse tempo, seu mundo mudara. As paredes estavam diferentes, o carpete estava diferente, todas as cadeiras, mesas e estantes estavam fora do lugar. Até os livros tinham cheiro diferente depois de uma viagem ao depósito do outro lado da rua.

Mas, assim que as pessoas começaram a chegar, Dewey disparou para a mesa do lanche, para ser outra vez a estrela principal e o centro das atrações. Sim, a biblioteca tinha mudado, porém aquilo de que ele mais sentiu falta foram as pessoas. Detestava ficar longe de seus amigos da biblioteca. E eles também sentiram a falta dele. Quando iam buscar os biscoitos, todos paravam para afagar Dewey. Alguns o erguiam ao ombro para um tour pelas estantes recém-arrumadas. Outros apenas o observavam, falavam dele e sorriam. A biblioteca podia ter mudado, contudo Dewey ainda era o rei.

Entre 1987, o ano anterior ao da chegada daquele gatinho a nossos braços, e 1989, o ano da reforma, as visitas à Biblioteca Pública de Spencer aumentaram de sessenta e três mil por ano a mais de cem mil. Estava claro que algo tinha mudado. As pessoas pensavam de um modo diferente a respeito de sua biblioteca, apreciando-a mais. E não apenas os cidadãos de Spencer. Naquele ano, mais de dezenove por cento dos visitantes eram da região rural de Clay County. Outros dezoito por cento vinham de municípios vizinhos. Ninguém podia discutir, ao ver esses números, que a biblioteca não era um centro regional.

A reforma ajudou, sem dúvidas. Da mesma maneira, a revitalização da Grand Avenue, a economia, que estava se recuperando, a equipe energizada e nossos novos programas de envolvimento com a comunidade e entretenimento. No entanto, a maior das mudanças, a grande parte do que atraiu um maior número de pessoas e finalmente tornou a Biblioteca Pública de Spencer uma casa de reuniões, e não um depósito, foi Dewey.

14
A grande fuga de Dewey

O FINAL DE JULHO é a melhor época do ano em Spencer. O milho está com três metros de altura, dourado e verde. Está tão alto que os agricultores são obrigados por lei a cortar metade da altura a cada mil e seiscentos metros, onde as estradas se cruzam em ângulo reto. A região rural de Iowa tem interseções demais, e sinais de parada obrigatória de menos. O milho mais baixo ajuda, porque se consegue pelo menos ver os carros vindo na direção contrária. Isso também não prejudica os agricultores, já que as espigas nascem no centro do pé, e não no alto.

É fácil descuidar do trabalho em um verão de Iowa. O verde brilhante, o sol quente e os campos infinitos. As janelas ficam abertas, só para que o perfume circule livremente. Você passa sua hora de almoço à margem do rio, seus fins de semana pescando perto da ponte Thunder. Às vezes, é difícil ficar dentro de casa.

— Isto é o céu? — quero dizer a cada ano.

— Não — responde o imaginário. — É Iowa.

Em agosto de 1989, o esforço da reforma tinha terminado. A frequência da biblioteca aumentara. A equipe estava feliz. Dewey não apenas tinha sido aceito pela comunidade como atraía e inspirava gente. A feira anual de Clay County, o maior evento do ano, estava quase chegando, acontecia em setembro. Eu até tive um mês de folga no mestrado. Tudo estava funcionando perfeitamente... A não ser por Dewey. Meu menininho satisfeito, nosso herói da biblioteca, era um gato mudado: confuso, assustadiço e, mais que tudo, um problema.

A causa desse comportamento foram as três semanas que Dewey passou em minha casa durante a reforma, olhando, através das telas das janelas, o mundo lá fora. Da minha casa, não dava para ele ver o milho, mas dava para ouvir os passarinhos. Dava para sentir a brisa. Ele conseguia cheirar tudo o que os gatos cheiram quando apontam o nariz para o grande espaço externo. E, então, ele sentia falta de tudo isso. Havia janelas na biblioteca, porém elas não abriam. Dava para sentir o cheiro do carpete novo, mas não os cheiros do lado de fora. Era possível ouvir os caminhões, contudo não dava para distinguir os passarinhos. *Como você pode me mostrar uma coisa tão maravilhosa e levá-la embora?*, ele se lamuriava.

Entre os dois conjuntos de portas da frente na Biblioteca Pública de Spencer havia um minúsculo saguão de vidro que ajudava a isolar o frio do inverno, já que pelo menos um dos conjuntos de portas estava normalmente fechado. Por dois anos, Dew detestou aquele saguão — quando ele voltou daquelas três semanas em casa, ele o adorava. Do saguão, ele conseguia ouvir os passarinhos. Quando as portas de fora estavam abertas, ele conseguia sentir o cheiro do ar livre. Durante poucas horas, à tarde, havia até um trecho ensolarado. Ele fingia que era tudo o que queria, sentar naquele trecho ensolarado e ouvir os passarinhos. Mas nós sabíamos que não era bem assim. Se passasse tempo suficiente no saguão, Dewey ficaria curioso para atravessar o segundo conjunto de portas, rumo ao mundo lá fora.

— Dewey, volte aqui! — gritava a atendente no balcão de entrada todas as vezes que ele seguia um frequentador através do primeiro conjunto de portas.

O pobre gato não tinha a menor chance. A mesa de circulação dava para o saguão, e a atendente sempre o via logo. Assim, ele parou de obedecer, especialmente se a atendente era Joy DeWall. Ela era o membro mais recente e mais jovem da equipe e a única que não era casada. Por morar com os pais em um dúplex onde animais de estimação eram proibidos, ela tinha um lugarzinho especial para Dewey no coração. E ele, sabendo disso, não obedecia a nenhuma ordem dela. Então Joy começou a me chamar. Eu era a voz da mãe. Dew sempre me escutava. Embora, nesse caso, ele estivesse tão disposto a desobedecer que fui obrigada a cumprir minha ameaça.

— Dewey, você quer que eu vá buscar o borrifador?

Ele ficou me olhando fixo.

Trouxe o borrifador de trás da minha escrivaninha. Com o outro braço, mantive aberta a porta da biblioteca. Dew esquivou-se de volta para dentro.

Dez minutos mais tarde:

— Vicki, Dewey está no saguão outra vez!

Foi a gota d'água. Três vezes num dia. Era a hora de eu me afirmar. Corri para fora da minha sala, impostei minha melhor voz de mãe, abri violentamente a porta do saguão e exigi:

— Você, venha aqui agora, rapaz!

Um rapaz com cerca de vinte e poucos anos pulou de susto. Antes de a última palavra ter saído da minha boca, ele correra para dentro da biblioteca, agarrara uma revista e enterrara a cabeça nela, até as letrinhas miúdas. Que situação desagradável! Eu mantinha a porta aberta em um silêncio atônito, incapaz de acreditar que não tinha visto o rapaz bem na minha frente, quando Dewey passou trotando, como se nada tivesse acontecido. Eu quase podia vê-lo sorrir.

Uma semana depois, Dewey não apareceu para sua refeição matinal e eu não conseguia encontrá-lo em lugar nenhum. Nada demais até aqui, já que Dew tinha espaço de sobra onde se esconder. Havia um escaninho atrás do mostruário, ao lado da porta da frente, que era — eu juro — do tamanho de uma caixa de crayons, a velha embalagem de sessenta e quatro lápis, com o apontador embutido. Havia também a espreguiçadeira marrom na área das crianças, embora normalmente o rabo dele ficasse de fora. Uma tarde, Joy estava arrumando a fileira de baixo dos livros na seção de faroeste quando, para seu pasmo, surgiu Dewey. Em uma biblioteca, os livros cabem dos dois lados de uma prateleira. Entre duas fileiras, existe um espaço de dez centímetros. Entre os livros, o supremo esconderijo de Dewey: rápido, prático e seguro. O único jeito de encontrá-lo era erguer os livros aleatoriamente e olhar por detrás deles. Isso não parece tão difícil até você pensar que a Biblioteca Pública de Spencer continha mais de quatrocentas prateleiras de livros. Entre esses livros havia um enorme labirinto, um longo mundo estreito, inteiro pertencente a Dewey.

Por sorte, ele quase sempre se atinha ao lugar preferido nas prateleiras debaixo dos faroestes. Dessa vez, não. Tampouco estava embaixo da espreguiçadeira marrom ou em seu escaninho. Eu não o notei espiando de cima das lamparinas. Abri as portas dos banheiros para ver se ele ficara trancado lá dentro. Nada.

— Alguém viu Dewey?

Não. Não. Não. Não.

— Quem fechou a biblioteca ontem à noite?

— Eu — disse Joy —, e ele estava aqui com certeza. — Eu sabia que Joy jamais se esqueceria de procurar Dewey. Ela era a única da equipe, além de mim, que ficava até mais tarde para brincar de esconde-esconde.

— Bom, ele deve estar no prédio. Parece que encontrou um novo esconderijo.

No entanto, quando voltei do almoço, Dew ainda estava sumido. E não tocara a comida. Foi quando comecei a me preocupar.

— Cadê Dewey? — perguntou um usuário.

Já tínhamos escutado essa pergunta vinte vezes e ainda estávamos no meio da tarde. Recomendei à equipe:

— Digam que Dewey não está se sentindo bem. Não é preciso alarmar ninguém. — Ele ia acabar aparecendo. Eu sabia.

Aquela noite, rodei com o carro durante meia hora em vez de ir direto para casa. Eu não esperava ver um gato cor de laranja peludo rondando pela vizinhança, mas nunca se sabe. O pensamento que me ocorria era: "E se ele estiver machucado? E se ele estiver precisando de mim? E se eu não conseguir encontrá-lo? Eu o estarei deixando na mão". Eu sabia que ele não estava morto. Era tão saudável. E eu sabia que não tinha fugido. Porém a ideia continuou rondando...

No dia seguinte, ele não estava me esperando à porta da frente. Entrei. O lugar parecia morto. Um terror frio passou pela minha espinha, embora lá fora estivesse fazendo trinta e dois graus. Eu sabia que algo estava errado.

Ordenei ao pessoal:

— Procurem por toda parte.

Examinamos cada canto. Abrimos cada armário e gaveta. Puxamos os livros das prateleiras. Alguns deles estavam afastados poucos centímetros da parede — Dewey poderia ter andado, fazendo suas rondas, caído e ficado preso. Falta de jeito não fazia o gênero dele, contudo, numa emergência, você checa todas as possibilidades.

O zelador da noite! A ideia me bateu como uma pedrada — peguei o telefone.

— Oi, Virgil. É Vicki, da biblioteca. Você viu Dewey ontem à noite?

— Quem?

— Dewey, o gato.

— Não, não o vi.

— Será que ele comeu alguma coisa que lhe fez mal? Produto de limpeza, talvez?

Ele hesitou.

— Acho que não.

Eu não queria perguntar, mas devia:

— Você por acaso costuma deixar alguma porta aberta?

Ele realmente hesitou dessa vez.

— Eu prendo a porta de trás com um calço quando levo o lixo para a caçamba.

— Durante quanto tempo?

— Uns cinco minutos.

— Você a deixou aberta ontem à noite?

— Eu a deixo todas as noites.

Senti um frio na barriga. Foi isso. Dewey jamais fugiria por uma porta aberta, mas se ele tivesse algumas semanas para pensar a respeito, dar uma espiadela para fora, cheirar o ar...

— Você acha que ele fugiu? — perguntou Virgil.

— Acho que sim, Virgil.

Dei a notícia ao pessoal. Informação, qualquer informação, era boa para os nossos espíritos. Estabelecemos turnos: duas pessoas ficariam cobrindo o serviço na biblioteca enquanto o resto procurava Dewey. Os usuários habituais conseguiam perceber que algo estava errado. "Cadê Dewey?" passou de uma pergunta inocente para uma expressão de preocupação. Continuávamos a dizer à maior parte dos frequentadores que não havia nada de errado, porém puxávamos os mais habituais de lado e contávamos que Dew tinha sumido. Logo, uma dúzia de pessoas palmilhava as calçadas. "Veja todas essas pessoas. Perceba todo esse amor. Agora vamos encontrá-lo!", repetia para mim mesma.

Eu estava enganada.

Passei minha hora de almoço caminhando pelas ruas, procurando meu bebê. Ele estava tão abrigado na biblioteca. Ele não era um lutador. Era enjoado para comer. Como ele ia sobreviver?

Por meio da bondade de estranhos, é claro. Dewey confiava nas pessoas. Ele não hesitaria em pedir ajuda.

Dei uma passada no senhor Fonley, da floricultura Fonley Flowers, que tinha uma entrada de serviço que dava para o beco atrás da biblioteca. Ele não vira Dewey. Rick Krebsbach, no estúdio fotográfico, também não. Liguei para todos os veterinários da cidade. Como não tínhamos um abrigo para animais, seria um lugar para onde alguém poderia tê-lo levado. Se não o reconhecesse, que fique bem entendido. Avisei aos veterinários:

— Se alguém trouxer um gato parecido com Dewey, provavelmente será Dewey. Achamos que ele fugiu.

Eu dizia para mim mesma: "Todo mundo conhece Dewey. Todo mundo adora Dewey. Se alguém o encontrar, irá trazê-lo de volta para a biblioteca".

Não queria espalhar a notícia de que ele tinha sumido. Dewey tinha tantas crianças que o amavam, sem mencionar os alunos com necessidades especiais. Ó, meu Deus, e Crystal?! Não queria assustá-los. Eu sabia que ele ia voltar!

Na terceira manhã, quando Dewey não estava me esperando à porta da frente, meu estômago despencou. Dei-me conta de que, no íntimo, eu esperava vê-lo sentado ali. Ao verificar que ele não estava, fiquei arrasada. Foi aí que me bateu: Dewey tinha sumido. Ele podia estar morto. Provavelmente não voltaria. Eu sabia que Dew era importante, porém só naquele momento me dei conta do vazio que seria sem ele. Para a cidade de Spencer, Dewey era a biblioteca. Como poderíamos seguir sem ele?

Quando Jodi tinha três anos, eu a perdi no centro comercial Mankato Mall. Olhei para baixo e ela tinha sumido. Quase engasguei com meu próprio coração, com a velocidade com que ele foi parar na garganta. À medida que não conseguia encontrá-la, fui ficando absolutamente desesperada. Meu bebê, meu bebê! Nem sequer conseguia pensar. Eu só conseguia arrancar as roupas dos cabides e despencar pelos corredores, cada vez mais depressa. Até que finalmente a encontrei escondida no meio de uma arara circular de roupas, rindo. Ela estivera lá o tempo todo. Mas, puxa, como eu morri quando achei que ela tinha sumido!

Eu me sentia do mesmo jeito agora. Foi quando percebi que Dewey não era apenas o gato da biblioteca. Minha dor não era pela cidade de Spencer, por sua biblioteca ou até pelas crianças. A dor era por mim mesma. Ele podia morar na biblioteca, mas Dewey era meu gato. Eu o amava. Não é só por dizer. Eu não amava apenas algo a respeito dele. Eu o amava. Porém meu bebê, meu bebê Dewey, tinha sumido.

O estado de ânimo na biblioteca estava sombrio. No dia anterior, tínhamos esperanças. Achávamos que era apenas uma questão de tempo. Agora, acreditávamos que ele tinha ido embora. Continuamos a busca, contudo já havíamos procurado em toda parte. Não tínhamos mais opções. Sentei e pensei no que iria dizer para a comunidade. Eu podia ligar para a estação de rádio, que era o meio de comunicação de Spencer. Eles imediatamente fariam um pronunciamento. Poderiam mencionar um gato cor de laranja, sem dizer o nome. Os adultos entenderiam, mas talvez pudéssemos ganhar tempo com as crianças.

— Vicki!

Depois, o jornal. Eles sem dúvida publicariam a matéria no dia seguinte. Talvez alguém o tivesse apanhado.

— Vicki!

Será que deveríamos distribuir panfletos? Que tal uma recompensa?

— Vicki!

A quem eu estava querendo enganar? Ele se fora. Se estivesse aqui, já o teríamos encontrado...

— Vicki! Adivinha quem está em casa?

Enfiei a cabeça para fora do escritório e lá estava ele, meu grande amigão cor de laranja, envolto nos braços de Jean Hollis Clark. Corri para ele e o abracei apertado. Ele deitou a cabeça em meu peito. Fora da arara circular de roupas, bem embaixo do meu nariz, meu filho aparecera!

— Oh, menino, menino. Jamais faça isso outra vez!

Dewey não precisava de mim para tranquilizá-lo. Vi imediatamente que não era brincadeira. Ele estava ronronando como naquela primeira manhã. Estava tão feliz em me ver, tão agradecido por estar em meus braços. Ele parecia feliz, mas eu o conhecia muito bem. Por baixo, nos ossos, ele tremia.

— Eu o encontrei embaixo de um carro na Grand Avenue — disse Jean. — Estava entrando na drogaria White Drug quando, por acaso, percebi um lampejo laranja com o canto do olho.

Eu não estava escutando. Ouviria a história muitas vezes durante os dias seguintes, porém, naquele momento, não a escutava. Eu só tinha olhos e ouvidos para Dewey.

— Ele estava encolhido atrás da roda do outro lado do carro. Chamei-o, mas ele não veio. Parecia que ele queria fugir, contudo estava com medo demais. Ele deve ter ficado ali o tempo inteiro. Dá para acreditar? Todas essas pessoas procurando por ele, e ele ali o tempo todo!

O resto da equipe se amontoava ao nosso redor. Dava para perceber que queriam pegá-lo, aninhá-lo, mas eu não queria largá-lo.

— Ele precisa comer — disse a eles. Alguém abriu uma lata nova de comida, e todos nós ficamos observando enquanto Dewey devorava tudo. Duvido que o gato tivesse comido por aqueles dias.

Uma vez feito tudo o que tinha de fazer — comida, água, caixa de areia —, deixei o pessoal pegá-lo. Ele passou de mão em mão como um herói num desfile de vitória. Quando todo mundo já lhe tinha dado as boas-vindas, o levamos para mostrar ao público. Embora a maioria não soubesse o que tinha acontecido, houve alguns olhos úmidos. Dewey, nosso filho pródigo, tinha sumido, porém agora voltara para nós. Realmente, a gente gosta ainda mais de uma coisa depois de tê-la perdido.

Naquela tarde, dei um banho em Dewey, que ele tolerou pela primeira vez desde aquela fria manhã de janeiro havia tanto tempo. Estava coberto de óleo de carro, o que levou meses para sair de seu pelo longo. Ele tinha um corte em uma orelha e um arranhão no nariz. Limpei-os delicada e amorosamente. Teria sido outro gato? Um arame solto? A parte de baixo do carro? Esfreguei a orelha cortada entre os dedos e Dew nem piscou. "O que aconteceu aqui?", quis perguntar a ele, mas nós dois já tínhamos chegado a um acordo: nunca mais falaríamos sobre o incidente.

Anos mais tarde, me habituei a deixar uma porta lateral aberta durante as reuniões do conselho da biblioteca. Cathy Greiner, um membro do conselho, todas as vezes me perguntava:

— Você não tem medo de que Dewey fuja?

Olhei para Dew, que estava lá, como sempre, para fazer parte da reunião, e ele me olhou. Aquele olhar me disse, tão claramente como se ele tivesse jurado por tudo o que fosse mais sagrado, que não ia fugir. Por que ninguém mais percebia isso?

— Ele não vai a lugar algum — garanti a ela. — Ele está comprometido com a biblioteca.

E estava mesmo. Durante dezesseis anos, Dewey nunca mais foi ao saguão. Ele ficava deitado perto da porta da frente, especialmente pela manhã, porém nunca mais seguiu os usuários quando saíam. Se as portas se abrissem e ele escutasse caminhões, se mandava para a sala dos funcionários. Queria ficar longe de caminhões. Dewey não queria mais saber de ar livre.

15
O gato favorito de Spencer

Cerca de um mês depois da fuga de Dewey, Jodi foi embora de Spencer. Eu não estava confiante quanto a ter recursos para mandá-la para a faculdade, e ela não queria ficar em casa. Jodi queria viajar, então conseguiu um trabalho de babá na Califórnia e economizou dinheiro para pagar os estudos. Tenho certeza de que não faria mal o fato de a Califórnia ficar longe da mamãe.

Eu trouxe Dewey para casa para o último fim de semana dela. Como sempre, ele ficou grudado em Jodi, como um ímã atraído por pele. Acho que, mais que tudo, ele gostava de passar a noite com ela. Assim que Jodi puxava as cobertas, Dew já estava na cama. Na verdade, chegava primeiro. Quando Jodi acabava de escovar os dentes, ele estava sentado sobre o travesseiro, pronto para enroscar-se ao lado dela. Assim que ela se deitava, Dewey se grudava ao rosto de Jodi. Nem a deixava respirar. Ela o empurrava para baixo das cobertas, mas ele voltava. Empurra. Sobre o rosto. Empurra. Atravessado sobre o pescoço.

— Fique aí, Dewey.

Ele finalmente cedia e dormia ali ao lado, fixado aos quadris dela. Jodi conseguia respirar, porém não podia se virar. Será que ele sabia que a nossa menina estava indo embora, talvez para sempre? Quando dormia comigo, Dewey ficava a noite inteira entrando e saindo da cama, explorando a casa num minuto e aconchegando-se no outro. Com Jodi, ele não saía nunca. Em um determinado momento, ele foi atacar os pés dela, que estavam sob as cobertas, contudo foi o máximo que ele se afastou. Jodi não conseguiu dormir naquela noite.

Na vez seguinte que Dewey veio para minha casa, Jodi já não estava. No entanto, ele encontrou um jeito de ficar próximo a ela: passou a noite no quarto de Jodi, enroscado no chão ao lado do aquecedor, sem dúvida sonhando com aquelas noites quentes de verão que passou aconchegado ao lado da minha filha.

— Eu sei, Dewey — disse para ele. — Eu sei.

Passado um mês, levei Dewey para sua primeira fotografia oficial. Gostaria de dizer que foi por motivos sentimentais, que meu mundo estava mudando e eu queria congelar aquele momento, ou que me dei conta de que Dewey estava no vértice de algo muito maior do que qualquer um de nós poderia imaginar. Entretanto, o motivo verdadeiro foi um cupom. Rick Krebsbach, o fotógrafo da cidade, estava oferecendo fotografias de bichos de estimação por dez dólares.

Dewey era um gato de tão boa paz que me convenci de que seria fácil obter um retrato profissional dele, um retrato de estúdio. Mas Dew detestou o estúdio. Assim que entramos, a cabeça dele começou a rodar, olhando para tudo. Botei-o na cadeira, e ele imediatamente pulou fora. Peguei-o e o botei na cadeira outra vez. Dei um passo para trás, e o gato se fora.

— Ele está nervoso. Não sai muito da biblioteca — disse ao ver Dewey farejar o pano de fundo da fotografia.

— Isso não é nada — respondeu Rick.

— Bichos de estimação não são fáceis?

— Você não tem ideia — afirmou ele enquanto observávamos Dew enterrar a cabeça sob uma almofada. — Um cachorro tentou comer a câmera. Outro comeu minhas flores artificiais. Agora que estou me lembrando, ele vomitou naquela almofada.

Peguei Dewey rapidamente, porém meu toque não o acalmou. Ele ainda olhava em volta, mais nervoso que interessado.

— Tem havido uma boa quantidade de lastimáveis pipis. Tive de jogar um lençol fora. É claro que desinfeto tudo, mas, para um animal como Dewey, isso deve cheirar a zoológico.

— Ele não está acostumado a outros animais — falei, sabendo que não era exatamente isso. Dew nunca deu bola para outros animais. Ele nunca tomou conhecimento do cachorro de um cego que frequentava a biblioteca. Chegava mesmo a desprezar o dálmata. Não era medo, era confusão. — Ele sabe o que se espera dele na biblioteca, porém não está entendendo este local.

— Não se apresse.

Tive uma ideia.

— Posso mostrar a câmera para Dewey?

— Se você acha que vai ajudar...

Dewey vivia posando para fotos na biblioteca, mas aquelas eram câmeras comuns. A câmera de Rick era um modelo grande, profissional, como uma caixa. Dew jamais vira uma daquelas antes, contudo ele aprendia rápido.

— É uma câmera, Dewey. Câmera. Estamos aqui para tirar uma foto de você.

O gato cheirou as lentes. Inclinou-se para trás e cheirou outra vez. Eu consegui perceber que ele estava menos tenso, vi que tinha entendido.

Apontei.

— Cadeira. Sente-se na cadeira.

Coloquei-o no chão. Ele cheirou cada perna da cadeira de alto a baixo e duas vezes o assento. Depois, pulou para a cadeira e olhou direto para a câmera. Rick correu e bateu seis fotos.

— Não acredito! — admirou-se ele quando Dewey voltou ao chão.

Não quis contar a Rick, mas aquilo acontecia o tempo todo. Dewey e eu tínhamos um meio de comunicação que eu mesma não entendia. Ele parecia sempre saber o que eu queria, porém, infelizmente, isso não significava que fosse sempre obedecer. Eu nem tinha de falar banho ou escova — bastava pensar neles, e Dew desaparecia.

Lembro-me de passar por ele uma tarde, na biblioteca. Ele olhou para mim com sua costumeira indiferença preguiçosa. "Oi, como vai?" Pensei: "Ih, há dois nós de pelo no pescoço dele. Eu deveria pegar a tesoura e cortá-los". Assim que a ideia se formou em minha cabeça, *puff!*, o gato sumiu.

No entanto, desde a fuga, Dewey andava usando seus poderes para o bem, e não para travessuras. Ele não apenas previa o que eu queria, ele agia. Não quando envolvia uma escovada ou um banho, é claro, mas para os negócios da biblioteca. Essa era uma das razões por que ele estava tão disposto a que tirassem sua foto. Queria fazer o que fosse melhor para a biblioteca.

— Ele sabe que é para a biblioteca — falei a Rick. Entretanto, dava para perceber que ele não estava acreditando. Por que, afinal, um gato se incomodaria com uma biblioteca? E como ele poderia ligar uma biblioteca com um estúdio de fotografia a um quarteirão de distância? Mas era a verdade, e eu sabia disso.

Peguei Dewey e afaguei seu ponto favorito, no topo da cabeça, entre as orelhas.

— Ele sabe o que é uma câmera. Não tem medo dela — eu disse.

— Ele já posou antes?

— Pelo menos duas ou três vezes por semana. Para visitantes. Ele adora.

— Não parece coisa de gato.

Eu quis contar-lhe que Dewey não era um gato qualquer, mas Rick andara fotografando bichos de estimação durante toda a semana anterior. Ele provavelmente já teria escutado aquilo umas cem vezes.

No entanto, se você vir a fotografia oficial de Dewey que Rick bateu aquele dia, vai perceber de imediato que ele não é um gato qualquer. Ele é lindo, está bem, mas, muito mais que isso, ele fica à vontade. Não tem medo da câmera, não fica confuso com o que está acontecendo. Seus olhos estão bem abertos e claros. Seu pelo, perfeitamente arrumado. Ele não parece um gatinho, tampouco parece um gato adulto. É um rapaz tirando a fotografia de formatura da faculdade ou um marinheiro gravando uma lembrança para mandar para a namorada antes de zarpar em sua primeira viagem. Sua postura é notavelmente reta, com a cabeça inclinada e os olhos fixos calmamente na câmera. Sorrio cada vez que olho para aquela foto, porque ele parece tão sério. Parece que está tentando ser forte e boa-pinta, mas não consegue muito bem, já que é muito fofinho!

Poucos dias depois de ter recebido as fotos prontas, fiquei sabendo que o Shopko local, uma grande rede de lojas de mercadorias como a Wal-Mart ou Kmart, estava lançando um concurso de fotos de bichos de estimação para levantar fundos para uma obra de caridade. Você pagava um dólar para votar, e o dinheiro era usado para combater a distrofia muscular. Isso era típico de Spencer. Havia sempre alguém levantando fundos, e essa pessoa era apoiada pelos cidadãos locais. Nossa estação de rádio, a KCID, sempre promovia esses esforços. O jornal muitas vezes publicava uma matéria. O comparecimento era geralmente avassalador. Não temos uma tonelada de dinheiro em Spencer, porém, se alguém precisasse de uma mão, estávamos prontos a fornecê-la. Isso é orgulho cívico.

Num impulso, registrei Dewey no concurso. A foto era para fins de promoção da biblioteca, afinal, não era essa uma oportunidade perfeita para promover esse aspecto especial dela? Algumas semanas mais tarde, a Shopko pendurou uma dúzia de fotos, todas de gatos e cachorros, em um arame na frente da loja. A cidade votou... E Dewey venceu de longe. Ele teve mais de oitenta por cento dos votos, sete vezes mais que o segundo colocado. Foi ridículo. Quando a loja me ligou para contar o resultado, fiquei quase envergonhada.

Parte do motivo pelo qual Dewey teve uma vitória tão esmagadora foi a fotografia. Dew está de olhos fixos em você, pedindo que olhe de volta para ele. Ele estabelece uma conexão pessoal, mesmo que haja um toque de altivez em sua pose.

Outra parte do motivo era a aparência de Dewey. Ele é um ídolo de matinê dos anos 1950, cortês e tranquilo. Ele é tão lindo que você se sente obrigado a amá-lo.

Mais uma parte do motivo era a personalidade de Dewey. A maioria dos gatos fotografados pareciam extremamente assustados, desesperados para cheirar a câmera ou indignados com o processo todo — muitas vezes, as três coisas. Já os cachorros pareciam prestes a pirar, derrubar tudo na sala, enrolar-se nos fios e depois comer a câmera. Dew parecia calmo.

Mas, principalmente, Dewey venceu o concurso porque a cidade o adotara. Não apenas os usuários regulares da biblioteca, como percebi pela primeira vez, e, sim, a cidade inteira. Enquanto eu não estava olhando, enquanto estava preocupada com o mestrado, com a reforma e com Jodi, Dewey tranquilamente fazia sua magia funcionar. As histórias, não apenas de seu resgate, mas de sua vida e de seus relacionamentos, penetravam as rachaduras e brotavam em nova vida. Ele não era mais apenas o gato da biblioteca. Era o gato de Spencer. A nossa inspiração, o nosso amigo, o nosso sobrevivente. Era um de nós. E, ao mesmo tempo, ele era nosso.

Seria ele um mascote? Não. Fazia ele alguma diferença no jeito como a cidade pensava a respeito de si mesma? Isso sem dúvida. Não todo mundo, é claro, mas gente suficiente. Dewey nos lembrava, mais uma vez, de que éramos um tipo diferente de cidade. Nós nos preocupávamos. Dávamos valor a pequenas coisas. Compreendíamos que o que importava na vida não era a quantidade, mas a qualidade. Dew era mais um motivo para se amar essa resistente cidadezinha nas planícies de Iowa. O amor por Spencer, o amor por Dewey — estava tudo misturado na mente do público.

16

O famoso gato de biblioteca de Iowa

Agora, em retrospectiva, posso ver que a fuga de Dewey foi um ponto de mutação, uma última ousadia no final da juventude. Depois disso, ele ficou satisfeito com sua sina: ser o gato residente da Biblioteca Pública de Spencer, um amigo, confidente e embaixador de boa vontade para todos. Ele saudava as pessoas com um novo entusiasmo. Aperfeiçoou a bela arte de descansar no meio da seção de não ficção para adultos, onde não só podia ser visto pela biblioteca inteira, como também havia lugar bastante para as pessoas caminharem sem pisar nele. Se estivesse num humor contemplativo, se deitava de barriga para baixo, com a cabeça erguida e as patas da frente displicentemente cruzadas à frente. Chamávamos isso de Pose de Buda. Dewey conseguia se isolar mentalmente nessa pose por uma hora, como um homenzinho gordo em paz com o mundo. Sua outra posição favorita era inteiramente esparramado, de barriga para cima, todo aberto, com as patas espichadas nas quatro direções. Ele relaxava inteiramente, totalmente exposto.

É surpreendente. Quando você para de correr e começa e se esparramar, o mundo vem a você. Se não o mundo, pelo menos Iowa. Logo depois do concurso Shopko, Dewey foi o assunto da coluna de Chuck Offenburger, "Iowa Boy", no *The Des Moines Register*. A "Iowa Boy" era uma dessas colunas que diziam coisas do tipo: "Foi a notícia mais chocante com que já me deparei desde que, alguns anos atrás, descobri que a Biblioteca Pública de Cleghorn, pertinho daqui, começou a emprestar formas de bolo para seus frequentadores". De fato, foi exatamente isso que a coluna disse e, sim, a Biblioteca Pública de Cleghorn, logo ali, realmente emprestava formas de bolo para os usuários. Conheço pelo menos uma dúzia de bibliotecas em Iowa que tem vastas coleções de formas de bolo. As bibliotecárias as penduram nas paredes. Se quiser assar um bolo especial, como um bolo do Ursinho Pooh para a festa de aniversário de uma criança, você vai à biblioteca. Essas, sim, são bibliotecárias que servem suas comunidades!

Quando li o artigo, pensei: "Uau, Dewey realmente fez sucesso!". Uma coisa era uma cidade adotar um gato. Ainda melhor era uma região toda adotar um gato, como o noroeste de Iowa tinha feito com Dewey. A biblioteca recebia visitantes todos os dias, vindos de pequenas cidades e fazendas nos municípios vizinhos. Veranistas na região dos lagos de Iowa vinham à cidade para conhecê-lo e depois espalhavam a notícia para os vizinhos e hóspedes, que vinham na semana seguinte. Ele aparecia frequentemente em jornais de cidades próximas. Mas o *The Des Moines Register*! Era o jornal diário de Des Moines, a capital do estado, cidade que tinha uma população de quase quinhentos mil habitantes. O *The Des Moines Register* era lido pelo estado inteiro. Mais de meio milhão de pessoas provavelmente liam a respeito de Dewey naquele exato momento. Era mais que o número de pessoas que comparecia à feira anual de Clay County!

Depois da seção "Iowa Boy", Dew começou a aparecer regularmente nos noticiários da nossa televisão local, que se originavam em Sioux City, Iowa, e Sioux Falls, Dakota do Sul. Logo, ele começou a aparecer em estações de outras cidades e estados próximos. Toda vez começava do mesmo jeito, com uma voz de fundo: "A Biblioteca Pública de Spencer não esperava nada além de livros na caixa de devolução, em uma gelada manhã de janeiro...". Não importava como a emoldurassem, a imagem era sempre a mesma. Um pobre gatinho, frágil, quase congelado, implorando ajuda. A história da chegada de Dewey à biblioteca era irresistível.

Mas a personalidade dele também. A maior parte das equipes de notícias não estava acostumada a filmar gatos — sem dúvidas havia milhares de gatos no noroeste de Iowa, porém nenhum deles chegou às câmeras. Assim, eles começavam com o que parecia ser uma boa ideia:

— Deixe ele se comportar naturalmente.

— Bem, aqui está ele, dormindo em uma caixa, com a cauda pendurada para fora e a barriga saindo por cima da beirada. É o máximo da naturalidade possível.

Cinco segundos mais tarde:

— Dá para ele dar um pulo ou qualquer coisa do gênero?

Dewey sempre dava o que pediam. Ele pulou por cima da câmera para uma tomada de ação em voo. Caminhava entre dois mostruários para mostrar sua habilidade. Corria e pulava da ponta de uma prateleira. Brincava com uma criança. Brincava com sua lã vermelha. Sentava silenciosamente em cima do computador e olhava fixo para a câmera, um modelo de decoro. Ele não estava se mostrando. Posar para a câmera era parte do trabalho de Dew como diretor de publicidade da biblioteca, então ele o fazia. E com entusiasmo.

A participação de Dewey em *Living in Iowa* [Morando em Iowa], uma série da Televisão Pública de Iowa que focalizava questões, eventos e pessoas daquele estado, foi típica. A equipe do *Living in Iowa* se encontrou comigo na biblioteca às sete e meia da manhã. Dewey estava pronto. Ele acenou. Rolou. Pulou entre as prateleiras. Aproximou-se e pôs o nariz na câmera. Ficou grudado ao lado da apresentadora, uma linda moça, e a conquistou.

— Posso pegá-lo? — ela perguntou.

Eu mostrei a ela o Transporte Dewey — por cima do ombro esquerdo, com o traseiro na dobra do braço e a cabeça por cima de suas costas. Se você o quisesse segurar durante algum tempo, teria de usar o Transporte Dewey.

— Ele veio comigo! — sussurrou animada a apresentadora quando o gato se envolveu no ombro dela.

A cabeça de Dew apareceu. *O que ela disse?*

— Como faço para acalmá-lo?

— É só afagá-lo.

A apresentadora afagou-lhe as costas. Dewey deitou a cabeça no ombro dela e aninhou-se contra o pescoço.

— Ele veio comigo! Ele realmente veio comigo! Consigo senti-lo ronronar. — Ela sorriu para o operador de câmera e sussurrou: — Você está registrando isso?

Fiquei tentada a dizer: "É claro que ele vai com você. Ele vai com todo mundo". Mas por que estragar a emoção?

O episódio de Dewey foi ao ar meses mais tarde. Chamava-se *A tale of two kitties* ("Um conto de dois gatos", uma paródia de *A tale of two cities*,

"Um conto de duas cidades", de Dickens). O outro gatinho era Tom, que morava na loja de material de construção Kibby's, em Conrad, Iowa, uma cidadezinha no meio do estado. Como Dewey, Tom foi encontrado na noite mais fria do ano. O dono da loja, Ralph Kibby, levou o desgarrado congelado ao consultório do veterinário.

— Deram uns sessenta dólares de injeções nele — declarou no programa. — E disseram que, se ele ainda estivesse vivo pela manhã, poderia ter uma chance.

Ao assistir ao programa, dei-me conta de por que a apresentadora estava tão feliz naquela manhã. Havia pelo menos trinta segundos de imagens de Dewey deitado no ombro dela, enquanto o máximo que conseguiu de Tom tinha sido uma cheirada no dedo.

E não era apenas Dewey que expandia seus horizontes. Durante meu mestrado, eu me tornara muito ativa nos círculos bibliotecários estaduais e, depois da formatura, fui eleita a presidente da Associação de Pequenas Bibliotecas de Iowa, um grupo de defesa das bibliotecas em cidades com menos de dez mil habitantes. Defesa, pelo menos quando me uni ao grupo, era modo de dizer. A associação tinha um sério complexo de inferioridade. As bibliotecárias pensavam: "Somos pequenos, quem vai se importar conosco? É melhor ficarmos só no leite, biscoitos e um pouco de fofoca. É para isso que servimos".

No entanto, eu vira em primeira mão que pequeno não significava irrelevante. E estava inspirada:

— Não acham que as cidades pequenas têm importância? Não acham que as bibliotecas podem fazer diferença? Vejam Dewey. Todas as bibliotecárias no estado conhecem Dewey Readmore Books. Ele apareceu na capa do boletim de bibliotecas de Iowa duas vezes. Recebe correspondência de fãs da Inglaterra e da Bélgica. Apareceu no boletim estadual das bibliotecas de Illinois. Recebo todas as semanas ligações de bibliotecárias imaginando como conseguiriam convencer seus conselhos a deixarem-nas ter um gato. Será que isso parece irrelevante para vocês?

— Então deveríamos arranjar gatos?

— Não. Vocês deveriam acreditar em si mesmas.

E elas assim fizeram. Dois anos depois, a Associação de Pequenas Bibliotecas era uma das mais ativas e respeitadas no estado.

No entanto, o grande avanço de Dewey não veio por meus esforços, e, sim, pelo correio. Uma tarde, a biblioteca recebeu um pacote com vinte exemplares do número junho/julho de 1990 da *Country Magazine*, uma revista nacional com circulação de mais de cinco milhões de exemplares. Não era incomum recebermos revistas de editoras esperando que fizéssemos assinaturas, mas vinte exemplares? Eu nunca tinha lido ou falado com qualquer pessoa da *Country Magazine*, porém gostava do slogan no cabeçalho: "Para aqueles que moram ou anseiam pelo campo". Resolvi folheá-la e lá estava, na página cinquenta e sete, um artigo colorido, de duas páginas, a respeito de Dewey Readmore Books, da Biblioteca Pública de Spencer, com fotografias e tudo, enviadas por uma habitante local, que eu nem conhecia, mas cuja filha frequentava a biblioteca. Era óbvio que ela andara contando à mãe as histórias de Dew quando voltava para casa.

Era um artigo pequeno, contudo seu impacto foi extraordinário. Durante anos, visitantes me contaram o quanto ele os tinha inspirado. Escritores em busca de informações sobre outros artigos a respeito de Dewey muitas vezes o citavam. Passada mais de uma década, abri a correspondência e encontrei uma cópia do artigo, perfeitamente conservada, cuidadosamente retirada da revista. A mulher queria que eu soubesse o quanto a história de Dewey significara para ela.

Em Spencer, as pessoas que tinham se esquecido de Dewey, ou que nunca haviam mostrado interesse por ele, o notaram. Até o pessoal no Sister's Café se animou. O pior da crise agrária tinha passado e nossos líderes estavam à procura de uma maneira de atrair novos negócios. Dewey obtinha o tipo de fama nacional com a qual eles apenas conseguiam sonhar, e é claro que a energia e a excitação estavam influindo na cidade. É evidente que ninguém construiu uma fábrica por causa de um gato, porém ninguém tampouco construiu uma fábrica numa cidade da qual nunca tinha ouvido falar. Mais uma vez, Dewey fazia sua parte, não apenas em Spencer, mas num mundo mais amplo, além dos milharais de Iowa.

A maior mudança, no entanto, foi o orgulho. Os amigos de Dewey estavam orgulhosos dele, todo mundo estava orgulhoso de tê-lo na cidade. Um homem, de volta para a reunião de vinte anos de formatura no colégio, parou na biblioteca para folhear os jornais daquele ano. Dew, é claro, conquistou-o imediatamente. No entanto, uma vez que ele ouviu falar dos amigos de Dewey e viu os artigos a respeito dele, ficou verdadeiramente impressionado. Mais tarde nos escreveu uma carta de agradecimento, para dizer-nos que estava contando a todo mundo em Nova York sobre sua maravilhosa cidade natal e seu amado gato de biblioteca.

Ele não foi o único. Tínhamos três a quatro pessoas por semana que vinham à biblioteca para ver Dewey.

— Estamos aqui para ver o famoso gato — diria um homem mais velho, aproximando-se do balcão.

— Ele está dormindo lá atrás. Vou buscá-lo.

— Obrigado — ele respondeu, fazendo menção a uma mulher mais nova, com uma garotinha loura que se escondia atrás da perna dela. — Eu queria que minha neta Lydia o conhecesse. Ela é de Kentucky.

Quando Lydia viu Dewey, sorriu e olhou para o avô, como se pedisse licença.

— Vá, queridinha. Dewey não morde.

A menina estendeu a mão, hesitante, para Dew. Dois minutos depois, ela estava espichada no chão, afagando-o.

— Viu? — o avô disse à mãe da menininha. — Eu disse que a viagem valeria a pena.

Supus que ele se referia a Dewey ou à biblioteca, mas suspeitei que estava se referindo a algo mais.

Um pouco depois, enquanto a mãe afagava Dewey com a filha, o avô chegou-se a mim e disse:

— Muito obrigado por ter adotado Dewey. — Parecia querer falar algo mais, porém acho que nós dois tínhamos compreendido que ele já dissera o suficiente.

Passados trinta minutos, quando estavam saindo, escutei a moça dizer ao homem mais velho:

— Você tinha razão, papai. Foi ótimo. Pena que não viemos antes.

— Não se preocupe, mamãe — disse a garotinha. — Vamos vê-lo no ano que vem também.

Orgulho. Confiança. Segurança de que esse gato, essa biblioteca, essa experiência, talvez até essa cidade fossem realmente especiais. Dewey não ficara mais bonito ou simpático depois do artigo na *Country* — na verdade, a fama nunca o atingiu. Tudo o que ele sempre quis foi um lugar quentinho onde tirar uma soneca, uma lata fresca de comida, amor e atenção de qualquer pessoa que pusesse os pés na Biblioteca Pública de Spencer. Mas, ao mesmo tempo, Dewey *tinha* mudado porque agora as pessoas o viam de um modo diferente.

A prova? Antes do artigo na *Country*, ninguém tinha assumido a culpa de jogar o pobre Dewey dentro da caixa de devolução. Todo mundo sabia da história, porém ninguém havia confessado. Depois que Dewey chegou à mídia, onze pessoas vieram a mim confidencialmente e juraram pelo túmulo da mãe (ou pelos olhos da mãe, se ela estivesse viva) que tinham empurrado Dew por aquela calha abaixo. Elas não estavam assumindo a culpa, e, sim, reivindicando crédito.

— Eu tinha certeza de que ia dar certo — diziam.

Onze pessoas! Dá para acreditar? Deve ter sido um bando muito doido de salvadores de gatos vira-latas.

A ROTINA DIÁRIA

Tal como desenvolvida por Dewey Readmore Books logo depois de sua lamentável travessura fora da Biblioteca Pública de Spencer e seguida pelo resto de sua vida.

7H30. MAMÃE CHEGA. Exigir comida, mas não ficar muito impaciente. Observar tudo o que ela fizer. Seguir colado aos seus calcanhares. Fazer com que ela se sinta especial.

8 HORAS. CHEGADA DO PESSOAL. Passar uma hora conferindo cada um. Descobrir quem não está legal e dar-lhe a honra de me afagar o quanto quiser. Ou até...

8H58. HORA DE SE PREPARAR. Tomar posição ao lado da porta da frente, pronto para o primeiro usuário do dia. Também tem o benefício adicional de alertar os membros distraídos da equipe quanto à hora. Detesto quando abrem a porta com atraso...

DAS 9 HORAS ÀS 10H30. ABREM-SE AS PORTAS. Saudar os usuários. Seguir os legais e desprezar os chatos, mas oferecer a cada um a chance de alegrar seu dia dando-me atenção. Afagar-me é uma dádiva que você recebe por visitar a biblioteca.

10H30. ENCONTRAR UM COLO PARA TIRAR UMA SONECA. Colos são para sonecas, não para brincadeiras. Brincadeiras em colos é coisa de gatinho.

DAS 11H30 ÀS 11H45. DESCANSO. No meio da seção de não ficção para adultos, cabeça para cima, patas cruzadas à frente. As pessoas chamam isso de Pose de Buda. Eu chamo de Leão. *Hakuna Matata*. Não, eu não sei o que isso quer dizer, mas as crianças ficam falando isso.

11H45. ESPICHAR-SE. Quando ficar muito cansativo manter a cabeça erguida, adotar o Espicho: inteiramente de costas e com as patas esticadas nas quatro direções. Afagos assegurados. Mas não cair no sono. Se cair no sono, ficará vulnerável a um ataque corporal à barriga. Detesto o ataque à barriga.

DAS 12H15 ÀS 12H30. ALMOÇO NA SALA DOS FUNCIONÁRIOS. Alguém tem iogurte? Não? Deixa para lá.

DAS 12H30 ÀS 13 HORAS. CARONA DE CARRINHO! Quando o pessoal da tarde arrumar os livros nas estantes, pular no carrinho e pegar uma carona pela biblioteca. Cara, é relaxante ficar completamente mole e deixar as pernas penduradas entre as barras da grade de metal.

DAS 13 HORAS ÀS 15H55. TEMPO LIVRE À TARDE. Verificar como está indo o dia. Misturar uma viagem às luminárias do teto com mais algum tempo de colo. Saudar os visitantes da tarde. Passar dez minutos com a mamãe. Lamber o pelo é encorajado, mas não obrigatório. E não se esquecer de encontrar uma bela caixa onde tirar uma soneca. Como se fosse possível esquecer isso!

15H55. JANTAR. Eles continuam pensando que a hora do jantar é às quatro da tarde... Se eu me sentar lá durante tempo suficiente, acabarão aprendendo.

16H55. MAMÃE VAI EMBORA. Pular ao redor dela para que ela se lembre de que quero brincar. Um pulo correndo de uma prateleira, completado com um salto mortal, funciona sempre.

17H30. BRINCAR. Mamãe chama isso de Trilha do Buda. Eu chamo de Coisa da Bola, porque não há nada melhor do que bater aquela bola pela trilha. Com exceção da minha lã vermelha. Eu simplesmente adoro a minha lã vermelha. Será que alguém quer balançá-la para mim?

20H55. O ÚLTIMO TURNO VAI EMBORA. Repetir a rotina das 16h55, porém não esperar os mesmos resultados, a não ser que Joy esteja trabalhando no turno da noite. Ela sempre encontra tempo para fazer uma bola de papel e jogá-la no outro lado da biblioteca. Correr atrás do papel o mais depressa que puder, mas, ao chegar lá, sempre o desprezar.

DAS 21 HORAS ÀS 7H30. MEU TEMPO! Não é da sua conta, bisbilhoteiro!

17
Dewey no mundo moderno

Nunca fui ingênua. Sei que nem todo mundo em Spencer aceitou Dewey. Por exemplo, a mulher que ainda escrevia cartas regularmente ameaçando trazer a vaca à cidade caso não se acabasse com a injustiça, o horror de um gato morando em um prédio público. Ela era a mais ruidosa, mas certamente não era a única que não entendia o fenômeno Dewey.

— O que há de tão especial com aquele gato? — diriam em torno de uma xícara de café no Sister's Café. — Ele nunca sai da biblioteca. Dorme um bocado. Não *faz* coisa nenhuma.

Com isso eles queriam dizer que Dewey não criava empregos. Dewey aparecia com frequência em revistas, jornais e rádios pelo país inteiro, porém não estava melhorando os nossos parques municipais. Não estava pavimentando estradas. Não estava recrutando novos negócios. O pior da crise agrícola tinha passado, os ânimos se levantavam, era a hora de Spencer abrir as asas e atrair novos empregadores para nossa corajosa cidade do Meio-Oeste razoavelmente longe dos lugares mais populares.

A comissão de desenvolvimento econômico de Spencer marcou seu primeiro grande triunfo em 1992, quando a Montfort, uma grande companhia frigorífica com sede no Colorado, resolveu que queria alugar o abatedouro na extremidade norte da cidade. Em 1952, homens de negócios locais desenvolveram a propriedade, e as instalações eram o orgulho de Spencer. O espaço pertencia à população, era administrado por gente da região e empregava trabalhadores locais, para quem oferecia bons salários. Em 1974, a remuneração era de quinze dólares por hora, o emprego mais bem pago da cidade. Caminhões faziam fila de mais de um quilômetro, esperando para serem descarregados. A companhia começou a embalar diversos produtos sob a etiqueta "Spencer Foods", que era uma fonte de orgulho, especialmente quando você ia até Sioux Fall ou Des Moines e via o nome de Spencer nas grandes mercearias novas.

Em 1968, as vendas começaram a cair. Conglomerados de processamento tinham se mudado para as cidades vizinhas com instalações mais eficientes e mão de obra mais barata. Os donos tentaram mudar a marca e readaptar o frigorífico, mas nada funcionou. No início dos anos 1970, a Spencer Packing Company foi vendida a um concorrente nacional. Quando os trabalhadores não aceitaram o salário mínimo do sindicato, de cinco dólares e cinquenta centavos por hora, a companhia fechou o frigorífico e transferiu o trabalho para Skylar, Nebraska. A Land O'Lakes, fabricante da famosa margarina, mudou-se para lá em seguida, contudo, quando a recessão bateu em meados dos anos 1980, ela também fechou e todos foram embora. Não tinham qualquer ligação com a comunidade e não havia nenhum motivo econômico para ficarem.

Dez anos mais tarde, a Montfort negociou um aluguel com o proprietário ausente do frigorífico. A empresa só precisava do rezoneamento do prédio para que pudesse expandir os negócios e crescer. Pequenas cidades na região inteira estavam desesperadas por empregos, porém os empregos que pagavam quinze dólares em 1974 agora eram oferecidos pela Montfort por cinco dólares a hora, quase sem benefícios. Aquele era um trabalho de abate, fisicamente brutal e psicologicamente desalentador, sem falar em cheiro, barulho, sujeira e poluição. Os trabalhadores locais não queriam atuar naquela função, pelo menos não durante muito tempo. A maior parte das pessoas que acabaram ficando nos empregos eram imigrantes hispânicos. Cidades em torno de Spencer que tinham abatedouros, como Storm Lake, já eram vinte e cinco por cento hispânicas ou mais.

Mesmo assim, a Montfort tinha passado como um rolo compressor por dezenas de cidadezinhas e não se preocupava em atender os nossos interesses ou oferecer concessões. Se os líderes da cidade eram a favor do frigorífico, então por que se preocupar com os cidadãos? O conselho municipal ofereceu o costumeiro foro público sobre as propostas de mudança de zoneamento. O fórum se reunia geralmente em uma pequena sala dos escritórios do conselho, com um comparecimento de cinco pessoas. A demanda era tão grande nessa época que eles organizaram o debate no maior espaço da cidade, o ginásio da escola de ensino médio. Três mil pessoas compareceram aquela noite, mais de vinte e cinco por cento da população da cidade. E não foi exatamente um debate.

— Abatedouros são complicados. O que vão fazer com o refugo?

— Abatedouros são barulhentos. Essa instalação está a pouco mais de um quilômetro do centro da cidade.

— Nem falamos ainda sobre o cheiro.

— E os caminhões de porcos? Será que eles virão diretamente pela Grand Avenue? Já pensaram no tráfego?

— Queremos empregos locais. Como esses empregos vão beneficiar a cidade?

Fora o conselho de desenvolvimento econômico e o conselho municipal, não havia cem cidadãos naquele ginásio que apoiassem o abatedouro. No dia seguinte, os votos foram contra a mudança de zoneamento.

Algumas pessoas — apoiadores da Montfort nos conselhos municipal e de desenvolvimento econômico em cidades vizinhas — deram a entender que a decisão tinha motivação racial.

— Spencer branca como um lírio não quer que mexicanos se mudem para lá — ironizaram.

Não acredito nisso de jeito nenhum. Spencer não é uma cidade racista. Nos anos 1970, por exemplo, acolhemos cem famílias de refugiados do Laos. É verdade que vimos as mudanças em cidades como Storm Lake e Worthington e não gostamos daquilo, contudo o problema eram os próprios abatedouros, e não os trabalhadores. Spencer se uniu naquele dia não contra imigrantes, mas contra a poluição, o tráfego e o desastre ambiental. Não estávamos dispostos a vender nosso modo de vida por duzentos dos piores empregos do país. Se o fizéssemos, significaria que não tínhamos aprendido nada com a Land O'Lakes, que saíra exatamente daquele prédio quando nós mais precisávamos dela. Talvez, como alguns sugeriram, estivéssemos virando as costas ao progresso econômico para preservar o tipo de cidade — uma cidade baseada em torno de comerciantes regionais, agricultores e pequenas manufaturas — que já não consegue sobreviver na moderna América do Norte. Tudo que sei é que

Spencer seria uma cidade diferente se a primeira coisa que você visse (cheirasse e escutasse) ao vir do norte fosse um abatedouro, e acho que estamos bem melhor sem ele.

Spencer não é contra os negócios. Dentro de um ano, o velho abatedouro foi transformado em uma instalação de armazenamento refrigerado. O armazenamento não propicia muitos empregos, porém os salários eram melhores e não havia poluição, barulho e tráfego. Mal se notava que ele estava ali.

Dois anos depois, em 1994, Spencer acolheu de braços abertos o que muitos consideram o maior e pior conglomerado no quarteirão: o Wal-Mart. Como os comerciantes do centro da cidade foram contra isso, especialmente um Wal-Mart *Superstore*, isto é, uma megaloja, contrataram um consultor para aconselhá-los. Afinal, se os negócios locais sempre sustentaram a cidade, por que tinham eles de entregar tudo aquilo em que tinham investido e construído para um concorrente nacional?

— O Wal-Mart será o melhor que pode acontecer para os negócios em Spencer — afirmou o consultor. — Se vocês tentarem competir com ele, vão perder. Mas, se encontrarem um nicho que ele não preencha, como o fornecimento de produtos especiais ou serviços práticos, bem informados, vocês vão vencer. Por quê? Porque o Wal-Mart trará mais consumidores à cidade. Simples.

O consultor tinha razão. Houve perdedores, como o caso mais evidente da Shopko, que arrumou as malas e partiu da cidade. No entanto, os negócios dos comerciantes do centro aumentaram significativamente desde a chegada do Wal-Mart. Ele fez o que a estação de trem fizera décadas antes: tornou Spencer um destino regional.

O ano de 1994 foi também aquele em que a Biblioteca Pública de Spencer entrou para a era moderna. Saiu o antiquado sistema de gerenciamento de livros, com seus cartões, carimbos, gavetas de catálogos, escaninhos de saída, bilhetes de atraso, sistemas complexos de arquivamento e, é claro, dúzias e dúzias de caixas. E entrou um sistema completamente automatizado, com oito computadores. Os escaninhos para os cartões, nos quais Dewey adorava descansar à tarde, foram substituídos por um computador de circulação. A máquina de escrever de Kim, de que Dew gostava tanto quando era um gatinho, ficou silenciosa e imóvel. Demos uma festa, tiramos as gavetas de nossos catálogos de cartões, jogamos milhares de cartões no chão e depois ligamos o computador de acesso público que os iria substituir. Vendemos num leilão os três arquivos de catálogos, com suas centenas de gavetas minúsculas. Comprei um para a minha casa e o mantive no porão junto com uma escrivaninha com tampa corrediça dos anos 1950, vinda da Escola Moneta. O arquivo agora guarda todos os meus artigos de trabalhos manuais. Já a escrivaninha contém todos os artigos e trabalhos artísticos de Jodi desde o ensino fundamental, que guardei cuidadosamente preservados durante trinta anos.

Depois da atualização tecnológica de 1994, as pessoas começaram a usar a biblioteca de um jeito diferente. Antes dos computadores, se um estudante tinha de fazer um relatório sobre macacos, ele examinava todos os livros que tínhamos sobre o assunto. Agora, ele faz a pesquisa on-line e pega emprestado apenas um livro. As visitas de usuários à biblioteca aumentaram entre 1994 e 2006, mas só um terço desse número corresponde à retirada de livros. Em 1987, quando Dewey chegou, era comum a caixa de coleta transbordar de livros. Não temos uma caixa cheia há dez anos. Atualmente, nossos itens mais populares para retiradas são filmes clássicos em DVD — as locadoras de vídeos locais não os têm — e videogames. Temos dezenove computadores para uso público, dezesseis com acesso à internet. Mesmo pequenos, estamos em décimo lugar em número de computadores disponíveis para usuários no sistema bibliotecário de Iowa inteiro.

O trabalho de uma auxiliar de biblioteca costumava envolver arquivamento e respostas a perguntas de referências. Hoje em dia, esse trabalho é lidar com os computadores e a entrada de dados. Para controlar o uso, a auxiliar de serviço na mesa de circulação costumava fazer um sinal numérico em um pedaço de papel cada vez que um usuário entrava na biblioteca. Você pode imaginar a exatidão desse sistema, especialmente quando a biblioteca estava cheia e a auxiliar respondia perguntas de referência. Agora temos um "clicador" eletrônico que registra cada pessoa que passa pela porta. O sistema de retirada nos diz exatamente quantos livros, jogos e filmes vêm e vão, mesmo enquanto registra que itens são os mais populares e quais não foram tocados em anos.

No entanto, apesar disso tudo, a Biblioteca Pública de Spencer continua essencialmente a mesma. O carpete está diferente. A janela dos fundos, que dava para o beco, foi fechada e coberta com estantes. Há menos madeira, menos gavetas e mais dispositivos eletrônicos. Entretanto, ainda há grupos de crianças que se divertem e escutam histórias. Alunos do ensino médio que matam o tempo. Pessoas mais velhas que espiam os jornais. Homens de negócios que leem revistas. A biblioteca nunca foi a silenciosa catedral do conhecimento de Carnegie, porém ainda é um local confortável e relaxante.

E, quando você entra na biblioteca, percebe os livros: prateleira atrás de prateleira, fileiras depois de fileiras, de livros. As capas podem ser mais coloridas, a arte, mais expressiva, e as letras, com o formato menos parecido com o de bolha, mas, em geral, os livros têm a mesma aparência que tinham em 1982, 1962, 1942. E isso não vai mudar. Os livros sobreviveram à televisão, ao rádio, ao cinema falado, às circulares (revistas primitivas), aos diários (primeiros jornais), ao teatro de bonecos de Punch e Judy e às peças de Shakespeare. Sobreviveram à Segunda Guerra Mundial, à Guerra dos Cem Anos, à Peste Negra e à queda do Império Romano. Sobreviveram inclusive à Idade Média, quando quase ninguém sabia ler e cada livro tinha de ser copiado à mão. Eles não serão exterminados pela internet.

Tampouco a biblioteca. Podemos não ser os lenientes e silenciosos depositários de livros dos últimos anos, mas servimos a comunidade melhor do que nunca. Estamos conectados ao mundo mais amplo como nunca. Podemos encomendar qualquer livro a qualquer momento; fazemos pesquisas com o clicar de um botão; nos comunicamos com outros bibliotecários por meio de um quadro de avisos eletrônico, trocando dicas e informações essenciais para tornar cada biblioteca melhor e mais eficiente; e temos acesso a centenas de jornais e revistas por um custo menor. O número de pessoas que entram na Biblioteca Pública de Spencer continua crescendo. Será que importa se elas estão retirando livros, alugando filmes, jogando videogames ou apenas visitando um gato?

Dewey, é claro, não dava a menor importância a qualquer dessas coisas. Ele estava sempre focalizado no aqui e agora. E adorava a nova biblioteca. É lógico que ele perdeu umas caixas, porém sempre havia algumas delas em uma biblioteca que encomenda livros quase que diariamente. Computadores parecem frios se comparados aos velhos sistemas participativos de madeira, papel e tinta, mas, para Dewey, eles eram quentinhos. Literalmente. Ele adorava sentar sobre eles e se recostar no calor da saída de ar. Eu tirei uma foto dele ali que se tornou a imagem dos nossos novos cartões de retirada computadorizados. A empresa que confeccionava os cartões simplesmente adorou. Todas as vezes que eu ia a uma convenção de bibliotecas, via Dewey homenageado em uma enorme flâmula por cima do estande dessa companhia.

Quase tão bom, pelo menos do ponto de vista de Dewey, eram os novos sensores, instalados em postes ao lado da entrada principal, que apitavam caso alguém tentasse sair com os materiais da biblioteca sem antes registrá-los na recepção. O novo posto preferido de Dewey era exatamente o lado de dentro do poste da esquerda (assim como o ombro esquerdo do Transporte Dewey — será que ele era canhoto?). Ele ficava sentado ao lado daquele poste durante a primeira hora, todos os dias, começando pontualmente aos dois minutos antes das nove. Com Dew e os postes lotando a entrada, quase não havia mais espaço para os frequentadores caminharem. Antes era difícil não reparar em Dewey quando ele estava à porta da frente no modo "saudar". Com os novos sensores, era impossível não vê-lo.

Regras básicas para um gato que tem de administrar uma biblioteca

De acordo com Dewey Readmore Books, impresso pela primeira vez no boletim da Sociedade de Gatos de Biblioteca e, desde então, reimpresso várias vezes pelo mundo inteiro.

1. **EQUIPE:** Se você estiver se sentindo especialmente solitário e querendo mais atenção por parte dos funcionários, sente sobre qualquer papel, projeto ou computador em que eles estejam trabalhando no momento — mas sente com as costas voltadas para a pessoa e adote uma atitude indiferente, para não parecer muito carente. Além disso, certifique-se de se esfregar continuamente na perna do integrante da equipe que estiver usando marrom-escuro, azul ou preto, para um efeito máximo.
2. **FREQUENTADORES:** Não importa quanto tempo o usuário planeja ficar na biblioteca, suba em sua pasta ou sacola de livros para um cochilo longo e confortável até que ele tenha de o largar em cima da mesa para poder ir embora.
3. **ESCADAS:** Nunca perca uma oportunidade de subir escadas. Não interessa que ser humano esteja na escada. Só importa que você chegue ao topo e fique lá.
4. **HORA DE FECHAR:** Espere até dez minutos antes da hora de fechar para le-

vantar de sua soneca. Assim que o pessoal estiver pronto para apagar as luzes e trancar a porta, faça todos os seus truques mais fofinhos em um esforço para fazer com que fiquem e brinquem com você. (Embora isso não funcione com muita frequência, eles não conseguem resistir e acabam cedendo a um rápido jogo de esconde-esconde.)

5. **CAIXAS:** Seus amigos humanos têm de se dar conta de que todas as caixas que entram na biblioteca são suas. Não importa o tamanho, se grandes ou pequenas, se estão ou não cheias, são suas! Se você não conseguir encaixar o corpo inteiro na caixa, use seja lá que parte de seu corpo que caiba a fim de caracterizar a posse para a hora da soneca. (Já usei uma ou duas patas, a cabeça ou até apenas a cauda para ganhar entrada, e cada uma funciona igualmente bem para um sono verdadeiramente relaxante.)
6. **REUNIÕES:** Tanto faz o grupo, a duração ou o assunto — se houver uma reunião marcada na sala de reuniões, você tem a obrigação de comparecer. Caso o deixem de fora, fechando a porta, chore lastimosamente até permitirem você entrar ou até alguém abrir a porta para ir ao banheiro ou beber um copo d'água. Depois de entrar, certifique-se de dar uma volta na sala e cumprimentar cada um dos presentes. Se houver a apresentação de um filme ou de slides, suba em qualquer mesa próxima à tela, instale-se e assista ao filme até o fim. Quando os créditos começarem a rolar, finja extremo tédio e saia antes do término da reunião.

E a eterna regra de ouro do gato de biblioteca:

NUNCA SE ESQUEÇA, NEM DEIXE OS SERES HUMANOS SE ESQUECEREM, DE QUE VOCÊ É O DONO DO PEDAÇO!

18
Gato de livros

Os computadores não foram a única mudança na vida de Dewey. Crystal, sua amiga da classe de educação especial, se formou e começou uma vida que eu não consigo imaginar, mas espero que seja feliz. A menininha que tinha medo de Dewey venceu o medo de gatos. Ela às vezes ainda chegava ao balcão e pedia para trancarmos Dew, porém agora dizia isso sorrindo. Como qualquer criança com dez anos de idade, ela gostava que os adultos fizessem o que ela pedia. As outras crianças da idade dela com quem Dewey passara a *Hora da história* naquele primeiro ano estavam crescendo também. A molecada do ensino médio, que tinha rolado lápis para ele, começava a ir embora. Dew estava na biblioteca havia seis anos e era inevitável que muitas das crianças que conhecera estivessem se mudando ou seguindo suas vidas.

Jean Hollis Clark, minha vice-diretora, mudou para um novo emprego. Em tempo foi substituída por Kay Larson, que eu conhecia havia anos. Kay era descontraída e prática, uma fazendeira forte de Iowa. Antes de casar com um agricultor e se mudar de volta para Iowa, ela tinha trabalhado como engenheira química em plataformas de petróleo no Golfo. Como não havia empregos para engenheiros na região, ela trabalhou no abatedouro durante um tempo, antes de conseguir um posto na minúscula biblioteca de Petersen, a cerca de cinquenta quilômetros ao sul de Spencer. Talvez eu devesse dizer *o* posto, já que a Biblioteca de Petersen só tinha um funcionário.

Contratei Kay porque ela era boa com computadores e precisávamos de alguém que pudesse acompanhar as novas tecnologias. Eu sabia, além disso, que ela gostava de gatos. De fato, havia vinte gatos morando no celeiro dela, sem contar dois dentro de casa. "Típico gato macho", dizia ela com o jeito prático de Iowa sempre que Dewey se mostrava um pouco desafiador ou se recusava a envolver-se com um usuário em um abraço de dois braços. Ela achava que Dew era inteligente e lindo, porém não o julgava nada de especial.

No entanto, a Dewey nunca faltaram amigos. Tony, nosso pintor, roçava o Dewkster sempre que vinha ver sua mulher, Sharon, que estava esperando o terceiro filho. Era uma gravidez não planejada, mas que deixou ambos felizes. Sharon ligou do hospital no dia do nascimento: "Emmy tem síndrome de Down". Nunca suspeitara que houvesse algo de errado, e a surpresa foi perturbadora. Sharon ficou algum tempo afastada da biblioteca e, quando voltou, estava absolutamente apaixonada por Emmy. Algumas coisas estão além da compreensão ou da influência de um gato.

Observei isso outra vez em relação à velha amiga de Dewey, Doris Armstrong. Doris ainda trazia pequenos presentes e surpresas para Dew e adorava balançar o amado fio de lã vermelho de Natal, enquanto ele pulava, encantado. Ela era sociável e encantadora como sempre, contudo, logo depois da reforma da biblioteca, começou a ter severos ataques de vertigem. Os médicos não conseguiam determinar a causa, de modo que suspeitaram de síndrome do pânico. As mãos dela começaram a tremer e, por fim, mal conseguia encapar os livros. Ela já não confiava em si mesma para afagar Dewey, mas ele não se importava. Quanto mais ela tremia, mais ele se esfregava contra o braço dela e se reclinava em sua mesa, fazendo-lhe companhia.

Aí, uma manhã, Dewey correu miando para meu escritório. Aquilo não era comum. Ele me levava na direção de sua tigela de comida, então achei que queria um lanche. Na verdade, encontrei Doris estirada no chão da sala dos funcionários. Ela havia tido um ataque de vertigem tão forte que não conseguia ficar de pé. Durante dias, não conseguiu comer de tão tonta. Da outra vez que a encontrei no chão, ela não apenas havia tido uma tonteira — certamente estava tendo um ataque cardíaco. Poucos meses depois, Doris achou um gatinho preto minúsculo. Ela trouxe o bichano para a biblioteca e, com as mãos trêmulas, entregou-me para que o pegasse. Dava para sentir o coração dele disparado e os pulmões lutando por ar. O gatinho estava fraco, assustado e doente.

— O que devo fazer? — perguntou-me ela. Eu não sabia.

No dia seguinte, Doris chegou à biblioteca chorando. Ela levara o gatinho para casa e ele morrera durante a noite. Algumas vezes, um gato é mais que um animal e, outras vezes, a perda que você lamenta não é bem a perda evidente. Dewey sentou ao lado de Doris o dia inteiro, e ela até conseguiu pôr as mãos nele e afagá-lo, entretanto a presença dele não a consolou. Pouco depois disso, Doris Armstrong se aposentou da biblioteca e se mudou para ficar perto da família em Minnesota.

Mesmo assim, apesar de todas as mudanças, a vida de Dewey permaneceu essencialmente a mesma. Crianças cresceram, mas havia sempre outras fazendo quatro anos. Membros da equipe seguiam suas vidas, porém, apesar do nosso parco orçamento, conseguíamos novas contratações. Talvez Dewey nunca mais tenha tido uma amiga como Crystal, mas ele ainda ia até a porta ao encontro da turma de educação especial todas as semanas. Ele até desenvolveu relacionamentos com usuários como Mark Carey, dono da loja de equipamentos eletrônicos da esquina. Dew sabia que Mark não era um apreciador de gatos e tinha um prazer perverso em pular repentinamente sobre a mesa, matando-o de susto. Mark tinha prazer em expulsar Dewey de qualquer cadeira em que ele estivesse dormindo, mesmo que não houvesse mais ninguém na biblioteca.

Uma manhã, notei um empresário de terno sentado à mesa, lendo *The Wall Street Journal*. Parecia fazer hora antes de alguma reunião, então eu não esperava ver uma peluda cauda cor de laranja aparecer ao seu lado. Olhei mais de perto e vi que Dewey tinha aterrissado em uma página do jornal que o homem lia. Homem. Empresário. Empresário ocupado a caminho de uma reunião. "Oh, Dewey", pensei, "você está exagerando agora!" Aí me dei conta de que o homem segurava o jornal com a mão direita enquanto afagava o gato com a esquerda. Um deles ronronava; o outro sorria. Foi quando percebi que Dewey e a cidade tinham caído numa zona de conforto e que o esboço geral das nossas vidas fora estabelecido, pelo menos por mais alguns anos.

Talvez por isso eu tenha ficado tão surpresa quando cheguei à biblioteca certa manhã e o encontrei andando de um lado para o outro. Dewey nunca ficava agitado assim. E nem a minha presença o acalmou. Quando abri a porta, ele correu alguns passos, depois parou, esperando que eu o seguisse.

— Você precisa ir ao banheiro, Dew? Você sabe que não precisa me esperar.

Ele não queria ir ao banheiro e tampouco tinha qualquer interesse no café da manhã. Continuou a andar para lá e para cá, miando para mim. Dewey nunca miava, a não ser que estivesse com dor, mas eu o conhecia. Ele não estava sentindo dor.

Tentei arrumar a comida dele. Nada. Examinei para ver se havia cocô no pelo dele. Cocô no pelo o deixava absolutamente louco. Examinei o nariz, para ver se ele estava com febre, e os ouvidos, para ver se havia alguma infecção. Nada.

— Vamos fazer a ronda, Dew.

Como todos os felinos, Dewey tinha bolas de pelo. Sempre que isso acontecia, nosso gato, fanaticamente limpo, ficava mortificado. Entretanto ele nunca se comportara de maneira assim tão estranha, de forma que me preparei para enfrentar a maior de todas as bolas de pelo. Verifiquei tudo, de ficção a não ficção, examinando cada canto. Não encontrei nada.

Dewey me esperava na biblioteca das crianças. O pobre gato estava em dificuldades. Mas também não encontrei nada ali.

— Desculpe-me, Dewey. Não estou entendendo o que você quer me dizer.

Quando a equipe chegou, pedi que todos ficassem de olho em Dewey. Eu estava extremamente ocupada e não poderia passar a manhã inteira brincando de charadas com um gato. Se Dew ainda se comportasse de modo estranho em algumas horas, eu o levaria para ver o doutor Esterly. Sabia que ele ia adorar isso.

Dois minutos depois de a biblioteca abrir, Jackie Shugars voltou a meu escritório.

— Você não vai acreditar, Vicki, mas Dewey fez pipi nos cartões.

Eu dei um pulo.

— Não pode ser!

A automatização da biblioteca ainda não estava completa. Quando um usuário retirava um livro, ainda carimbávamos dois cartões. Um ia com a pessoa para casa, e o outro, para um grande escaninho com centenas de outros cartões. Quando o frequentador devolvia o livro, puxávamos aquele cartão e púnhamos o livro de volta na estante. Na verdade, havia dois escaninhos, um de cada lado da mesa da frente. Não deu outra: Dewey tinha feito xixi no canto dianteiro de um deles.

Não fiquei zangada com ele. Eu estava era preocupada com Dew. Ele já estava na biblioteca havia anos e nunca se comportara mal. Isso estava completamente fora do seu caráter. No entanto, não tive muito tempo para examinar totalmente a situação — um de nossos frequentadores regulares veio até mim e cochichou ao meu ouvido:

— É melhor você descer, Vicki. Há um morcego no departamento das crianças.

Não deu outra: lá estava o morcego, pendurado pelos calcanhares atrás de uma viga do teto. E lá estava Dewey, nos *meus* calcanhares.

Eu tentei avisar. Tentei avisar. Agora olha o que você fez. Você deixou um usuário encontrá-lo. Nós podíamos ter cuidado disso antes de alguém chegar. Agora há crianças na biblioteca. Eu achei que você as protegia.

Você já levou um pito de um gato? Não é uma experiência agradável. Especialmente quando ele tem razão. E especialmente quando envolve morcegos. Detesto morcegos. Não conseguia suportar a ideia de que havia um na biblioteca e não podia imaginar ficar presa a noite inteira com aquela coisa voando por toda parte. Pobre Dewey.

— Não se preocupe, Dew. Morcegos dormem durante o dia. Ele não vai fazer mal a ninguém.

Ele não pareceu convencido, mas eu não podia me preocupar com aquilo naquele momento. Não queria assustar os usuários, principalmente as crianças. Assim, chamei silenciosamente o servente da prefeitura e pedi a ele:

— Venha à biblioteca imediatamente. E traga sua escada.

Ele subiu para dar uma olhada.

— É um morcego mesmo.

— *Shh*, fala baixo.

Ele desceu.

— Você tem um aspirador de pó?

Eu estremeci.

— Não use o aspirador de pó.

— E um Tupperware? Alguma coisa com uma tampa.

Eu só olhei fixo para ele. Aquilo era repugnante.

Alguém disse:

— Temos uma lata de café vazia. Tem tampa.

O problema foi resolvido em questão de segundos. Graças aos céus. Agora eu tinha de arrumar a bagunça nos cartões.

— É minha culpa — eu disse a Jackie, que ainda lidava com a mesa de circulação.

— Eu sei. — Jackie tinha um senso de humor estranho.

— Dewey apenas tentava nos prevenir. Eu limpo isso.

— Imaginei que você fosse limpar.

Retirei cerca de vinte cartões. Por baixo havia uma grande pilha de guano de morcego. Dewey não apenas tentara chamar a minha atenção — ele tinha usado suas glândulas odoríferas para encobrir o fedor do intruso.

— Oh, Dewey, você deve achar que eu sou tão burra...

Na manhã seguinte, Dewey começou aquilo a que eu me referi como a Fase Sentinela. Todas as manhãs ele farejava três dutos de calefação: o do meu escritório, o que fica ao lado da porta da frente e o da biblioteca das crianças. Ele cheirava cada um deles outra vez depois do almoço. Sabia que esses dutos levavam a algum lugar e que eram, portanto, pontos de acesso. Encarregara-se de usar seu potente faro para nos proteger, para ser nosso proverbial canário na mina de carvão. Sua atitude era como se dissesse: *Se você nem ao menos consegue perceber que há um morcego na biblioteca, como vai cuidar de todas essas pessoas?*

Suponho que possa haver algo de engraçado em relação a um gato tão vigilante. O que preocupava Dewey? Um ataque terrorista à Biblioteca Pública de Spencer? Podem me chamar de sentimental, mas eu achava aquilo muito afetuoso. Em um ponto de sua vida, Dew não estava satisfeito até conseguir expandir seu mundo para a rua, do lado de fora da biblioteca. Agora que essa história atravessara o país inteiro, ele só queria se entrincheirar na biblioteca e proteger seus amigos. Você tem de amar um gato desses, não é?

E o mundo aparentemente o amava. Porque a fama de Dewey continuava a crescer. Ele apareceu em todas as revistas de gatos — *Cats, Cat Fancy, Cats & Kittens*. Se a revista tivesse a palavra "gato" no título, Dewey provavelmente estava lá. Ele até apareceu na *Your Cat*, uma das principais publicações sobre felinos da imprensa britânica. Marti Attoun, um jovem autor freelance, veio a Spencer com um fotógrafo. O artigo dele foi publicado no "American Profile", um encarte de fim de semana que circulava em mais de mil jornais.

Depois, no verão de 1996, um cineasta de documentários de Boston apareceu na longínqua Spencer, Iowa, com a câmera a reboque, pronto para incluir Dewey em seu filme. Gary Roma viajava pelo país, da Costa Leste à Dakota do Norte, para produzir um documentário sobre gatos de biblioteca. Ele chegou esperando o tipo de filmagem que obtivera nas demais bibliotecas: gatos correndo apreensivos para atrás de estantes, afastando-se, dormindo e fazendo o possível para não olhar para a câmera. Dewey fez exatamente o contrário. Ele não chegou a fazer poses, porém se ocupou de suas atividades costumeiras e as executava quando solicitávamos. Gary chegou de manhã cedo, para pegar Dew à minha espera, junto à porta da frente. Ele fez uma tomada de Dewey sentado ao lado dos postes sensores, saudando os usuários; deitado em sua Pose de Buda; brincando com seus brinquedos favoritos, Marty Mouse e o novelo de lã vermelha; sentado no ombro de um frequentador no Transporte Dewey; e dormindo numa caixa.

Gary disse:

— Foi a melhor filmagem que consegui até agora. Se você não se importar, volto depois do almoço.

Depois do almoço, concedi uma entrevista. Depois de algumas perguntas introdutórias, o cineasta perguntou:

— Qual é o significado de Dewey?.

— Dewey é ótimo para a biblioteca. Ele alivia o estresse. Faz com que a biblioteca pareça nossa casa. As pessoas o adoram, especialmente as crianças, respondi.

— Sim, mas qual é o significado mais profundo?

— Não há significado mais profundo. Todo mundo gosta de passar algum tempo com Dewey. Ele nos faz feliz. É um de nós. Que mais, além disso, podemos querer?

Ele continuou pressionando por significado, significado, significado. O primeiro filme de Gary foi *Off the floor & off the wall: A doorstop documentary* [Fora do chão e fora da parede: um documentário sobre um calço de porta] e posso imaginá-lo pressionando todos os entrevistados:

— O que seu calço de porta significa para você?

— Impede a porta de bater na parede.

— Sim, mas e o significado mais profundo?

— Bem, eu o uso para manter a porta aberta.

— Vá mais fundo.

— Hum, mantém a sala arejada?

Gary deve ter obtido significados mais profundos a respeito de calços de porta, porque uma das resenhas menciona linguistas dissecando a etimologia da palavra e filósofos matutando a respeito de um mundo sem portas.

Cerca de seis meses depois da filmagem, no inverno de 1997, demos uma festa para a exibição inaugural de *Puss in books* [Gato de livros]. A biblioteca estava lotada. O filme começou com uma tomada distante de Dewey sentado no chão da biblioteca, abanando lentamente o rabo para frente e para trás. À medida que a câmera se aproximava e o seguia embaixo de uma mesa, através de algumas prateleiras e então, finalmente, em um passeio em seu carrinho favorito, se ouvia minha voz ao fundo:

— Chegamos para trabalhar certa manhã, fomos abrir a caixa de coleta para esvaziar os livros e encontramos lá dentro este gatinho minúsculo. Ele estava enterrado sob uma tonelada de livros, a caixa de coleta estava simplesmente cheia. As pessoas ouvem a história de como ganhamos Dewey e todas dizem: "Ah, coitadinho. Foi jogado na rampa de coleta aquele dia". A que eu respondo: "Coitadinho uma ova. Aquele foi o dia de maior sorte na vida deste menino, porque ele é o rei por aqui e ele sabe disso".

Enquanto as últimas palavras desapareciam, Dewey olhava fixo diretamente para a câmera e, cara, dava para ver que eu tinha razão. Ele era realmente o rei.

Nessa altura, eu estava acostumada a ligações estranhas sobre Dewey. A biblioteca vinha recebendo cerca de duas solicitações para entrevista por semana, e artigos a respeito do nosso famoso gato apareciam em nossa correspondência quase semanalmente. A fotografia oficial de Dewey, aquela tirada por Rick Krebsbach pouco antes de Jodi ir embora de Spencer, aparecera em revistas, boletins, livros e jornais, de Minneapolis, em Minnesota, a Jerusalém, em Israel. Chegou mesmo a aparecer em um calendário de gatos — Dewey era o senhor Janeiro. No entanto, até eu fiquei surpresa ao receber um telefonema no escritório, em Iowa, de uma companhia nacional de ração animal.

— Temos observado Dewey — eles disseram — e estamos impressionados. — E quem não estaria? — Ele parece ser um gato extraordinário. E é evidente que as pessoas o adoram. — Não diga! — Gostaríamos de usá-lo em uma campanha de publicidade impressa. Não podemos oferecer dinheiro, mas forneceríamos ração grátis pela vida inteira.

Tenho de admitir que fiquei tentada. Dewey era enjoado para comer e nós éramos pais indulgentes. Todo dia jogávamos fora pratos de comida porque ele não gostava do cheiro e doávamos centenas de latas de ração desprezadas por ano. Como a campanha "Alimente o gatinho", de moedas e latas de refrigerante, não cobria os custos e eu tinha feito o voto de jamais usar um centavo dos fundos municipais para o cuidado de Dewey, a maior parte daquele dinheiro vinha do meu bolso. Eu subsidiava pessoalmente a alimentação de uma boa porção dos gatos de Spencer.

— Vou falar com o conselho da biblioteca.

— Vamos enviar amostras.

Quando rolou a reunião seguinte do conselho da biblioteca, a decisão já estava tomada. Não por mim nem pelo conselho. Pelo próprio Dewey. O senhor Enjoadinho rejeitou totalmente as amostras grátis.

Estão brincando comigo?, disse-me ele com uma fungada desdenhosa. *Não posso fazer publicidade deste lixo!*

— Desculpe — falei ao fabricante. — Dewey só come Fancy Feast.

19
O PIOR APETITE DO MUNDO

A SELETIVIDADE DE DEWEY não era apenas uma questão de personalidade. Ele tinha uma doença, é verdade. No que dizia respeito a sistemas digestivos, aquele gato realmente era um abacaxi.

Dew sempre detestou ser afagado na barriga. Acaricie-lhe as costas, coce--lhe as orelhas, até puxe-lhe o rabo e espete-o nos olhos, mas nunca lhe afague a barriga. Eu não dei muita atenção a isso até o doutor Esterly tentar limpar suas glândulas anais quando ele tinha cerca de dois anos de idade.

— Vou apenas empurrar as glândulas para baixo e espremê-las para limpá--las — explicou ele. — Leva 30 segundos. — Parecia bastante fácil. Segurei Dewey enquanto o veterinário preparava o equipamento, que consistia em um par de luvas e toalhas de papel.

— Não é nada, Dewey — cochichei. — Acaba rapidinho.

Mas, assim que o doutor Esterly fez pressão para baixo, Dew gritou. Não foi uma queixa branda. Foi um berro completo, aterrorizado, que vinha da base da barriga. O corpo dele se retesou como se tivesse sido atingido por um raio, e suas pernas se debatiam freneticamente. Ele lançou a boca sobre o meu dedo e me mordeu. Com força.

O doutor Esterly olhou meu dedo.

— Não era para ele ter feito isso.

Esfreguei o machucado.

— Sem problema.

— Sim, é um problema. Um gato não deveria morder assim.

Eu não estava preocupada. Aquilo não era Dewey, ele não mordia. E eu ainda conseguia ver o pânico nos olhos do pobre gato. Ele não estava olhando para lugar algum. Apenas tinha os olhos fixos. A dor o cegara.

Depois desse episódio, Dew passou a detestar o doutor Esterly. Odiava até a ideia de entrar no carro, porque poderia levá-lo ao doutor Esterly. Assim que chegávamos ao estacionamento do consultório do veterinário, ele começava a tremer. O cheiro da sala de espera causava-lhe tremores incontroláveis. Enterrava a cabeça na dobra do meu braço, como se dissesse: *Me proteja*.

Bastava ouvir a voz do doutor Esterly que ele rosnava. Muitos gatos odeiam o veterinário no consultório, mas o tratam como qualquer outra pessoa fora de lá. Dewey não. Ele temia o doutor Esterly incondicionalmente. Se escutasse a voz dele na biblioteca, Dew rosnava e se mandava para o outro lado da sala. Se o doutor Esterly conseguisse chegar até ele, despercebido, e estendesse a mão para afagá-lo, o gato pulava, olhava em torno em pânico e fugia. Acho que ele reconhecia o cheiro do doutor Esterly. Aquela mão, para Dewey, era a mão da morte. Ele encontrara seu arqui-inimigo e, por acaso, era um dos homens mais legais da cidade.

Passaram-se alguns anos sem ocorrências especiais depois do incidente da glândula anal, porém Dewey acabou voltando a procurar elásticos. Quando era gatinho, sua caça a elásticos tinha sido sem entusiasmo e ele era facilmente distraído. Com cerca de cinco anos de idade, Dewey passou a ficar sério. Comecei a encontrar os resíduos grudentos no chão quase todas as manhãs. Sua caixa de areia estava cheia não apenas de minhocas de borracha, mas com uma ocasional gota de sangue. Algumas vezes, Dew vinha correndo da sala dos fundos como se alguém tivesse acendido uma bombinha de São João no traseiro dele.

O doutor Esterly diagnosticou prisão de ventre. Extrema prisão de ventre.

— Que tipo de comida Dewey come?

Revirei os olhos. Dewey estava prestes a se tornar o pior chato do mundo para comer.

— Ele é muito seletivo. Como ele tem um olfato notável, de alguma maneira consegue perceber quando a comida está velha ou não muito boa. Ração de gato não tem a qualidade mais alta, você sabe. É apenas um monte de sobras de partes de animais. Desse modo, não se pode culpá-lo.

O doutor Esterly me olhou como um professor de jardim de infância a observar um pai que acabou de explicar o comportamento destruidor do filho. Excessivamente indulgentes, não somos?

— Ele sempre come ração em lata?

— Sim.

— Bom. Ele bebe muita água?

— Nunca.

— Nunca?

— O gato evita a tigela de água como se fosse veneno.

— Mais água — assegurou-me o doutor Esterly. — Isso deverá acabar com o problema.

Obrigada, doutor, tudo bem. Só que já tentou dar água a um gato contra a vontade dele? É impossível.

Comecei com um encorajamento suave. Dewey se afastou com nojo.

Tentei suborno.

— Nada de comida até beber um pouco de água. Não olhe para mim desse jeito. Eu aguento mais tempo que você. — Mas não aguentava. Eu sempre cedia.

Comecei a afagar Dew enquanto ele comia. Aos poucos, o afago passou ao empurrão. "Se eu forçar a cabeça dele dentro da água, ele vai ter de beber", pensei. Não é preciso dizer que o plano não funcionou.

Talvez fosse a água. Tentei água morna. Tentei água gelada. Tentei refrescar a água a cada cinco minutos. Tentei torneiras diferentes. Em meados dos anos 1990, não havia ainda água engarrafada, pelo menos não em Spencer, Iowa. Tentamos colocar gelo na tigela de água. Todo mundo gosta de água gelada, não é? Na verdade, o gelo funcionou. Dewey deu uma lambida. Porém, de resto, nada. Como um animal conseguia viver sem água?

Poucas semanas mais tarde, virei a esquina para o banheiro dos funcionários, e lá estava Dewey, na privada, com a cabeça completamente enterrada no vaso. Só dava para ver o traseiro dele no ar. Água da privada! Seu filho da mãe dissimulado!

— Bem, pelo menos não vai morrer de desidratação.

A porta daquele banheiro ficava sempre aberta, a não ser quando estivesse ocupado. Assim, era a primeira fonte de água para Dewey. Além disso, ele adorava também o banheiro feminino, na frente da biblioteca. Joy

DeWall era a auxiliar que passava mais tempo colocando os livros na estante. Dew a observava pôr os livros no carrinho e então pulava para um passeio quando o carrinho estava cheio. Ele ficava olhando para as estantes à medida que o carrinho passava e, sempre que via alguma coisa de que gostasse, fazia um sinal para Joy de que queria descer, como se estivesse andando num bondinho de gatos. Ele sabia que era fácil enrolar Joy, então sempre pedia a ela que o deixasse entrar naquele banheiro. Uma vez lá dentro, pulava para cima da pia e pedia para ela abrir a torneira. Ele não bebia essa água. Ele a observava. Algo a respeito da forma como ela quicava para fora do ralo o fascinava. Ele podia ficar admirando aquela água durante uma hora, ocasionalmente dando-lhe um tapinha rápido com a pata.

No entanto, isso não ajudou com a prisão de ventre, tampouco as viagens a seu real vaso de porcelana. Mesmo olhando e bebendo, Dewey ainda não conseguia defecar. Quando ficava realmente ruim, ele tendia a se esconder.

Uma manhã, a pobre Sharon Joy estendeu a mão para a gaveta de cima da mesa de circulação para pegar um lenço de papel, contudo, em vez disso, agarrou um punhado de pelos. Ela literalmente caiu da cadeira.

— Como ele conseguiu entrar aqui? — perguntou ela, espiando as costas de Dewey. A cabeça e o traseiro dele estavam enterrados na gaveta.

Boa pergunta. A gaveta não tinha sido aberta durante a manhã inteira, de modo que Dewey deve ter entrado lá durante a noite. Apalpei por baixo da mesa. Não deu outra: havia uma pequena abertura atrás das gavetas. Mas essa era a gaveta de cima, mais de noventa centímetros acima do chão. O senhor Espinha de Borracha tinha se contorcido até o topo da fenda e dado uma volta apertada, tudo para se enroscar num espaço de não mais que alguns centímetros.

Eu tentei animá-lo, porém Dewey me repeliu e não se mexeu. Isso não fazia nada o gênero dele. Era evidente que havia alguma coisa errada.

Como suspeitei, Dewey estava com prisão de ventre. Extremamente constipado. Outra vez. O doutor Erterly fez um exame minucioso desta vez, com montes de cutucadas profundas e remexidas na barriga sensível de Dew. Ai, foi doloroso assistir. Aquilo era definitivamente o fim do relacionamento médico-gato.

— Dewey tem megacólon.

— O senhor vai ter de me explicar isso, doutor.

— O cólon de Dewey é distendido. Isso faz com que o conteúdo intestinal se deposite na cavidade do corpo.

Silêncio.

— O cólon de Dewey fica permanentemente esticado. Isso faz com que ele acumule maior quantidade de dejetos. Quando Dewey tenta se livrar deles, a abertura para o mundo lá fora é pequena demais.

— Um pouco mais de água não resolve o problema, não é?

— Temo que não haja cura. O problema é raro. Na verdade, não existe sequer certeza quanto à causa. Aparentemente, cólons felinos distendidos não são uma prioridade nas pesquisas.

Se Dewey morasse no beco, o megacólon teria encurtado sua vida. Em um ambiente controlado, como a biblioteca, eu podia esperar uma vida inteira de constipação periódica, porém severa, acompanhada de alimentação muito seletiva. Quando há tendência de refluxo na tubulação, os gatos ficam horrivelmente seletivos acerca daquilo que introduzem no sistema. Como você pode perceber, eu disse que ele tinha uma doença.

O doutor Esterly sugeriu uma ração cara, do tipo que só se consegue comprar de um veterinário. Esqueci o nome — talvez Dieta de Laboratório, Fórmula para Gato de Meia-Idade com Problemas Intestinais? A conta quase quebrou o orçamento. Eu detestava desembolsar trinta dólares por algo que eu sabia que não ia funcionar.

Afirmei ao doutor Esterly:

— Dewey é um chato para comer. Ele não vai gostar…

— Coloque-a na tigela dele. Não lhe dê mais nada. Ele vai comê-la. Nenhum gato vai morrer de fome tendo comida. — Enquanto eu estava arrumando as coisas para ir embora, ele acrescentou, tanto para ele mesmo quanto para mim: — Vamos ter de observar Dewey cuidadosamente. Vão ser dez mil pessoas infelizes se alguma coisa acontecer a ele.

— Muito mais que isso, doutor Esterly. Muito mais.

Pus a nova comida cara na tigela. Dewey não a comeu. Ele a cheirou uma vez e se afastou.

Esta comida não é boa. Quero a de costume, por favor.

No dia seguinte, ele abandonou a abordagem sutil. Em vez de cheirar e se afastar, sentou ao lado da tigela e chorou.

Por quêêê? O que fiz para merecer isto?

— Desculpe, Dewey. Ordens médicas.

Depois de dois dias ele estava fraco, mas não esmoreceu. Nem sequer tocara a comida com a pata. Foi quando me dei conta de que Dewey era teimoso. Dolorosamente teimoso. Ele era um gato suave, cordato. Entretanto, quando se tratava de um princípio importante, como comida, Dew jamais iria rolar no chão e brincar de cachorro.

Nem eu. A mamãe podia ser teimosa também.

Então Dewey apelou para o resto da equipe pelas minhas costas. Primeiro atacou Sharon, pulando em sua mesa e esfregando-se no braço dela. Ele dera para sentar na mesa de Sharon e ficar observando-a almoçar, e ela parecia apreciar uma boa refeição.

Quando isso não funcionou, ele tentou sua velha amiga Joy, sempre boazinha. Depois tentou Audrey, Cynthia, Paula, todo mundo, até a última pessoa. Tentou Kay, embora ele soubesse que ela era do tipo prático, sem frescuras. Kay não tinha tempo para fraquezas, contudo dava para ver que ela estava começando a vacilar. Tentou bancar a durona, mas estava criando um verdadeiro fraco por Dew.

Eu não me importo, deixe que desaprovem. Eu ia vencer essa parada. Poderia partir meu coração agora, porém, no final, Dewey iria me agradecer. E, além disso, eu era a mamãe e tinha dito!

No quarto dia, até os frequentadores se voltaram contra mim.

— Apenas o alimente, Vicki! Ele está com tanta fome!

Dewey vinha desavergonhadamente representando o gato faminto para seus fãs, o que claramente funcionava.

Finalmente, no quinto dia, desisti e dei a Dewey sua querida lata de Fancy Feast. Ele a engoliu sem nem respirar. *Ah, que bom!*, disse ele lambendo a boca e depois foi para o canto para um longo banho de língua na cara e nas orelhas. *Agora todos nos sentimos melhor, não é?*

Aquela noite, saí e comprei para ele uma braçada de latas. Não conseguia brigar mais. "Melhor um gato constipado que um gato morto", foi o que pensei.

Durante dois meses Dewey ficou feliz. Estava tudo certo no mundo.

Aí, ele resolveu que não gostava de Fancy Feast sabor pedaços de frango. Dew não comeria nem mais uma dentada de Fancy Feast sabor pedaços de frango. Ele queria algo novo, e rápido, muito obrigado. Comprei outro sabor, alguma coisa na categoria bolha úmida com cheiro forte. Dew deu uma cheirada e se afastou. *Não, esta também não quero.*

— Vai comer, rapaz, ou não vai ganhar sobremesa!

No final do dia, a massa áspera ressecada ainda estava ali. O que eu deveria fazer? O gato estava doente! Foram necessárias cinco experiências, até que encontrei um sabor de que ele gostou. No entanto, durou só algumas semanas. Então, ele queria algo novo. Oh, minha nossa. Eu não tinha apenas aberto mão do campo de batalha — tinha perdido completamente a guerra.

Em 1997, a situação era absurda. Como não rir ao olhar uma estante inteira cheia de latas de ração de gato? Não estou exagerando. Mantínhamos as coisas de Dewey em duas prateleiras na sala dos funcionários, e uma delas era apenas para ração. Tínhamos pelo menos cinco sabores à mão o tempo inteiro. Dewey tinha um paladar do Meio-Oeste. Seus sabores preferidos eram carne, pedaços de frango, carne com fígado e peru, porém era impossível adivinhar que outro sabor iria agradar o capricho dele. Detestava coisas do mar, mas se apaixonou por camarão. Durante uma semana. Depois disso, não chegava nem perto.

Infelizmente, Dew estava constipado. Assim, sob as ordens do doutor Esterly, copiei uma página tirada de um calendário e a pendurei na parede. Cada vez que alguém encontrava um presente na caixa de areia, marcava a data. O calendário ficou conhecido no escritório como "O registro da caca de Dewey".

Só fico imaginando o que alguém como Sharon estaria pensando. Ela era muito engraçada e adorava Dewey, mas era também muito cheia de melindres. Agora discutíamos o assunto "cocô com regularidade". Ela deve ter pensado que sou maluca. Mesmo assim, marcava o registro e nunca se queixou. É claro, Dew só defecava duas vezes por semana, o que não gastava as pontas das nossas canetas.

Quando Dewey passava três dias sem apresentar serviço, nós o trancávamos no armário dos fundos para um encontro romântico com a caixa de areia. Dew detestava ser trancado em qualquer lugar, especialmente num armário escuro. E eu detestava isso quase tanto quanto ele, em particular no inverno, porque não havia aquecimento no armário.

— É para o seu próprio bem, Dew.

Passada meia hora, eu o deixava sair. Se não aparecesse qualquer evidência na caixa de areia, dava a ele uma hora para perambular e depois o trancava por mais meia hora. Nada de cocô, de volta à caixa. Três vezes era o limite. Depois de três vezes, ele não estava prendendo — ele realmente não conseguia fazer.

Essa estratégia saiu inteiramente pela culatra. Dewey logo se tornou tão mimado que se recusava a usar o banheiro a não ser que alguém o levasse à caixa. Ele simplesmente parara de ir à noite, o que significava que a primeira coisa que eu tinha de fazer de manhã era carregá-lo — sim, carregá-lo — até a caixa de areia. Isso é que era ser rei!

Eu sei, eu sei. Eu era uma otária. Estragava gatos. Mas o que podia fazer? Eu sabia como Dewey se sentia mal. Não apenas por ter uma conexão com ele, mas porque eu tinha os mesmos problemas. Não exatamente os mesmos — eu não tinha megacólon —, porém doenças de vida inteira certamente não me eram estranhas. Entrara e saíra de hospitais mais vezes do que muitos médicos. Fui duas vezes transportada por helicóptero-ambulância para Sioux Falls. E passara pela Mayo Clinic por síndrome de cólon irritável, hipertireoidismo, enxaquecas severas e doença de Graves, entre outras enfermidades. Numa ocasião, tive urticária nas pernas durante dois anos. Acabou que eu tinha alergia ao genuflexório da igreja. Um ano mais tarde, congelei de repente. Não consegui me mexer durante meia hora. Os funcionários tiveram de me carregar até um carro, levar-me para casa e me deitar na cama. Aconteceu outra vez em um casamento. Eu estava com o garfo cheio de bolo, a meio caminho da boca, e não consegui mais abaixar o braço. Não conseguia nem mexer a língua para pedir ajuda. Graças a Deus, minha amiga Faith estava lá. O motivo foi uma queda súbita de pressão, exacerbada por um dos medicamentos que eu estava tomando.

No entanto, o pior, de longe, eram os nódulos nos seios. Mesmo agora, não me sinto muito confortável para falar a esse respeito. Contei essa experiência a pouquíssimas pessoas e é difícil quebrar esse silêncio. Não quero que ninguém olhe para mim como se eu não fosse uma mulher completa ou, ainda pior, algum tipo de impostora.

De todas as coisas na minha vida — o marido alcoólatra, a seguridade social, a histerectomia surpresa —, a mastectomia dupla foi de longe a pior. A pior parte não foi o procedimento, embora provavelmente fosse a coisa mais fisicamente dolorosa que já suportei. O pior foi a decisão. Fiquei em agonia por mais de um ano. Viajei a Sioux City, Sioux Falls e Omaha, a mais de três horas de distância, para consultar médicos, porém não conseguia me decidir.

Mamãe e papai me encorajaram em relação ao procedimento:

— Você tem de fazê-lo. Você tem de ficar saudável. Sua vida está em jogo.

Conversei com minhas amigas, que me ajudaram durante o final do meu casamento e tantos outros problemas desde então, mas, pela primeira vez, elas não deram retorno. Elas não conseguiram lidar com o problema, admitiram mais tarde. Câncer de mama calava muito fundo.

Eu precisava fazer a cirurgia. Sabia disso. Se não a fizesse, seria apenas uma questão de tempo antes de eu ouvir a palavra "câncer". Mas eu era uma mulher solteira. Namorava com razoável regularidade, embora sem sucesso especial. Minha amiga Bonnie e eu ainda ríamos do caubói que conheci num baile em West Okoboji. Conhecemo-nos em Sioux City, e ele me levou a um desses lugares do interior, com serragem no chão. Não posso falar da comida, porque estourou uma briga, alguém puxou uma faca e eu passei vinte minutos encolhida no banheiro feminino. O caubói gentilmente me levou de volta para a casa dele e me mostrou, não estou brincando, como fazer balas de revólver. No caminho de volta, ele me levou pelos currais. Achava romântico ver os cercados à luz da lua.

Mesmo assim, apesar dos fracassos, eu ainda tinha esperanças de encontrar o homem certo. Não queria que essa esperança morresse. No entanto, quem iria me amar sem os seios? Eu não estava preocupada em perder minha sexualidade. Era perder minha feminilidade, minha identidade como mulher, minha autoimagem. Meus pais não compreendiam, e minhas amigas estavam muito assustadas para ajudar. O que poderia eu fazer?

Uma manhã, alguém bateu à minha porta no escritório. Era uma mulher que eu nunca vira antes. Ela entrou, fechou a porta e disse:

— Você não me conhece, sou paciente do doutor Kohlgraf. Ele me enviou para vê-la. Cinco anos atrás eu fiz uma mastectomia dupla.

Conversamos durante duas horas. Não me lembro do nome dela e não a vi desde então (ela não era de Spencer), mas recordo cada palavra. Conversamos a respeito de tudo — a dor, o procedimento, a recuperação e, principalmente, as emoções. Ela ainda se sentia uma mulher? Ela ainda era ela mesma? O que ela via quando se olhava no espelho?

Depois que ela saiu, eu não apenas sabia qual era a decisão acertada — eu estava pronta para realizá-la.

A mastectomia dupla é um processo de etapas múltiplas. Primeiro, retiraram as mamas. Depois, instalaram implantes provisórios chamados dilatadores. Eu tinha acessos sob os braços — tubos que saíam da minha carne, literalmente — e a cada duas semanas recebia uma injeção de soro fisiológico para expandir o tamanho do meu peito e esticar a pele. Infelizmente, os perigos do implante de silicone explodiram nas notícias durante minhas primeiras semanas de recuperação, e a Administração Federal de Alimentos e Medicamentos (FDA) proibiu temporariamente novos implantes. Terminei mantendo meus dilatadores temporários de quatro semanas por oito meses.

Eu tinha tanto tecido cicatricial sob os braços que sentia dores agudas descendo pelo lado do corpo a qualquer mudança na pressão barométrica. Durante anos, Joy me perguntava sempre que via uma nuvem escura:

— Vicki, vai chover?

— Vai — eu respondia —, mas não nos próximos trinta minutos. — Eu conseguia dizer quando a chuva estava chegando num prazo de dez minutos só pelo nível de dor. Quando chegava no ponto lancinante, a chuva já estava quase ali. Joy e eu ríamos, porque eu estava quase sempre certa, contudo, na verdade, só queria sentar, lá mesmo onde estava, e chorar.

Ninguém sabia da minha dor: nem meus pais, minhas amigas ou o pessoal. O médico cavoucou meu corpo e raspou todo vestígio de carne que conseguiu encontrar. Aquela sensação oca, dolorida, raspada, estava sempre comigo, todos os minutos, mas algumas vezes a dor me atacava tão repentina, tão selvagem, que eu caía no chão. Fiquei indo e vindo da biblioteca por quase um ano. Em muitos dos dias que lutava para chegar à minha mesa, eu sabia que não era para eu estar ali de jeito nenhum. Tendo a Kay como encarregada, a biblioteca poderia funcionar sem mim, porém eu não sabia bem se *eu* poderia funcionar sem ela. A rotina. A companhia. O sentimento de realização. E, mais que tudo, Dewey.

Sempre que precisei dele, no passado, Dewey estivera ao meu lado. Ele sentara em cima do meu computador quando achei que a vida iria me esmagar, sentou ao meu lado no sofá e esperou que Jodi viesse passar algum tempo com a gente. Agora ele começou a sentar a meu lado e, subindo uma pata de cada vez, em meu colo. Ele parou de andar a meu lado e começou a insistir em subir nos meus braços. Isso pode parecer uma coisa de nada, mas fazia toda a diferença para mim, porque, veja você, eu não tinha ninguém em quem pudesse tocar. Havia uma distância entre mim e o mundo, e não havia ninguém para me abraçar, para me dizer que tudo ia dar certo. Não era apenas a cirurgia.

Durante dois anos, enquanto eu estava agoniada com a tomada de decisão, chorei pela minha perda e suportei a dor física — e Dewey me tocava todos os dias. Ele sentava em meu colo. Aninhava-se em meus braços. E, quando acabou, quando finalmente voltei a algo que se parecia com o meu eu normal, ele voltou imediatamente a sentar a meu lado. Ninguém entendeu o que eu estava passando durante aqueles dois anos, ninguém, com exceção de Dewey. Ele parecia compreender que o amor era constante, mas que isso poderia ser elevado a um nível mais alto quando realmente fosse importante.

Todas as manhãs, desde sua primeira semana na biblioteca, Dewey esperara por mim do lado da porta da frente. Ele fixava os olhos em mim enquanto eu me aproximava, depois se virava e corria para a tigela de comida quando eu abria a porta. Então, numa das piores manhãs daqueles horríveis dois anos, ele começou a acenar. É, acenar. Eu parei e olhei para ele. Ele parou e olhou para mim, e começou a acenar outra vez.

Aconteceu também na manhã seguinte. E na outra. E na outra, até que finalmente eu compreendi que essa era a nossa nova rotina. Pelo resto de sua vida, assim que Dew via meu carro entrando no estacionamento, ele começava a arranhar a porta da frente com a pata direita. O aceno continuava enquanto eu atravessava a rua e me aproximava da porta. Não era frenético. Ele não estava miando ou andando de um lado para o outro. Ele sentava muito quieto e acenava para mim, como se me desse as boas-vindas à biblioteca e, ao mesmo tempo, lembrando-me de que *ele* estava ali. Como se eu pudesse esquecer! Todas as manhãs, o fato de Dewey acenar para mim enquanto eu caminhava na direção da biblioteca fazia com que eu me sentisse melhor: com relação ao trabalho, à vida e a mim mesma. Se Dewey acenava, tudo estava bem.

— Bom dia, Dewey — eu dizia, com o coração cantando e a biblioteca estourando de vida, mesmo nas manhãs mais escuras e frias. Eu olhava para ele e sorria. Ele se esfregava em meus tornozelos. Meu amigão. Meu menino. Aí, eu o aninhava nos braços e o carregava para a caixa de areia. Como poderia negar-lhe isso?

20
Os novos amigos de Dewey

Na tarde de 7 de junho de 1999, recebi um telefonema de um fã de Dewey.

— Vicki, ligue o rádio. Você não vai acreditar nisso.

Liguei para escutar: "E agora você sabe... O resto da história".

Qualquer pessoa que cresceu ouvindo rádio conhece esse final de transmissão. *O resto da história*, de Paul Harvey, é um dos programas mais populares na história do rádio. Cada programa relata um incidente sem maior importância, mas significativo na vida de uma pessoa bem conhecida. O truque para chamar a atenção era que não se sabia de quem Paul Harvey estava falando até o famoso encerramento.

Ele poderia dizer: "E aquele menininho que queria tanto cortar a cerejeira cresceu para se tornar ninguém menos que George Washington, o pai do nosso país. E agora você sabe... O resto da história".

Agora, Paul Harvey estava contando a história de um gato que inspirou uma cidade e ficou famoso no mundo inteiro... E tudo começou com uma caixa de coleta de uma biblioteca, em uma fria manhã de janeiro, em uma pequena cidade de Iowa. E agora você sabe... O resto da história.

Quem se incomoda se ninguém do programa de Paul Harvey ligava para apurar os fatos? Quem se importa se eles não sabiam dez por cento do resto da história, a parte que fez com que Dewey fosse tão especial? No final da transmissão do programa, concluí: "É isso! Agora Dewey conseguiu". E como eu estava acostumada ao inesperado com Dew, pensei: "Estou curiosa para saber o que está por vir...".

Durante anos, fui ao jornal e à estação de rádio para transmitir notícias sobre Dewey. Com Paul Harvey, resolvi ficar quieta. Não que não houvesse montes de fãs de Dewey. Todos os dias os frequentadores perguntavam pelas últimas notícias dele. Crianças corriam biblioteca adentro, ansiosas e sorridentes, procurando o amigo delas. No entanto, parecia que boas notícias sobre Dewey já não impressionavam o resto da cidade. Na verdade, começava a me preocupar se elas estavam afastando algumas pessoas. Suspeitei que Dew podia estar sendo um pouco exposto demais.

Mas só em Spencer. O resto do mundo ainda não estava satisfeito. Além de fazer parte de sete conselhos no estado, eu era uma dos seis instrutores de educação continuada do sistema de bibliotecas de Iowa. Ensinava nos cursos usando a Rede de Comunicação de Iowa (ICN — Iowa Communication Network), um sistema de teleconferências que conectava bibliotecas, estações militares, hospitais e escolas em todo o estado. Toda vez que eu entrava na nossa sala do ICN para dar a aula inaugural de um curso, a primeira pergunta era:

— Cadê Dewey?

— É, podemos vê-lo? — diria outra bibliotecária.

Por sorte, Dewey comparecia a todas as reuniões na sala do ICN. Ele preferia reuniões com pessoas de verdade, contudo teleconferências também eram aceitáveis. Eu colocava Dew sobre a mesa e apertava um botão — então ele aparecia em telas no estado inteiro. Dava até para ouvir o suspiro em Nebraska.

— Ele é tão fofo!

— Acha que a minha biblioteca deve arranjar um gato?

— Só se for o gato certo — era o que eu sempre dizia. — Não pode ser um gato qualquer. Tem de ser especial.

— Especial?

— Calmo, paciente, sério, inteligente e, acima de tudo, sociável. Um gato de biblioteca tem de gostar das pessoas. Ajuda também se ele for lindo e vier com uma história inesquecível. — Não cheguei a falar em gostar, absolutamente amar de todo o coração ser o gato da biblioteca.

— Está bem — eu acabava dizendo. — Basta de divertimento. De volta à censura e ao desenvolvimento de coleções.

— Só mais um minuto, por favor. Queria que o meu pessoal conhecesse Dewey.

Olhei para meu grande amigão cor de laranja, que estava espichado em seu local favorito sobre a mesa.

— Você está adorando isso, não é? — Ele me lançou um olhar inocente. *Quem, eu? Estou só fazendo o meu trabalho.*

Não eram só as bibliotecárias que adoravam Dewey. Eu estava trabalhando em minha sala certa manhã quando Kay me chamou da mesa da entrada. Lá estava uma bela família de quatro pessoas, dois jovens pais e seus filhos.

— Esta bela família — disse Kay com surpresa mal disfarçada — é de Rhode Island. Vieram conhecer Dewey.

O pai estendeu a mão.

— Estávamos em Minneapolis, então resolvemos alugar um carro e vir até aqui. As crianças adoram Dewey.

Será que o homem era maluco? Minneapolis ficava a quatro horas e meia de distância.

— Que maravilha! — eu disse ao apertar-lhe a mão. — Como vocês ficaram sabendo a respeito dele?

— Lemos sobre ele na revista *Cats*. Gostamos muito de gatos.

É claro.

— Está bem — falei, sem conseguir pensar em mais nada. — Vamos conhecê-lo.

Graças aos céus Dewey estava tão ansioso quanto de costume para agradar. Brincou com as crianças. Posou para fotografias. Mostrei à menininha o Transporte Dewey e ela passeou pela biblioteca com ele no ombro esquerdo (sempre o esquerdo). Não sei se valeu a viagem de nove horas, porém a família partiu feliz.

— Estranho — disse Kay depois que a família foi embora.

— Sem dúvida. Aposto que isso nunca mais vai acontecer.

Aconteceu outra vez. E outra. E outra. E outra. Vieram de Utah, Washington, Mississippi, Califórnia, Maine e de todos os outros cantos do mapa. Casais mais velhos, mais novos, famílias. Muitos atravessavam o país e desviavam cento e tantos a duzentos e tantos quilômetros do caminho para passar o dia em Spencer. Consigo me lembrar de muitas fisionomias, mas os únicos nomes que recordo são Harry e Rita Fein, de Nova York, porque, depois de conhecerem Dew, eles mandavam vinte e cinco dólares de presente tanto de aniversário como de Natal, para a compra de ração e suprimentos. Pena eu não ter anotado informações sobre os outros, porém de início parecia tão pouco provável que outras pessoas resolvessem vir! Para que o trabalho? Quando me dei conta do poder de atração de Dewey, os visitantes eram tão comuns que não pareciam mais raros o suficiente para que anotássemos seus nomes.

Como as pessoas tomavam conhecimento sobre Dewey? Não tenho ideia. A biblioteca nunca foi atrás de publicidade para ele. Nunca entramos em contato com um único jornal, com exceção do *Spencer Daily Reporter*. Nunca contratamos um agente de publicidade ou gerente de marketing. Depois da Shopko, nunca inscrevemos Dewey em nenhum concurso. Éramos o serviço de atendimento de Dewey, nada mais. Pegávamos o telefone, e lá estava outra revista, outro programa de televisão, outra estação de rádio querendo uma entrevista. Ou abríamos a correspondência e encontrávamos um artigo a respeito de Dewey numa revista da qual nunca havíamos ouvido falar ou de um jornal no outro lado do país. Uma semana mais tarde, outra família aparecia na biblioteca.

O que esses peregrinos esperavam encontrar? Um gato maravilhoso, é claro, mas há gatos maravilhosos sem lar em todos os abrigos dos Estados Unidos. Por que fazer essa viagem toda? Seria amor, paz, consolo, aceitação, um lembrete das alegrias simples da vida? Será que eles só queriam passar algum tempo com um astro?

Ou esperavam encontrar um gato, uma biblioteca, uma cidade, uma experiência que fosse autêntica, que não viesse do passado ou fosse só naquele momento, que fosse diferente de suas vidas, mas, no entanto, familiar? Seria esse o significado de Iowa? Talvez as Terras Centrais não fossem apenas o centro do país — talvez fossem também um lugar no meio do peito.

Fosse lá o que estivessem procurando, Dewey correspondia. Os artigos em revistas e os telejornais tocavam as pessoas. Recebíamos o tempo todo cartas que começavam: "Nunca escrevi para um estranho antes, porém ouvi a história de Dewey e...". Seus visitantes, todos eles, saíam cativados. Sei disso não apenas porque eles me contaram ou porque vi seus olhos e sorrisos, mas porque eles voltaram para casa e contaram a história a outras pessoas. Mostraram-lhes as fotos. Primeiro, enviavam cartas a amigos e parentes. Mais tarde, quando a tecnologia se popularizou, enviavam e-mails. A cara de Dewey, sua personalidade, sua história, tudo foi ampliado. Ele recebia cartas de Taiwan, Holanda, África do Sul, Noruega, Austrália. Tinha amigos regulares por correspondência em meia dúzia de países. Uma ondazinha começou em uma pequena cidade no noroeste de Iowa e, de algum modo, a rede humana a levou pelo mundo inteiro.

Sempre que penso na popularidade de Dewey, me lembro de Jack Manders. Jack agora está aposentado, em Michigan, contudo, quando Dewey chegou, ele era professor do ensino médio e presidente do conselho da nossa biblioteca. Passados alguns anos, quando a filha dele foi aceita em uma faculdade na Costa Leste, Jack compareceu a uma recepção para os pais dos calouros na cidade de Nova York. Enquanto estava lá, em um elegante clube noturno, bebericando um martíni, ele começou a conversar com um simpático casal do interior do estado de Nova York. Eles acabaram perguntando de onde ele vinha.

— De uma cidadezinha em Iowa da qual vocês nunca ouviram falar.

— Ah, é perto de Spencer?

— De fato — respondeu ele, surpreso. — É Spencer.

O casal se animou:

— Você costuma ir à biblioteca?

— O tempo todo. Na verdade, faço parte do conselho.

A mulher, encantadora e bem-vestida, voltou-se para o marido e, com uma risadinha quase infantil, exclamou:

— É o pai de Dewey!

Coisa semelhante aconteceu com outro membro do conselho, Mike Baehr, em um cruzeiro pelo Pacífico Sul. Durante a recepção de boas-vindas, Mike e sua esposa descobriram que seus companheiros de viagem nunca tinham ouvido falar de Iowa. Mais ou menos no mesmo instante, perceberam que os cruzeiros tinham uma hierarquia social baseada em "quantos cruzeiros você já fez" e, como aquele era o primeiro deles, estavam no final da lista. Então uma mulher se aproximou dos dois e disse:

— Ouvi falar que vocês são de Iowa. Vocês conhecem Dewey, o gato da biblioteca? — Que fantástico para quebrar o gelo. Mike e Peg saíram da lista dos párias, e Dewey passou a ser o assunto do cruzeiro.

Não relato esses casos para dizer que todo mundo conhecia Dewey. Não importa quão famoso e popular ele tivesse se tornado, sempre havia alguém sem a menor ideia de que a Biblioteca Pública de Spencer tinha um gato. Uma família vinha lá de Nebraska para ver Dew. Trazia presentes, passava duas horas brincando com ele, tirando fotos, conversando com os funcionários. Dez minutos depois de a família partir, alguém chegava ao balcão de entrada, evidentemente preocupado, e cochichava:

— Não quero alarmá-los, mas acabo de ver um gato no prédio.

— Sim — cochichávamos de volta. — Ele mora aqui. É o gato de biblioteca mais famoso do mundo.

— Oh — diria a pessoa sorrindo. — Então acho que vocês já sabem.

Os visitantes que realmente me tocaram, no entanto, dos quais me lembro claramente, foram os jovens pais do Texas, com a filha de seis anos. Assim que entraram na biblioteca, ficou claro que aquela era uma viagem especial para a menina. Será que estava doente? Será que estava lidando com algum trauma? Não sei por quê, mas tive a sensação de que os pais satisfizeram um desejo e que o desejo era esse. A menina queria conhecer Dewey. E notei que ela trouxera um presente.

— É um camundongo de brinquedo — me disse o pai. Ele sorria, porém dava para perceber que estava intensamente preocupado. Não era uma visita irrefletida, comum.

Quando sorri de volta para ele, só havia um pensamento em minha cabeça: "Espero que este camundongo esteja recheado com erva-dos-gatos". Dewey passava períodos durante os quais não queria saber de qualquer brinquedo que não contivesse erva-dos-gatos. Infelizmente, essa foi uma dessas ocasiões.

Tudo o que eu disse foi:

— Vou buscar Dewey.

Ele estava dormindo em sua nova cama forrada de peles, que ficava do lado de fora da minha sala, em frente a uma unidade da calefação. Quando o acordei, tentei um pouco de telepatia: "Por favor, Dewey, por favor. É importante". Ele estava tão cansado que mal abria os olhos.

A menininha ficou hesitante a princípio, como muitas crianças ficam, de modo que a mãe afagou Dewey primeiro. Ele ficou lá feito um saco de batatas. A pequena acabou estendendo a mão para afagá-lo, e Dewey acordou o suficiente para apoiar-se na mão dela. O pai sentou e puxou tanto Dewey como a menina para o colo. Dew imediatamente aninhou-se contra ela.

Eles ficaram sentados assim por um ou dois minutos, até que finalmente a garotinha mostrou a ele o presente que trouxera, embrulhado cuidadosamente com uma fita e um laço. Dewey se animou, mas dava para perceber que ainda estava cansado. Preferiria ficar cochilando no colo da menina a manhã inteira. "Vamos, Dewey, recupere-se!", pensei. A pequena desembrulhou o presente, e não deu outra: era um camundongo de brinquedo simples, sem erva-gato à vista. Senti um aperto no coração. Ia ser um desastre.

A garotinha balançou o camundongo na frente dos olhos sonolentos de Dewey para chamar-lhe a atenção. Depois, delicadamente jogou o brinquedo alguns metros adiante. Assim que ele caiu no chão, Dew pulou sobre ele. Correu atrás do ratinho, jogou-o para cima, rebateu-o com as patas. A menina ria, deliciada. Dewey jamais brincou com aquele brinquedo outra vez, porém, enquanto a menininha estava lá, ele adorou aquele camundongo. Deu ao brinquedo toda a energia de que dispunha. E a pequena estava simplesmente radiante. Ela viajara centenas de quilômetros para ver um gato e não estava decepcionada. Por que eu ainda me preocupava com Dewey? Afinal, ele sempre cumpria seu papel.

Lista de atribuições do cargo de Dewey

Escrita como resposta à pergunta "Então, qual é o trabalho de Dewey?", que foi feita muitas vezes depois que as pessoas descobriram que ele tinha quinze por cento de desconto com o doutor Esterly por ser funcionário da biblioteca.

1. Redução do estresse de todos os seres humanos que lhe deem atenção.
2. Sentar ao lado da porta principal todas as manhãs às nove horas para receber o público que chega à biblioteca.
3. Fazer amostragem de todas as caixas que entram na biblioteca para a verificação de problemas de segurança e nível de conforto.
4. Comparecer a todas as reuniões no Salão Redondo como embaixador oficial da biblioteca.
5. Prover assistência cômica para equipe e visitantes.
6. Pular em sacolas de livros e pastas enquanto os usuários estudam ou tentam recuperar papéis de que precisam.
7. Gerar publicidade nacional e internacional grátis para a Biblioteca Pública de Spencer. (Isso implica posar para fotos, sorrir para a câmera e ser fofinho em geral.)
8. Labutar pelo posto de gato mais chato do mundo para comer, recusando todas as rações, com exceção das mais caras e deliciosas.

21
O QUE NOS TORNA ESPECIAIS?

VOU SEMPRE ME LEMBRAR do antigo administrador da cidade. Todas as vezes que me via, dizia com um sorriso: "Vocês, meninas da biblioteca, ainda estão suspirando por aquele gato?". Talvez tentasse fazer graça, mas eu não conseguia deixar de ficar ofendida. "Meninas!" A palavra pode ser um termo carinhoso, contudo eu ficava com a sensação de que ele estava me colocando em meu lugar, que falava em nome de um grande bloco da comunidade que nem sequer conseguia conceber a ideia de fazer um estardalhaço a respeito de coisas como livros, bibliotecas e gatos. Aquilo era coisa de "meninas".

Será que a biblioteca ainda precisava de um gato? Afinal, estávamos no século XXI e Spencer prosperava. No final dos anos 1990, a Associação Cristã de Moços terminara uma reforma de dois milhões de dólares. O Hospital Regional de Spencer tinha sido ampliado duas vezes. Graças a cento e setenta mil dólares em doações e duzentos e cinquenta voluntários, o modesto playground novo, planejado para o East Lynch Park, se transformara em um mega-playground com quase dois mil" e oitocentos metros quadrados, chamado de "O Milagre da South Fourth Street". Por que não dar o próximo passo e atrairmos... Um cassino?

Quando Iowa resolveu emitir licenças para cassinos em 2003, alguns líderes da comunidade viram a oportunidade de transformar Spencer na "maior cidade pequena dos Estados Unidos". Eles cortejaram construtores, até escolheram um local ao longo do rio, na fronteira sudoeste da cidade, e desenharam projetos. No entanto, para muitos de nós, o cassino de 2003 parecia o abatedouro de 1993 — uma oportunidade para acrescentar força econômica, porém com um custo alto. Claro, o cassino criaria empregos e, de acordo com as estimativas, mais de um milhão de dólares em contribuições obrigatórias para obras de caridade por ano, mas continuaríamos a ser a mesma cidade de antes? Perderíamos nossa identidade e nos tornaríamos, a nossos olhos e aos olhos de todo mundo, a "cidade-cassino"? O debate foi para lá e para cá e, no fim, o cassino teve o mesmo destino do frigorífico Montfort: a comunidade votou contra. Autorizou-se o cassino em Palo Alto County, o município a leste de nossa cidade, e foi construído em Emmetsburg, a apenas quarenta quilômetros de distância.

Talvez, ao votarmos contra o cassino, estivéssemos mais uma vez virando as costas para o futuro. Talvez estivéssemos liquidando nossa história como cidade progressista. Talvez estivéssemos sendo ingênuos. Mas, em Spencer, acreditávamos em construir sobre o que tínhamos.

Tínhamos a feira anual de Clay County, uma das melhores dos Estados Unidos, com uma tradição de quase cem anos. Clay County tinha menos de vinte mil habitantes, porém a feira atraía mais de trezentas mil pessoas durante nove dias para passeios, concursos, comida e divertimento. Temos uma pista de tamanho oficial para corridas e competição de tração com tratores, um picadeiro separado para cavalos e grandes galpões de metal para tudo, de galinhas a lhamas. Há vagões de feno para conduzir os visitantes do estacionamento (um campo de grama) até o portão da frente. Instalamos até um teleférico para levar as pessoas de uma extremidade à outra da feira. Há um anúncio durante o ano inteiro, a cerca de dezesseis quilômetros ao sul de Spencer, na estrada principal (e única estrada, se você estiver percorrendo mais que uns poucos quilômetros), que faz a contagem regressiva das semanas que faltam para o início da feira. Fica pintado em um prédio de tijolos construído na colina mais alta da região.

Temos a Grand Avenue, um tesouro histórico, reconstruída em 1931 e revitalizada em 1987. No final dos anos 1990, nosso arquiteto municipal, Kirby Schmidt, passou dois anos pesquisando a faixa de centro comercial da cidade. Kirby é um dos filhos da cidade que quase foi embora durante a crise dos anos 1980. O irmão dele foi para a Costa Leste, e a irmã, para a Costa Oeste. Kirby sentou à mesa da cozinha com sua jovem família, e eles decidiram permanecer. A economia virou e ele conseguiu um emprego na prefeitura. Alguns anos mais tarde, dei-lhe a chave da biblioteca, e ele começou a chegar às seis horas da manhã todos os dias para pesquisar, nos arquivos de microfichas, velhos jornais e histórias locais. Dewey, na maioria das vezes, dormia durante essas visitas matinais; pela manhã, ele só tinha olhos para mim.

Em 1999, a Grand Avenue, entre a Third Street e a Eighth Street, foi inserida no Registro Nacional de Lugares Históricos. A área foi citada como um exemplo notável de *prairie déco* e um dos poucos modelos abrangentes do planejamento urbano na época da Depressão que sobreviveram. Normalmente, eram necessárias duas ou três inscrições para chegar ao Registro, porém, graças a Kirby Schmidt, a Grand Avenue recebeu voto unânime na primeira inscrição. Por volta da mesma época, a irmã de Kirby voltou com a família para Spencer, vinda de Seattle. Ela queria criar os filhos à moda antiga: em Iowa.

Esse é outro dos bens exclusivos e valiosos de Spencer: seu povo. Somos bons, sólidos, trabalhadores do Meio-Oeste. Somos orgulhosos, mas humildes. Não contamos vantagem. Acreditamos que nosso valor é medido pelo respeito dos nossos vizinhos, e não há outro lugar em que desejamos estar mais do que com esses vizinhos, aqui mesmo em Spencer, Iowa. Estamos entrelaçados não apenas a essa terra, que nossas famílias trabalharam durante gerações, mas uns aos outros. E um fio brilhante e reluzente, que aparece em centenas de lugares nessa tapeçaria, é Dewey.

Em nossa sociedade, as pessoas creem que você tem de "fazer algo" para ser reconhecido e, com isso, queremos dizer algo combativo, de preferência registrado por uma câmera. Esperamos que uma cidade famosa sobreviva a um tsunami e a um incêndio na floresta, produza um presidente ou encubra algum crime hediondo. Esperamos que um gato famoso salve uma criança de um prédio em chamas, encontre o caminho de casa depois de ter sido deixado para trás do outro lado do país ou mie o hino nacional. E é bom que esse gato não seja apenas heroico e talentoso, mas também que ele tenha habilidade com a mídia, seja atraente e, além disso, tenha um bom assessor de imprensa, sem o qual jamais chegará ao *The Today Show* da NBC.

Dewey não era nada disso. Ele não realizara nenhum feito espetacular. Ninguém o empurrava para o sucesso. Não queríamos que ele fosse nada além que nosso querido gato de biblioteca de Spencer, Iowa. E isso era tudo o que ele queria também. Só fugiu uma vez para percorrer dois quarteirões, e mesmo isso já foi longe demais.

Dewey não era especial porque tivesse *feito* alguma coisa extraordinária, mas porque ele *era* extraordinário. Era como uma dessas pessoas aparentemente comuns que, depois que você conhece melhor, se destacam da multidão. Há aqueles que nunca faltam a um dia de trabalho, que nunca se queixam, que nunca pedem mais do que seu quinhão. São aqueles raros bibliotecários, vendedores de carros e garçonetes que propiciam um excelente serviço por princípio, que vão além das atribuições, pois têm uma paixão por suas tarefas. Sabem o que pretendem fazer na vida e o fazem excepcionalmente bem. Alguns ganham prêmios; outros ganham montes de dinheiro; a maior parte é tida como certa. Os atendentes de lojas. Os caixas de bancos. Os mecânicos. As mães. O mundo tende a reconhecer o exclusivo, o sonoro, o rico e o que trabalha em causa própria, mas não aqueles que fazem coisas comuns admiravelmente bem. Dewey veio de origens humildes (um beco em Iowa), sobreviveu a uma tragédia (uma caixa de coleta congelada) e encontrou seu espaço (uma pequena biblioteca municipal). Talvez essa seja a resposta. Ele encontrou seu lugar. Sua paixão, seu objetivo, era tornar esse local, não importa quão pequeno e fora de mão pudesse parecer, um lugar melhor para todo mundo.

Não quero diminuir em nada a história de um gato que cai do trailer e depois passa cinco meses numa penosa caminhada rumo à sua casa, enfrentando nevascas e calor causticante. Esse gato é uma inspiração: nunca desista, sempre se lembre da importância do lar. Em seu jeito silencioso, Dewey também ensinou essas lições. Não desistiu durante aquela longa noite na caixa e era dedicado à biblioteca que se tornou seu lar. Dew não fizera uma coisa heroica — ele fazia alguma coisa heroica todos os dias. Ele passou seu tempo mudando vidas ali mesmo, em Spencer, Iowa, um colo de cada vez.

Você já notou os fios de uma espiga de milho? Eles são as sedas. Cada um está ligado a um ponto específico da espiga. Aquele local só criará um grão se aquele fio em particular for fertilizado com pólen. A espiga é feita peça a peça, um grão de cada vez. Para que uma espiga de milho seja inteira, cada seda tem de ser fertilizada. Era desse modo que Dewey operava. Ele ganhava corações dia a dia, uma pessoa de cada vez. Nunca deixou ninguém de fora ou considerou alguém já conquistado. Se você fosse receptivo, ele estava lá para você. Se não fosse, tentava atraí-lo. Certamente você conhece Wilbur, o porco de *A menina e o porquinho*. Dewey tinha aquele tipo de personalidade: entusiástico, honesto, encantador, radiante, humilde (para um gato) e, acima de tudo, amigo de todos. Não era apenas beleza. Não era somente uma grande história. Dew tinha carisma, como Elvis ou qualquer uma das outras pessoas que viverão para sempre em nossa mente. Há dúzias de gatos de biblioteca nos Estados Unidos, mas nenhum chegou perto de realizar o que Dewey fez. Ele não era apenas um outro gato para as pessoas afagarem e sorrirem. Cada usuário costumeiro da biblioteca, *cada um deles*, achava que tinha um relacionamento exclusivo com Dewey. Ele fazia com que todos se sentissem especiais.

Sharon muitas vezes trazia a filha dela, Emmy, que tinha síndrome de Down, para ver Dewey, normalmente aos domingos, quando cabia a ela dar comida ao gato. Todos os sábados à noite Emmy perguntava a Sharon: "Amanhã é dia de Dewey?". A primeira coisa que a menina fazia todos os "dias de Dewey" era procurar o bichano. Quando era mais novo, ele geralmente a esperava ao lado da porta, mas, à medida que foi ficando mais velho, ela muitas vezes o encontrava deitado ao sol ao lado de uma janela. Emmy o pegava e o levava para a mamãe dela, para que pudessem afagá-lo juntas.

— Oi, Dewey. Eu amo você — dizia a garotinha com uma voz suave, gentil, do mesmo modo como a mãe falava com ela. Para Emmy, aquela era a voz do amor. Sharon tinha sempre medo de que a filha o afagasse forte demais, mas Emmy e Dewey eram amigos e ela o compreendia tão bem quanto qualquer um de nós. Sempre foi maravilhosamente delicada.

Yvonne Berry, uma moça solteira de trinta e muitos anos, vinha à biblioteca três ou quatro vezes por semana. Todas as vezes, Dewey ia atrás dela e passava quinze minutos em seu colo. Depois, ele tentou persuadi-la a abrir a porta do banheiro para que pudesse brincar com a água. Era o ritual dos dois. Entretanto, no dia que Yvonne teve de mandar seu próprio gato para ser sacrificado, Dew ficou com ela por mais de duas horas. Ele não sabia o que tinha acontecido, porém sentia algo errado. Anos mais tarde, quando Yvonne me contou essa história, dava para ver que o fato ainda era importante para ela.

O século estava terminando, mudando, e Dewey amadurecia. Ele passava mais tempo em sua caminha, e as brincadeiras extenuantes foram substituídas por tranquilos passeios no carrinho de livros com Joy. Em vez de pular para cima do carrinho, ele miava para Joy pegá-lo, para que pudesse ir na frente do carro, como o capitão de um navio. Parou de subir até as luminárias do teto, mais por tédio, acredito, que por necessidade física. Não podia suportar contatos bruscos, mas adorava um toque delicado como o do homem sem teto que se tornou um de seus melhores amigos. É difícil ser invisível em uma cidade como Spencer, porém esse homem quase conseguiu. Ele aparecia na biblioteca todos os dias, com barba por fazer, despenteado e sem ter se lavado. Nunca disse uma palavra a ninguém. Nunca olhou para ninguém. Só queria Dewey. Ele pegava o gato e o envolvia em torno dos ombros. E Dew ficava ali, deitado e ronronando, durante vinte minutos, enquanto o homem desabafava seus segredos.

Quando Dewey desistiu de caminhar por cima das prateleiras presas à parede, Kay pegou a velha cama do gato dela e a colocou sobre os escaninhos de sua escrivaninha. Dewey se aninhava naquela cama e espiava Kay trabalhar. Ela era atenta às necessidades de Dew: trocar a comida, escovar os pelos emaranhados, dar a ele vaselina para as bolas de pelo, ajudar-me com o banho dele. Kay não era tão paciente ou gentil como eu, mas mesmo seu contato mais brusco terminava com um momento de ternura e uma carícia na cabeça. Um dia, não muito depois de Kay ter ajeitado esse novo arranjo, Dewey pulou para a cama e a prateleira desabou. O gato voou para um lado, abanando as patas. Blocos de notas e clipes voaram para o outro. Antes de o último clipe ter tocado o chão, Dew estava de volta para examinar os danos.

— Não tem medo de muita coisa nesta biblioteca, não é? — brincou Kay, com um sorriso que encurvava os cantos da boca e que eu sabia ir até o coração dela.

"Só da escova e do banho", teria dito Dewey, se estivesse sendo honesto. Quanto mais velho ele ficava, mais detestava ser objeto de cuidados.

Também já não tinha tanta paciência com as crianças da pré-escola, que tendiam a cutucá-lo e puxá-lo. Estava endurecendo e já não conseguia tolerar as pequenas batidas e machucados. Nunca atacou nenhuma criança e raramente fugia delas. Simplesmente começou a sumir em um estalar de dedos e se esconder quando determinadas crianças vinham procurá-lo, evitando uma situação antes que acontecesse.

Com os bebês era diferente. Um dia vi Dewey pular a poucos passos de uma bebezinha que estava no chão, em uma cadeirinha. Como durante anos nunca o tinha visto interagir com bebês, fiquei um tanto apreensiva. Bebês são delicados, mas as mães novatas eram ainda mais. Dew ficou apenas ali, sentado, com expressão entediada, olhando ao longe, como se dissesse: *Estava passando por acaso*. Aí, quando achou que eu não estava olhando, moveu-se alguns centímetros para mais perto. *Apenas ajustando minha posição*, dizia sua linguagem corporal, *nada de mais*. Um minuto depois, fez a mesma coisa. E de novo. Vagarosamente, centímetro a centímetro, insinuou-se para mais perto, até se espremer diretamente contra a cadeirinha. A cabeça dele apareceu subitamente por cima da beirada, como para confirmar que a criança ainda estava lá dentro, e depois acomodou a cabeça sobre as patas. A bebê estendeu a mãozinha por cima da beirada e agarrou-lhe a orelha. Dewey ajustou a cabeça para que ela conseguisse pegar melhor. Ela ria, sacudindo as perninhas e espremendo a orelha dele. Dewey ficou quietinho, com um ar satisfeito.

Contratamos uma nova bibliotecária assistente para as crianças, Donna Stanford, em 2002. Donna andara pelo mundo como recrutadora da organização governamental Peace Corps e tinha voltado havia pouco tempo para o noroeste de Iowa a fim de cuidar da mãe, que sofria da doença de Alzheimer. Donna era quieta e conscienciosa e, no início, achei que era por isso que Dew passava algumas horas com ela, todos os dias, na seção das crianças. Levei muito tempo para me dar conta de que Donna não conhecia mais ninguém na cidade, além da mãe, e que até um lugar como Spencer — ou especialmente um lugar muito fechado como Spencer — poderia parecer frio e intimidador para uma pessoa de fora. O único residente local que se aproximava de Donna era Dewey, que passeava em seu ombro enquanto ela rolava em sua cadeira de rodinhas para colocar os livros na estante. Quando ele se cansava disso, subia no colo de Donna para ser afagado. Algumas vezes ela lia livros infantis para o gato. Eu os peguei de surpresa um dia: Dew descansava de olhos fechados, e Donna em pensamento profundo. Deu para ver que ela se assustou.

— Não se preocupe — eu disse. — Faz parte das atribuições de seu cargo segurar o gatinho.

E aí havia o namorado de Jodi, Scott. O pobre Scott foi jogado diretamente ao fogo em sua primeira visita a Spencer: as bodas de ouro de meus pais. E não era apenas uma festa de família: o evento foi organizado no Centro de Convenções de Spencer, que tinha uma capacidade para quatrocentas e cinquenta pessoas sentadas. Mesmo o centro de convenções não foi suficiente para o número de pessoas. Quando os filhos Jipson foram ao palco para passar a vergonha de representar — no caso, "You are my sunshine" [Você é o meu raio de sol], com letra sobre temas da família, e "Look at us" [Olhe para nós], de Vince Gill, completado com o canto desafinado do meu irmão Doug —, havia ainda mais de cem pessoas em fila do lado de fora, esperando para cumprimentar mamãe e papai. Durante a vida deles inteira, afinal, tinham tratado o mundo inteiro como sua própria família.

Assim que minha filha saiu de casa, nosso relacionamento melhorou muito. Percebemos que éramos grandes amigas, porém terríveis companheiras de moradia. Ao mesmo tempo que ríamos do presente, ainda não falávamos do passado. Talvez mães e filhas nunca o façam. Isso não quer dizer que eu não podia tentar.

— Sei que tivemos alguns momentos difíceis, Jodi...

— Do que você está falando, mamãe?

Por onde eu deveria começar? Minha saúde. Minhas ausências. A bagunça no quarto dela. Brandi.

— Em Mankato. Lembra? Passávamos por uma loja e você dizia: "Eu quero muito aquela blusa, mamãe, mas sei que não temos dinheiro, então está tudo bem". Você não a queria. Você precisava dela, mas nunca quis fazer com que eu me sentisse mal. — Suspirei. — Você só tinha cinco anos...

— Ah, mamãe, é a vida.

Aí me dei conta de que ela tinha razão. O bom, o ruim — é a vida. Deixe rolar. Não há necessidade de se atormentar com o passado. A questão é: para quem você vai contar isso amanhã?

Aquela noite, após a festa, Jodi e eu levamos Scott à biblioteca para conhecer Dewey. Foi quando percebi que aquele relacionamento era sério: Jodi nunca tinha apresentado Dew a nenhum namorado antes, e nenhum deles, que eu saiba, estivera interessado em conhecê-lo. Dewey ficou, é claro, radiante ao ver Jodi. Ela era o amor dele para sempre. Scott deixou-lhes algum tempo juntos, depois delicadamente pegou Dewey e o afagou. Não na barriga, que ele sempre detestou, mas nas costas. Scott caminhou pela biblioteca vazia com ele, no Transporte Dewey. Pegou a câmera e bateu uma foto para mostrar à mãe. Ela ouvira as histórias de Dewey e era uma grande fã dele. Meu coração se aqueceu ao ver os dois juntos. Scott era tão carinhoso. E como eu poderia não me apaixonar por um cara legal o suficiente para tirar uma foto com a intenção de enviar para a mãe?

Nunca me passou pela cabeça que houvesse qualquer coisa incomum a respeito de uma mulher feita levar seu namorado a uma biblioteca para conhecer o gato da mãe dela. Dewey fazia parte da família, e as opiniões dele tinham importância. Como poderia alguém pensar seriamente em fazer parte dessa família sem conhecê-lo? Eu confiava em Dewey para farejar algo que não prestasse. Ele era meu sentinela, sempre protegendo aqueles que amava. Ao ver Scott com Dewey, e Dewey com Scott, fiquei sabendo de tudo o que precisava saber.

Naquela altura, tampouco passou pela minha cabeça achar que Dewey era o gato da biblioteca. Ele era o *meu* gato. Eu era a pessoa a quem ele viera em busca de amor. Eu era a pessoa a quem ele viera em busca de conforto. E eu fui a ele em busca de amor e conforto também. Ele não era um substituto para um marido ou um filho. Eu não estava solitária; tinha muitos amigos. Não estava incompleta; gostava do meu trabalho. Não estava à procura de alguém especial. Não era nem o fato de eu vê-lo todos os dias. Vivíamos separados. Podíamos passar dias inteiros na biblioteca, juntos, e mal nos vermos. No entanto, mesmo quando eu não o via, sabia que ele estava ali. Percebi que tínhamos escolhido compartilhar nossas vidas, não apenas no dia seguinte, mas para sempre.

Dewey era mais especial para mim do que qualquer animal que eu já tivesse conhecido. Era mais especial para mim do que jamais imaginei que algum animal pudesse ser. Contudo isso não mudava uma verdade fundamental: ele era o meu gato, mas o lugar dele era na biblioteca. O lugar dele era com o público. Dew ficava feliz em minha casa por um ou dois dias, porém, assim que entrávamos no carro e nos dirigíamos para o centro da cidade, ele colocava as patas da frente no painel e espiava excitadamente para fora da janela. Eu tinha de fazer as curvas devagar, senão ele escorregava para fora. Quando ele sentia o cheiro do Sister's Café, sabia que estávamos a poucos quarteirões de distância. Era quando ficava realmente agitado. Ele passava para o descanso de braço e punha as patas na janela lateral, como se quisesse que a porta abrisse. *Chegamos! Chegamos!* Olhava por cima do ombro e praticamente gritava isso para mim quando entrávamos no beco. Assim que a porta abria, ele pulava em meus braços e eu o levava para dentro. E então... Felicidade!

Não havia nada de que Dewey gostasse mais do que estar em sua casa.

22
DEWEY ATÉ NO JAPÃO

RECEBEMOS O E-MAIL do Japão no início de 2003. Na verdade, o e-mail veio de Washington, *em nome* do povo em Tóquio. Tomoko Kawasumi representava a Televisão Pública Japonesa, que queria filmar Dewey. A companhia estava fazendo um documentário para apresentar alguma nova tecnologia de alta definição e queria atingir o maior público possível. Primeiro resolveram fazer um documentário a respeito de animais, depois estreitaram o foco para gatos. Descobriram Dewey por intermédio de uma matéria na revista japonesa *Nekobiyori*. Será que nos incomodaríamos se a equipe de filmagem viesse a Spencer por um dia?

Engraçado, não tínhamos nem ideia de que Dewey tivesse aparecido numa revista japonesa.

Poucos meses mais tarde, em maio, seis profissionais vindos de Tóquio chegaram à Biblioteca Pública de Spencer. Eles voaram até Des Moines, alugaram uma van e vieram até Spencer. Iowa é lindo em maio. O milho está um pouco abaixo do nível dos olhos, com um metro ou um metro e vinte de altura, de modo que é possível ver os campos se espalhando ao longe. É claro, são mais de trezentos e vinte quilômetros de Des Moines a Spencer, e milho é tudo o que se vê, quilômetro após quilômetro. O que pensariam seis pessoas vindas de Tóquio depois de três horas e meia olhando para o milho de Iowa? Tínhamos de perguntar, porque provavelmente eram os únicos cidadãos de Tóquio a fazer essa viagem.

Como a equipe tinha somente um dia para filmar, me pediram para chegar à biblioteca antes das sete da manhã. Era uma manhã miseravelmente chuvosa. A intérprete, a única mulher no grupo, me pediu para abrir primeiro as portas, para que eles pudessem instalar as câmeras no saguão. Enquanto transportavam o equipamento, lá veio Dewey de um canto. Ele estava meio adormecido, alongando as patas de trás enquanto caminhava, do jeito como os gatos fazem ao acordar. Ao me ver, trotou para perto de mim e me fez um aceno. *Ah, é você! O que faz aqui tão cedo? Não esperava que chegasse vinte minutos antes*. Dava para acertar o relógio por aquele gato.

Uma vez instaladas as câmeras, a intérprete disse:

— Gostaríamos que ele acenasse outra vez.

Oh, céus! Tentei explicar, da melhor maneira que pude, que Dewey só acenava uma vez, quando me via logo de manhã. O diretor, senhor Hoshi, não queria saber. Ele estava acostumado não só a dar ordens, mas a que elas fossem obedecidas. Definitivamente, era ele quem mandava. E agora ele queria aquele aceno.

Então voltei para o carro e me aproximei outra vez da biblioteca, fingindo que ainda não estivera lá. Dew ficou olhando fixo para mim.

O quê? Você estava aqui há poucos minutos.

Entrei na biblioteca, acendi as luzes, apaguei as luzes, voltei ao carro, esperei cinco minutos e me aproximei da biblioteca mais uma vez. O senhor Hoshi achou que isso poderia fazer Dewey pensar que já era o dia seguinte.

Não funcionou.

Tentamos durante uma hora obter cenas de Dewey acenando. Finalmente eu disse:

— Olhe, o pobre gato está aqui esse tempo todo esperando a comida dele. Eu tenho de alimentá-lo.

O senhor Hoshi concordou. Peguei Dewey e corri para a caixa de areia. A última coisa que eu queria era que os japoneses filmassem cocô voando. Dew aliviou-se e depois comeu o café da manhã com toda a calma. Quando ele terminou, a equipe já tinha a câmera instalada no interior da biblioteca. Eles vieram do outro lado do mundo e não conseguiram um aceno.

Mas conseguiram tudo mais. Dewey já estava com quase quinze anos e estava ficando mais lento, porém não tinha perdido seu entusiasmo por estranhos. Especialmente estranhos com câmeras. Ele abordou cada membro da equipe e o saudou com uma esfregadela na perna. Eles o afagavam, faziam brincadeiras, e um operador de câmera se deitou no chão para uma visão no nível de Dewey. A intérprete educadamente me pediu para colocar Dew sobre uma prateleira. Ele sentou lá e deixou-os filmar. Pulou de prateleira em prateleira. Então ela disse:

— Faça com que ele caminhe pela prateleira, entre os livros, e pule para fora na extremidade.

Só pensei: "Espere aí. Ele é um gato, e não um animal de circo, treinado. E essa é uma solicitação bastante específica. Espero que vocês não tenham vindo até aqui à espera de um espetáculo, porque nem em sonho ele vai caminhar por aquela prateleira, ziguezaguear entre os livros e pular quando mandado".

Encaminhei-me para a extremidade da prateleira e chamei:

— Venha cá, Dewey! Venha cá! — Dew caminhou pela prateleira, ziguezagueou entre os livros e pulou aos meus pés.

Por cinco horas, o senhor Hoshi deu ordens e Dewey obedeceu. Sentou sobre um computador. Sentou sobre uma mesa. Sentou no chão com as patinhas cruzadas, olhando fixo para a câmera. Deu uma volta em seu carrinho preferido, com as patas penduradas entre as aberturas da grade de metal, completamente relaxado. Não temos tempo a perder — vamos, vamos, vamos! Uma garotinha de três anos e a mãe dela concordaram em aparecer no filme, então pus Dew na cadeirinha de balanço com elas. A menina estava nervosa, agarrava e puxava Dewey. Ele não se incomodava. Posou durante os cinco minutos inteiros de provação e nunca se esqueceu de olhar docemente para a câmera.

Durante a manhã inteira eu disse à intérprete que vinha gente dos Estados Unidos inteiro para visitar Dewey, mas não acho que o senhor Hoshi tenha acreditado. Aí, logo após o almoço, entrou na biblioteca uma família vinda de New Hampshire. Isso que é momento certo! A família estivera em um casamento em Des Moines e resolvera alugar um carro para ver Dewey. Será que preciso lembrá-lo da viagem de três horas e meia?

O senhor Hoshi não largava os visitantes. Ele os entrevistou demoradamente. Gravou imagens deles filmando Dewey com a própria câmera de vídeo (provavelmente fabricada no Japão). Ensinei à menina, que devia ter uns cinco ou seis anos, o Transporte Dewey e como balançar delicadamente para frente e para trás quando ele punha a cabeça nas costas dela e fechava os olhos. A família ficou durante uma hora, e a equipe japonesa foi embora pouco depois. Assim que eles saíram, Dew caiu num sono que durou o resto do dia.

Recebemos duas cópias do DVD. Depois de dezesseis anos, eu relutava em falar muito sobre Dewey, porém isso parecia especial. Chamei o jornal. A loja de material eletrônico da esquina nos emprestou uma televisão gigante para a projeção e enchemos a biblioteca. Nessa altura, Dewey já estivera na rádio no Canadá e na Nova Zelândia. Já tinha aparecido em jornais e revistas em dúzias de países. Sua fotografia correra o mundo inteiro. Contudo isso era diferente — era televisão mundial!

Eu tinha dado uma espiadela no vídeo, estava um tanto nervosa. Acabou que o documentário era uma viagem alfabética pelo mundo dos gatos. Havia vinte e seis gatos, um para cada letra do alfabeto. Sim, nosso alfabeto. O documentário era em japonês, mas a letras eram romanas.

Falei com o público:

— Há um monte de outros gatos neste documentário. Dewey está mais para o final, e a coisa toda é em japonês. Façamos uma votação: avançamos direto para a parte de Dewey ou assistimos a tudo?

— Assistimos a tudo! Assistimos a tudo!

Passados dez minutos, a multidão gritava:

— Avance! Avance!

Digamos que era extremamente chato assistir a cortes de imagens de gatos e entrevistas em japonês. Parávamos para ver gatos especialmente fofos ou cada vez que havia um norte-americano na tela — paramos duas vezes por esse motivo, mas uma das mulheres era britânica. No entanto, a maior parte das imagens era de japoneses e seus animais de estimação.

Quando chegamos à letra *w*, houve um grito geral na sala, que sem dúvida acordou os que cochilavam. Lá estava o nosso Dewey, junto com as palavras "Gato trabalhador", tanto em inglês como em japonês. Lá estava eu, caminhando para a biblioteca na chuva, enquanto o locutor dizia algo em japonês. Só entendemos três palavras: "América, Iowa-shun, Spencer". Outro aplauso ruidoso. Poucos segundos mais tarde ouvimos: "Dewey a-Deedmore a-Booksa!".

E lá estava Dewey, sentado ao lado da porta principal (tenho de admitir que um aceno teria sido legal), seguido de Dewey posando sobre uma prateleira,

Dewey caminhando pelas estantes, Dewey posando, e posando, e posando, e sendo afagado por um menininho embaixo de uma mesa, e... posando. Um minuto e meio e tinha terminado. Nada de menininha com Dewey no colo. Nada de passeio sobre o ombro. Nada de carrinho de livros. Nenhuma família de New Hampshire. Eles nem usaram a tomada de Dewey caminhando pela prateleira, ziguezagueando entre os livros e pulando no final. Vieram do outro lado do mundo para um minuto e meio de poses.

Silêncio. Silêncio aturdido.

E, depois, um enorme estouro de aplausos. Nosso Dewey era um astro internacional. Ali estava a prova. E daí que não tivéssemos a menor ideia do que o locutor estava dizendo? E daí se a parcela de Dewey durara pouco mais que um típico intervalo comercial? Lá estava nossa biblioteca. Lá estava nossa bibliotecária. Lá estava nosso Dewey. E o locutor indubitavelmente dissera: "América, Iowa-shun, Spencer".

A cidade de Spencer jamais esqueceu aquele documentário japonês. Talvez não o conteúdo. Temos duas cópias para empréstimo na biblioteca, mas ninguém pede por elas. *Gato de livros* é muito mais popular. Entretanto, o fato de que uma equipe cinematográfica tenha vindo de Tóquio até Spencer é uma coisa que nunca vamos esquecer. A estação de rádio e o jornal locais publicaram longas matérias, e durante meses veio gente à biblioteca para falar a respeito.

— Como era a equipe?

— O que eles fizeram?

— Onde eles foram enquanto estavam na cidade?

— O que mais filmaram?

— Dá para acreditar?

— Dá para acreditar?

— Dá para acreditar?

A televisão japonesa colocou Dewey lá em cima. Ainda hoje, quando os habitantes locais falam sobre Dewey, a conversa sempre chega a:

— E aqueles japoneses que vieram a Spencer para filmá-lo?

O que mais precisa ser dito?

Os residentes de Spencer não são os únicos a recordar o documentário. Depois que ele foi ao ar, recebemos diversas cartas do Japão e quarenta pedidos de cartões-postais de Dewey. O website da nossa biblioteca registra a origem dos visitantes e, todos os meses, desde o verão de 2004, o Japão tem sido o segundo país de origem, depois apenas dos Estados Unidos — mais de cento e cinquenta mil visitantes em três anos. Por algum motivo, não acho que estejam interessados em retirar livros.

A invasão japonesa não foi a única coisa especial que aconteceu durante o verão de 2003, pelo menos para mim. No ano anterior, Scott pedira a mão de Jodi na noite de Natal, na casa dos meus pais. Ela pediu para eu me encarregar das flores e da decoração, já que aqueles eram meus hobbies.

No entanto, havia algo que me incomodava. Minha irmã Val era dama de honra de Jodi, e eu sabia que as duas discutiam sobre vestidos. Eu não tive a oportunidade de escolher meu próprio vestido de noiva. Uma moça em Hartley desistira do casamento no último minuto, e mamãe comprou o vestido para mim. Eu queria mais que tudo ajudar Jodi a escolher o vestido de noiva. Queria que o vestido fosse especial. Queria fazer parte do processo. Liguei para Jodi e disse:

— Durante toda minha vida sonhei em ajudá-la a escolher seu vestido de noiva. Val tem duas filhas. Ela vai ter a oportunidade dela.

— Eu adoraria fazer isso com você, mamãe.

Meu coração foi parar na garganta. Dava para eu perceber, pelo tremor na voz de Jodi, que ela sentia a mesma coisa. Somos ambas bobas sentimentais.

Mas também sou prática:

— Limite suas escolhas. Quando encontrar uma dúzia de que goste, vou aí para ajudá-la na decisão final. — Jodi jamais conseguia se decidir a respeito de roupas. Ela guardava a maior parte delas nas caixas originais, porque quase sempre as devolvia. Jodi morava a mais de três horas de distância, em Omaha, Nebraska, e eu não queria me matar fazendo aquela viagem todos os fins de semana durante os seis meses seguintes.

Ela procurou vestidos com as amigas. Depois de alguns meses, fui a Omaha para ajudá-la a tomar a decisão final. Não conseguíamos nos decidir. Até que encontramos um que ela não tinha experimentado. Assim que a vimos naquele vestido, soubemos. Jodi e eu entramos juntas no vestiário e choramos.

Fomos às compras juntas uns meses mais tarde e ela escolheu um vestido lindo para mim. Depois me ligou e disse:

— Acabo de comprar um vestido para a vovó.

— Engraçado — disse a ela. — Eu estava em Des Moines a serviço da biblioteca e também comprei um vestido para ela. — Quando nos encontramos, constatamos que tínhamos comprado o mesmo vestido para mamãe. Rimos muito com essa história!

O casamento foi em julho, na Igreja Católica Saint Joseph, em Mildford, Iowa. Jodi planejou o casamento de Omaha, e eu fiz o trabalho de campo. Minhas velhas amigas de Mankato, Trudy, Barb, Faith e Idelle, vieram alguns dias antes da cerimônia para me ajudar com os arranjos. Jodi e eu éramos perfeccionistas: não queríamos uma flor fora do lugar. Trudy e Barb estavam uma pilha de nervos quando decoramos a garagem de mamãe e papai para a recepção, mas fizeram um trabalho magnífico. Quando terminaram, nem parecia uma garagem. No dia seguinte, decoraram a igreja e o restaurante para o jantar de ensaio.

Havia trinta e sete convidados no casamento, apenas familiares e amigos próximos. Minhas amigas não foram à cerimônia — elas ficaram na sala dos fundos, aquecendo as borboletas. Elas deveriam ser mantidas em gelo, com movimentação em suspenso, depois aquecidas e "acordadas" quinze minutos antes de serem chamadas a voar. Faith chamou a si própria de BBBBB — The Beautiful Big Boobed Butterfly Babysitter [a grande linda babá idiota de borboletas] —, porém encarou a tarefa com seriedade. Estava tão nervosa por causa das borboletas que, na noite anterior ao casamento, levou-as para a casa de Trudy em Worthington, Minnesota, a uma hora de distância, e as manteve ao lado de sua cama.

Quando os convidados saíram do casamento, o pai de Scott entregou a cada um deles um envelope. Meu irmão Mike, que estava de pé ao lado da noiva, imediatamente começou a apertá-lo. Jodi lançou-lhe um olhar.

— O quê? — disse Mike. — Está vivo?

— Bom, *estava*.

Eu já tinha lido a lenda das borboletas, que não têm voz. Quando soltas, elas se elevam ao céu e cochicham seus desejos para Deus.

Assim que os convidados abriram os envelopes, borboletas de todos os tamanhos e cores voaram para um lindo céu azul-claro, um sussurro de Deus a distância. A maior parte desapareceu no vento. Três pousaram no vestido de Jodi. Uma ficou no buquê dela por mais de uma hora.

Depois das fotos, os convidados se apertaram em um ônibus. Enquanto minhas amigas arrumavam as coisas, nós fomos para West Okoboji, para uma turnê pelo lago no *The Queen II*, o famoso barco de passeios turísticos da região. Depois, Jodi e Scott resolveram dar uma volta na roda-gigante do Arnold Park, a mesma que reluzira na noite que mamãe e papai se apaixonaram ao som de Tommy Dorsey no Roof Garden, tantas décadas antes. Enquanto olhávamos para eles, a roda-gigante levou Jodi e Scott, junto com o menino das alianças e a menina das flores, para o alto, naquele claro céu azul, como um par de borboletas que saiu do envelope e alçou voo.

A carta que Jodi mandou depois da lua de mel dizia tudo: "Obrigada, mamãe. Foi o casamento perfeito". Outras seis palavras não poderiam me fazer mais feliz.

Se a vida fosse tão fácil! Se Dewey, Jodi e a família Jipson inteira pudessem ter sido congelados naquele momento, no verão de 2003. No entanto, ainda que a roda-gigante subisse, ainda que Dewey tivesse se tornado um astro no Japão, havia uma mancha na imagem. Poucos meses antes, minha mãe tinha sido diagnosticada com leucemia, a última em uma longa fila de doenças a afligi-la e golpeá-la. Dizem que câncer, como a sorte, é de família. Infelizmente, o câncer está impregnado na linhagem Jipson.

23
As memórias de mamãe

Em 1976, meu irmão Steven foi diagnosticado com a fase quatro de um linfoma não Hodgkin, a forma mais avançada de um câncer letal. Os médicos deram a ele dois meses de vida. Ele tinha dezenove anos.

Steven lidou com o câncer com mais dignidade que qualquer outra pessoa que eu tenha conhecido. Lutou contra ele, mas não desesperadamente. Além disso, viveu a vida dele. Nunca perdeu o sentido dele mesmo. No entanto, o câncer estava em seu peito e os médicos não conseguiam vencê-lo. Derrubaram-no, porém ele voltou. O tratamento era doloroso e atacou os rins. Meu irmão Mike, o melhor amigo dele, ofereceu-se para doar um de seus rins, mas Steven lhe disse:

— Deixe para lá. Eu só vou estragar esse aí também.

Em 1979, o ano em que eu me debatia com um divórcio e iniciava a faculdade, Steven já tinha vivido mais tempo que qualquer outra pessoa em Iowa com o estágio quatro de um linfoma não Hodgkin. Os médicos fizeram tanta quimioterapia que ele não tinha mais sangue nas extremidades. Como já não havia esperanças na químio, Steven se candidatou para um tratamento experimental em Houston. Estava marcado para começar em janeiro e, antes da viagem, ele queria um Natal Jipson completo, sem restrições. Steven queria o *clam chowder* [sopa de mexilhões] de papai, que ele sempre fazia na ceia de Natal. Pediu que eu fizesse suas pipocas carameladas favoritas. Sentou sob um cobertor e sorriu enquanto tocávamos nossos instrumentos feitos em casa na

Banda da Família Jipson. Na noite de Natal, fazia quase vinte e oito graus abaixo de zero. Steven mal conseguia ficar de pé de tão fraco, contudo insistiu para que fôssemos todos à Missa do Galo. Em sua última noite na casa de mamãe e papai, me fez levá-lo à casa da tia Marlene às duas da manhã, para se despedir. Depois, quis que eu ficasse acordada com ele e assistisse a *Glória e derrota*, um filme sobre um jogador de futebol americano que tinha câncer.

— Não, Steven, obrigada. Eu já vi.

Mas ele insistiu, então fiquei acordada. Ele adormeceu nos primeiros cinco minutos.

Passada uma semana, no dia 6 de janeiro, Steven acordou a esposa às cinco da manhã e pediu que ela o ajudasse a descer as escadas até o sofá. Quando ela voltou, algumas horas mais tarde, não conseguiu acordá-lo. Descobrimos depois que ele não fora inscrito num programa de tratamento experimental em Houston. Na véspera do Dia de Ação de Graças, os médicos disseram a ele que as opções de tratamento tinham se esgotado. Ele não tinha contado a ninguém porque queria um último Natal da família Jipson, sem choro ou piedade, antes de morrer.

A morte de Steven foi difícil para meus pais. A morte pode separar duas pessoas, porém juntou mamãe e papai. Eles choraram juntos. Conversaram juntos. Apoiaram-se um no outro. Meu pai se converteu ao catolicismo, a religião de mamãe, e começou a frequentar regularmente a igreja pela primeira vez em sua vida adulta.

E eles adotaram um gato.

Três semanas depois da morte de Steven, papai trouxe para mamãe um persa azul e o chamou de Max. Aqueles foram dias terríveis para eles, absolutamente terríveis, mas Max era um gato santificado, cheio de personalidade, sem ser agitado. Ele dormia na pia do banheiro — depois de ficar aninhado perto de mamãe, aquela pia era seu lugar favorito dentro de casa. Se alguma vez um gato já mudou um casal, esse gato foi Max. Ele elevou os espíritos dos meus pais, os fez rir. Fez companhia a eles na casa vazia. As crianças adoravam Max pela personalidade, contudo o amávamos ainda mais por tomar conta de mamãe e papai.

Meu irmão mais velho, David, meu querido amigo e minha inspiração, foi também profundamente afetado pela morte de Steven. David largara a faculdade seis semanas antes da formatura e, depois de algumas tentativas fracassadas, terminou em Mason City, Iowa, cerca de cento e sessenta quilômetros a leste de

Spencer. Quando penso em David, no entanto, penso em Mankato, Minnesota. Nós dois éramos tão ligados em Mankato! Passamos uma época maravilhosa juntos, simplesmente maravilhosa. Mas, uma noite, um pouco antes de ele abandonar os estudos e se mudar, bateu à minha porta à uma da manhã. Fazia vinte e três graus abaixo de zero e ele caminhara dezesseis quilômetros.

Ele disse:

— Tem algo errado comigo, Vicki. Na minha cabeça. Acho que estou tendo um colapso. Mas você não pode contar para mamãe e papai. Prometa-me que jamais vai contar para mamãe e papai.

Eu tinha dezenove anos, era jovem e tola. Prometi. Nunca contei a ninguém a respeito daquela noite, porém agora sei como aquela doença mental muitas vezes ataca os rapazes, especialmente jovens brilhantes e talentosos com vinte e poucos anos, como David. Sei que meu irmão estava doente. Ele estava tão doente quanto Steven, mas não era evidente. Sem tratamento, a doença foi derrubando a vida dele gradualmente. Em poucos anos, ele era uma pessoa diferente. Não conseguia se manter num emprego. Não conseguia rir, mesmo comigo. Começou a tomar remédios, a maioria sedativos, para combater a depressão. Teve uma filha fora do casamento. Ligava-me a cada poucos meses e conversávamos durante horas, contudo, ao longo dos anos, cada vez fui tendo menos notícias dele.

Quando Steven morreu, em janeiro de 1980, o jeito que David desenvolvera para lidar com a doença foi tomar drogas. Disse que não conseguia funcionar sem elas. A filha dele, Mackenzie, tinha quatro anos, e a mãe dela cortou o contato de David com a pequena até que ele abandonasse o vício. Oito meses depois da morte de Steven, David me telefonou no meio da noite para dizer que tinha perdido a filha.

— Você não perdeu Mackenzie — disse a ele. — Se estiver limpo, poderá visitá-la. Se estiver baratinado, não. Simples assim.

Ele não conseguia perceber isso. Conversamos sobre um milhão de coisas, mas nada que eu sugerisse era possível. Ele tinha uma parede branca à sua frente. Não conseguia enxergar qualquer futuro. Eu estava morrendo de medo, porém ele jurou que não tomaria nenhuma atitude até que conversássemos outra vez. Ele amava a filha, garantiu-me, e jamais a deixaria. Algum tempo mais tarde, naquela mesma noite, ou cedo, na manhã seguinte, meu irmão David, meu herói de infância, pegou uma arma e puxou o gatilho.

Minha amiga Trudy me levou até Hartley às duas da madrugada. Eu mal conseguia respirar, não havia possibilidade de eu dirigir. Meus pais não estavam em melhor estado. Nenhum de nós queria enfrentar a morte de David, especialmente porque se passara pouco tempo da morte de Steven, mas ela estava lá, quiséssemos ou não. Poucos dias depois do enterro, o senhorio de David começou a ligar para a casa dos meus pais, atormentando-os. Ele gritava conosco para que fôssemos buscar as coisas de meu irmão, limpar o apartamento para que pudesse alugá-lo novamente. Era outro lembrete de que David não morava na melhor área nem estava associado ao melhor tipo de pessoa.

Fomos a Mason City em dois veículos. Papai, meu irmão Mike e dois dos antigos amigos de David foram à frente, de carro. Minha mãe, minha irmã Val e eu seguimos em um caminhão. Quando chegamos, papai e Mike estavam de pé junto ao meio-fio.

— Vocês não entrarão lá — disse papai. — Esperem aqui. Vamos trazer tudo para fora.

Não sabíamos até papai abrir a porta: ninguém tocara no apartamento desde a morte de David. A bagunça dele estava por toda parte. Papai e Mike tiveram de limpar tudo antes de trazer para fora, para pôr no caminhão. Ainda dava para ver as manchas. Os bens de David eram escassos, para dizer o mínimo, e mesmo assim levou o dia inteiro para retirá-los de lá. Papai e Mike não disseram uma palavra e, desde então, nunca falaram sobre aquele dia. Quando eu lhes disse que estava escrevendo este livro, papai me pediu para não mencionar David. Não era vergonha ou sigilo. Havia lágrimas em seus olhos. Mesmo passado esse tempo todo, é muito doloroso para ele falar sobre o assunto. Entretanto é preciso falar.

Duas semanas depois da morte de David, era hora de operar Max. O veterinário deu o anestésico e saiu por dez minutos para dar tempo de fazer efeito. Infelizmente, não chegou a retirar a água da gaiola. A tigela só continha um centímetro e meio de água, porém Max caiu nela e se afogou.

Por acaso eu estava lá quando o veterinário veio à casa de meus pais. Ele conhecia minha família. Sabia o que meus pais estavam passando. Agora tinha de contar que matara o gato deles. Nós todos ficamos olhando fixo para ele por meio minuto, mudos.

— Eu amava aquele gato de paixão — disse papai finalmente, com calma, mas com firmeza. — Seu filho da puta. — Depois virou as costas e subiu para o segundo andar. Não conseguia nem falar com o cara. Não conseguia olhar para ele. Papai ainda se recrimina por sua explosão, mas a morte de Max foi demais. Foi a gota d'água.

Quando mamãe foi diagnosticada com leucemia, na primavera de 2003, ela e papai adotaram um gatinho. Mamãe não tivera um gato persa em vinte anos, desde a morte de Max. No entanto, em vez de adotarem um persa, como tinham a intenção de fazer, voltaram com um himalaia, uma cruza de persa com siamês. Ele era uma beleza cinzenta, com sedosos olhos azuis, a imagem exata de Max, até a personalidade sociável e amorosa. Deram-lhe o nome de Max II.

Max II foi a primeira admissão de que mamãe ia morrer. Não da parte de papai. Minha mãe era tão forte que papai acreditava que ela poderia sobreviver a qualquer coisa. A admissão veio da parte dela: mamãe sabia que essa doença iria vencê-la e não queria que papai ficasse sozinho.

Mamãe era uma força da natureza. Suspeito que começara fugindo da vida, do pai alcoólatra e das longas horas de trabalho no restaurante da família, desde os cinco anos de idade. Quando minha avó se divorciou, ela e mamãe arranjaram empregos em uma loja de roupas femininas. Essa era a vida dela, seu futuro, até conhecer papai.

Depois que conheceu Verlyn Jipson, Marie Mayou deu meia-volta e passou todos os momentos correndo em direção à vida. Minha mãe e meu pai amavam-se profundamente. O amor deles era tão grande que não pode ser contido neste ou em qualquer livro. Eles amavam os filhos. Amavam cantar e dançar. Amavam os amigos, a cidade deles, a vida deles. Adoravam comemorações. Davam festas a cada realização ou marco. Mamãe levantava cedo para cozinhar e ficava de pé até as três da manhã, depois que todo mundo tinha ido embora. Às seis da manhã seguinte, começava a limpeza. Às oito, a casa estava impecável. A casa de mamãe era sempre impecável.

Mamãe teve um diagnóstico de câncer de mama no início dos anos 1970. Os médicos não lhe deram chance de sobrevivência, contudo ela venceu. Não venceu uma, mas cinco vezes, duas vezes em uma mama e três na outra. Venceu isso tudo com muita força e fé. Minha amiga Bonnie e eu costumávamos chamar mamãe de "a católica número dois do mundo".

Quando Jodi tinha oito anos, ela e eu estávamos andando de bicicleta em Hartley quando, por acaso, passamos pelo pequeno prédio que costumava abrigar a Igreja Católica Saint Joseph. Mamãe fizera parte do comitê de planejamento para o novo prédio, e as duas árvores na frente foram plantadas em memória de Steven e David. Jodi olhou para o velho prédio de madeira e disse:

— Mamãe, a vovó era tão vidrada na igreja quando você era mais nova quanto ela é hoje?

— Era, sem dúvida, era.

A fé de mamãe vinha da igreja, porém a força vinha de dentro. Ela simplesmente não cedia a nada. Nem à dor, nem ao cansaço, nem ao sofrimento. Quando mamãe lutou contra o terceiro acometimento de câncer de mama, a madrasta dela, Lucille, a levou todos os dias a Sioux City, quatro horas de ida e volta, durante oito semanas. O tratamento por irradiação naquela época era muito pior que o de hoje. Eles basicamente detonavam a pessoa até que o corpo não aguentasse mais. Mamãe ficou inteiramente queimada. Tinha uma ferida aberta do tamanho de uma panqueca grande embaixo do braço e estava tão destruída que papai ficava fisicamente doente quando trocava o curativo.

Depois de mais de vinte anos em Hartley, meus pais iam se mudar para uma casa no lago. Papai queria adiar a mudança, mas mamãe não quis nem saber. Ela voltava de Sioux City para casa todas as noites, fazia o jantar, limpava e depois empacotava caixas até cair de sono, morta de cansaço. No meio do tratamento por irradiação, ela organizou um leilão para vender a maior parte dos bens que ela e papai tinham reunido durante a vida. O leilão levou dois dias, e mamãe estava lá para dizer adeus até a última colher.

Minha mãe me educou para ter esse tipo de força. Ela sabia que não há promessas na vida. Mesmo quando as coisas iam bem, elas nunca eram fáceis. Mamãe criou seis filhos e não havia um banheiro dentro de casa ou água encanada até o nascimento do quinto, minha irmã Val. Ela tinha uma energia ilimitada, porém o tempo era limitado. Tinha obrigações, refeições para preparar, uma casa cheia de crianças, seu negócio de galinhas e ovos e uma comunidade inteira de crianças locais que a consideravam uma mãe. Ela nunca deu as costas a nenhuma delas. Se uma criança precisasse de uma refeição, ela sentava conosco à mesa. Se uma família estava lutando com dificuldades e ela sabia que o caçula gostava de manteiga de amendoim, o pote de manteiga de amendoim desaparecia da nossa despensa. Tinha um lugar no coração para todo mundo, o que não deixava muito tempo livre para qualquer um isoladamente. A maior parte do tempo que passei com mamãe enquanto eu crescia era de trabalho a seu lado. Eu era o alter ego dela, sua outra metade, ao mesmo tempo um tesouro e uma carga. Quando minha irmã Val chegou em casa depois da morte de Steven, mamãe e papai correram para abraçá-la e todos choraram juntos. Quando eu cheguei, papai me abraçou e chorou, mamãe me abraçou e disse:

— Não chore. Você tem de ser forte. — Mamãe sabia que, se eu conseguisse ser forte, ela também seria. E eu sabia o que se esperava de mim.

Mamãe me dizia o tempo todo que me amava. Nunca houve dúvidas quanto a isso. Papai era o sentimental, enquanto mamãe demonstrava seu amor por meio do orgulho. Ela chorou em minha colação de grau na faculdade quando viu minha faixa de honra do *summa cum laude*. Estava orgulhosa de mim por ter chutado os grilhões, ficado de pé e caminhado. Aquela era a filha dela adulta e, de certo modo, era ela ali também. Formada na faculdade. Com honras.

Papai não pôde ir à minha formatura porque estava trabalhando. Assim, para comemorar minha graduação, meus pais deram uma festa para duzentas pessoas em Hartley. Papai trabalhou durante um mês para me fazer um avental com cem notas de um dólar. Cem dólares era muito dinheiro para meus pais. Naquela época, você se considerava rico se tivesse duas notas de cinco dólares ao mesmo tempo. Eu adorava aquele avental. Representava o amor e o orgulho de papai, exatamente como as lágrimas de mamãe. No entanto, eu era tão pobre que ele só durou uma semana antes de eu desmanchá-lo e gastá-lo.

Quando mamãe reagiu à leucemia, ninguém se surpreendeu. Ela sobrevivera ao câncer de mama cinco vezes e era uma batalhadora. Ficou em tratamento por irradiação durante anos, mas isso nunca a prostrou. Quando a irradiação parou de funcionar, ela mudou para IgG (imunoglobulina), que consiste em injeções de parte do sistema imunológico de outra pessoa em seu corpo. Ela passava bem durante alguns períodos, contudo ficou claro que daquela vez ela não iria vencer. Já tinha quase oitenta anos, e sua força diminuía.

Mamãe quis uma enorme festa de aniversário de casamento, para o qual ainda faltavam vários meses. As maiores festas na nossa vida eram as de aniversário de casamento de mamãe e papai. Os quatro filhos restantes se encontravam. Não achávamos que mamãe chegaria até o aniversário, além disso, nas condições dela, uma festa enorme estava fora de cogitação. Resolvemos fazer uma festa pequena para o aniversário de setenta e nove anos de mamãe, que era só três dias depois do aniversário de oitenta anos de papai, só a família e os amigos mais chegados. A Banda da Família Jipson se reuniu uma última vez e tocou *Johnny M'Go*. Todos os filhos escreveram poemas em honra a nossos pais. Os poemas eram uma tradição da família Jipson. Papai era uma alma sentimental, escrevia poesias à menor provocação. Caçoávamos dele por esse motivo, mas guardamos seus poemas emoldurados em nossas paredes ou enterrados em nossas gavetas, sempre ao alcance da mão.

Os filhos concordavam que os poemas seriam bobos. Eis aqui o poema que escrevi para papai, voltando no tempo até a época que desfiz meu noivado, logo que acabei o ensino médio:

Lembranças de papai

Desfiz meu noivado,
John e eu jamais nos casaríamos.
Foi a coisa mais difícil que já fiz,
emocional e assustadora.

Mamãe ficou bastante transtornada,
o que diriam os vizinhos?
Fechei-me em meu quarto
para me acabar de chorar.

Papai ouviu meus soluços,
esse foi o consolo que ele me deu.
Apoiado no trinco da porta, ele disse:
— Querida, você quer vir para me ver fazendo a barba?

Entretanto eu não conseguia escrever um poema bobo para mamãe. Ela fizera demais por mim e havia coisas demais a dizer. Teria eu outra oportunidade? Sucumbi e escrevi o tipo de poema que tornava papai famoso, o tipo desajeitadamente sentimental.

Lembranças de mamãe

Quando comecei a escolher uma lembrança,
um dia, um incidente, um papo,
dei-me conta de que a lembrança de que mais gostava
tinha mais essência que isso.

Nos anos 1970, perdi meu casamento, perdi tudo,
dava para sentir minha vida desatar-se.

Eu estava deprimida e lutava,
quase perdendo a cabeça.

Amigos e família me ajudaram.
Mas, com uma filha com menos de cinco anos,
Jodi pagou por toda minha dor
enquanto eu lutava para sobreviver.

Graças a Deus pela mamãe.
A força dela demonstrou que eu poderia me recuperar.
No entanto, o papel mais importante dela naquela época
era o de segunda mãe para Jodi.

Quando eu não tinha mais o que dar,
quando eu brigava para levantar da cama,
mamãe pegava Jodi no colo
e mantinha a alma dela alimentada.

Amor incondicional e estabilidade
naquele lar de Hartley.
Aulas de natação, jogos bobos,
Jodi não tinha de ficar sozinha.

Enquanto eu reconstruía minha vida,
estudava, trabalhava e encontrava meu caminho,
mamãe deu a Jodi o que me faltava,
atenção especial todos os dias.

Eu era um caos ao criar Jodi,
mas, quando ela caía, você a pegava.
Portanto, obrigada, mamãe, mais que tudo,
por ajudar a dar forma à nossa filha.

Dois dias depois da festa, mamãe acordou papai no meio da noite e pediu que a levasse ao hospital. Não aguentava mais a dor. Passados poucos dias, depois de estar estável e ter sido mandada a Sioux City para exames, descobriram que mamãe tinha câncer colorretal. Sua única chance de sobrevivência, sem garantias, seria retirar o cólon quase inteiro. Ela teria de passar o resto da vida com uma bolsa de colostomia.

Mamãe sabia que algo estava muito errado. Só depois descobrimos que ela usara supositórios e tomara laxantes durante mais de um ano e tivera dor quase constante. Não quis que ninguém soubesse. Pela primeira vez na vida, mamãe não queria enfrentar o inimigo. Ela afirmou:

— Não vou fazer essa cirurgia. Estou cansada de lutar.

Minha irmã Val estava confusa. Eu disse a ela:

— Val, essa é a mamãe. Vamos dar um tempo a ela.

Não deu outra. Cinco dias mais tarde, mamãe disse:

— Não quero continuar desse modo. Vamos fazer a cirurgia.

Mamãe sobreviveu à cirurgia e viveu mais oito meses. Não foram meses fáceis. Trouxemos mamãe para casa, e Val e papai cuidaram dela vinte e quatro horas por dia. Val foi a única que aprendeu a lidar com os sacos de colostomia; até a enfermeira não conseguia trocá-los tão bem. Eu vinha todas as noites e fazia o jantar para eles. Não ficou nada por dizer. Não houve riso que não tivéssemos partilhado. Ela entrou em coma perto do fim, mas mesmo assim eu sabia que podia me ouvir. Ouvia a todos nós. Nunca estava afastada demais. Morreu como viveu, em seus próprios termos, com a família a seu lado.

No verão de 2006, poucos meses depois da morte de mamãe, coloquei uma pequena estátua do lado de fora da biblioteca das crianças em homenagem a ela. A estátua representa uma mulher segurando um livro, pronta para ler para a criança que grita a seu lado. Para mim, essa estátua é minha mãe. Ela sempre tinha algo a dar.

24
A dieta de Dewey

Papai diz que Max II, seu amado himalaia, vai sobreviver a ele. Encontra consolo nessa certeza. Entretanto, para a maioria de nós, viver com um animal significa que vamos ter a experiência da morte dele. Nossos animais não são filhos — eles raramente sobrevivem a nós.

Eu vinha me preparando mentalmente para a morte de Dewey desde que ele estava com catorze anos. Seu problema de cólon e os arranjos de moradia pública faziam, de acordo com o doutor Esterly, com que fosse pouco provável ele viver mais de doze anos. Porém Dewey tinha aquela rara combinação de genética e postura. Quando chegou aos dezessete anos, eu já quase parara de pensar em sua morte. Aceitei-a, não tanto como inevitável, mas como outro marco no caminho. Como eu não sabia a localização do marco ou a aparência dele quando chegássemos lá, por que gastar tempo me preocupando com ele? Isso quer dizer que curti nossos dias juntos e não esperava nada além da manhã seguinte depois de nossas noites separadas.

Dei-me conta de que Dewey estava perdendo a audição quando ele parou de reagir à palavra "banho". Durante anos, o termo fazia com que ele saísse em disparada. Se o pessoal estivesse conversando, por exemplo, e alguém dissesse "Tive de limpar a banheira ontem à noite", *bam!*, Dewey sumia. Todas as vezes.

— Isso não é com você, Dewey! — Ele nem queria saber.

Bastava dizer a palavra "banho" — ou "escova", ou "pente", ou "tesoura", ou "doutor", ou "veterinário" — que Dew desaparecia. Especialmente se Kay ou eu dizíamos essas palavras terríveis. Quando eu estava fora, a serviço da biblioteca, ou doente, como aconteceu muitas vezes, com meu sistema imunológico tão comprometido pelas cirurgias, Kay cuidava de Dewey. Se ele precisasse de alguma coisa, mesmo conforto e amor, e eu não estivesse por perto, se dirigia a Kay. Ela pode ter sido distante no início, contudo, depois de todos esses anos, se tornara a segunda mãe do gato, aquela que o amava, porém não tolerava seus maus hábitos. Se Kay e eu estivéssemos juntas e só pensássemos na palavra "água", Dewey fugia.

Aí, um dia, alguém disse "banho" e ele não fugiu. Ainda escapava quando eu *pensava* "banho", contudo não por causa da palavra. Então comecei a observá-lo mais de perto. Não deu outra: ele tinha parado de fugir cada vez que um caminhão roncava pelo beco atrás da biblioteca. O som da porta dos fundos se abrindo costumava fazê-lo correr para farejar as caixas que chegavam — agora ele nem se mexia. Não pulava com barulhos repentinos, como o produzido por alguém guardando muito rapidamente um grande dicionário, e não vinha com tanta frequência quando os usuários chamavam.

Isso, no entanto, pode não ter tido muito a ver com a audição. Quando se fica mais velho, as coisas simples de repente não são tão simples. Um toque de artrite, desconforto nos músculos. Você emagrece e endurece. Tanto em gatos como em seres humanos, a pele fica menos elástica, o que significa mais descamação e irritação e menos capacidade de cicatrização. Isso não é pouca coisa quando seu trabalho é, essencialmente, ser afagado o dia inteiro.

Dewey ainda saudava todo mundo na porta da frente. Ainda procurava colos, mas em seus próprios termos. Tinha artrite no lado esquerdo do quadril, então encontrões no lugar errado ou pegá-lo de mau jeito faziam com que saísse mancando de dor. Cada vez mais, no final da manhã e à tarde, ele sentava na mesa de circulação, onde ficava protegido pelos funcionários. Tinha suprema confiança em sua beleza e popularidade: sabia que os usuários viriam até ele. Tinha uma aparência majestosa, um leão supervisionando seu reino. Até sentava como um leão, com as patas cruzadas à frente e a traseira por baixo do corpo, o modelo de dignidade e graça.

A equipe começou discretamente a sugerir que os frequentadores fossem delicados com Dewey, mais atentos ao conforto dele. Joy, que passava a maior parte do tempo na frente da biblioteca com os usuários, passou a defendê-lo bastante. Como muitas vezes ela trazia seus sobrinhos para verem Dew, mesmo em seus dias de folga, sabia como as pessoas podiam ser brutas.

— Agora Dewey prefere um afago delicado na cabeça — avisava.

Até as crianças do ensino fundamental compreenderam que Dewey era agora um velhinho e se mostraram muito sensíveis às necessidades dele. Elas eram da segunda geração de crianças de Spencer, os filhos das crianças que Dewey conhecera quando era um gatinho — assim, os pais se certificavam de que seus filhos se comportassem bem. Quando as crianças o tocavam com delicadeza, Dew se apoiava contra as pernas delas ou, se estivessem sentadas no chão, se acomodava em seus colos. Entretanto, ele era mais cuidadoso que antes, e barulho alto ou afagos rudes frequentemente faziam com que fosse embora.

— Tudo bem, Dewey. O que você precisar.

Depois de anos de tentativa e erro, finalmente encontramos uma cama aceitável para nosso gato enjoado. Era pequena e tinha pelo sintético branco nas laterais e um aquecedor no fundo da almofada. Nós a mantínhamos em frente ao aquecedor que fica na parede do lado de fora da minha sala. Não havia coisa de que Dewey gostasse mais do que ficar deitado na cama dele, na segurança da sala dos funcionários, com a almofada elétrica ligada no máximo. No inverno, quando o aquecedor da parede estava ligado, ele ficava com tanto calor que tinha de se jogar pela borda e rolar pelo chão. Seu pelo ficava tão quente que a gente não conseguia tocá-lo. Ele ficava deitado de costas por dez minutos, com as pernas estiradas, para dissipar o calor. Se um gato conseguisse ofegar, Dew estaria ofegante. Assim que se refrescava, entrava outra vez na cama e começava todo o processo outra vez.

O calor não era o único mimo de Dewey. Posso ter sido uma otária com os caprichos dele, mas agora nossa assistente das crianças, Donna, o mimava mais que eu. Se Dew não comesse a comida dele imediatamente, ela a aquecia no micro-ondas. Se, mesmo assim, ele não comesse, ela a jogava fora e abria outra lata. Donna não confiava em sabores comuns. Por que Dewey comeria moela? Donna ia a Milford, a vinte e quatro quilômetros de distância, pois lá havia uma lojinha que vendia rações exóticas para gatos. Lembro-me do pato. Dewey gostou daquilo durante uma semana. Ela tentou cordeiro também, mas, como sempre, nada durou muito tempo. Donna continuava testando novos sabores, um atrás do outro, lata nova após lata nova. Ah, como ela gostava daquele gato!

Apesar de nossos melhores esforços, Dew emagrecia, de modo que, no check-up seguinte, a doutora Franck receitou uma série de medicamentos para engordá-lo. É isso mesmo: apesar dos terríveis alertas quanto a sua saúde, Dewey sobreviveu a seu velho adversário, o doutor Esterly, que se aposentou no final de 2002 e doou seu consultório para um grupo sem fins lucrativos de defesa dos animais.

Com as pílulas, a doutora Franck me deu um aplicador que, teoricamente, enfiava os comprimidos garganta abaixo para que Dewey não os cuspisse. Porém Dew era esperto. Ele tomava as pílulas com tamanha calma que pensei: "Ótimo, conseguimos. Foi fácil". Então ele se esgueirava por trás de uma prateleira e as tossia de volta para fora. Encontrei pequenas pílulas brancas pela biblioteca inteira.

Eu não forçava Dewey a tomar o remédio. Ele tinha dezoito anos — se não queria o remédio, não tinha de tomá-lo. Em vez disso, comprei para ele um pote de iogurte e comecei a dar para ele um pouquinho todos os dias. Isso abriu as portas. Kay começou a dar-lhe pedaços de frios dos sanduíches dela. Joy resolveu partilhar com ele o sanduíche de presunto, e logo Dewey a seguia até a cozinha sempre que a via atravessar a porta com uma sacola na mão. Um dia, Sharon deixou um sanduíche desembrulhado sobre a mesa. Quando voltou, um minuto mais tarde, a fatia de cima do pão tinha sido cuidadosamente virada e posta de lado. A de baixo estava exatamente onde estivera, intocada. No entanto, a carne tinha sumido.

Depois do Dia de Ação de Graças de 2005, descobrimos que Dewey adorava peru, então a equipe se abasteceu de sobras. Tentamos congelá-las, contudo sempre dava para perceber que a ave não estava mais fresca. Dew nunca perdeu o olfato aguçado. Era um dos motivos pelos quais brinquei com Sharon quando ela ofereceu ao gato uma mordida de galinha com alho, o almoço de micro-ondas preferido dela. Eu disse:

— Nem pensar que Dewey vai comer alho. — E ele comeu tudinho. Quem era aquele gato? Durante dezoito anos, Dew só comeu determinadas marcas e sabores de ração de gato. Agora parecia comer qualquer coisa!

Então pensei: "E por que não engordamos Dewey com comida de gente? Não é melhor que pílulas?".

Comprei *braunschweiger*, um filão gelado de linguiça de fígado fatiado, que muita gente aqui considera um petisco. *Braunschweiger* é cerca de oitenta por cento gordura pura. Se alguma coisa ia engordar Dewey, isso era *braunschweiger*. Ele nem tocou.

O que Dewey realmente queria, descobrimos por acaso, eram sanduíches de rosbife e queijo cheddar do Arby. Ele os devorava. Nem mastigava a carne — apenas a chupava. Não sei o que havia naqueles sanduíches, mas, uma vez que ele começou a comê-los, sua digestão melhorou. A constipação diminuiu drasticamente. Ele começou a comer duas latas de ração por dia e, como o sanduíche era muito salgado, ainda tomava uma tigela cheia de água. Chegou até a começar a usar a caixa de areia sozinho.

Apesar disso, Dewey não tinha só dois donos: ele tinha centenas, e a maioria deles não conseguia ver as melhoras. Tudo o que viam era o gato de que gostavam ficar cada vez mais magro. Dewey nunca hesitou em se aproveitar de sua condição. Ele sentava na mesa de circulação e, sempre que alguém se aproximava para afagá-lo, chorava. Eles sempre caíam nessa.

— Que houve, Dewey?

Ele os levava até a entrada da sala dos funcionários, onde fosse possível ver sua tigela de comida. Olhava desamparado para a comida, depois para eles e, com os olhos cheios de pesar, baixava a cabeça.

— Vicki! Dewey está com fome!

— Ele tem uma lata de ração na tigela.

— Mas não gosta dela.

— Esse é o segundo sabor esta manhã. Joguei a primeira lata fora há uma hora.

— Mas ele está chorando... Olhe para ele. Acaba de cair no chão.

— Não podemos ficar dando latas de ração para ele o dia inteiro!

— E se derem alguma outra coisa?

— Ele comeu um sanduíche Arby esta manhã.

— Olhe para ele! Está tão magro. Vocês precisam dar mais comida ao gato.

— Estamos cuidando bem dele.

— Mas ele está muito magro... Não dá para você dar algo para ele, por mim?

Podia, só que Dewey tinha feito o mesmo no dia anterior. E no dia anterior. E no dia anterior a esse. De fato, você é a quinta pessoa a quem ele impingiu a rotina do gato faminto hoje.

Agora, como eu ia dizer uma coisa dessas a um usuário? Sempre cedi, o que apenas encorajava o mau comportamento. Acho que Dew curtia mais o gosto da comida quando sabia que eu não queria dar mais nada a ele. Podemos chamar isso de sabor da vitória.

25
A REUNIÃO

À MEDIDA QUE DEWEY avançava na velhice, a bondade dos usuários da Biblioteca Pública de Spencer realmente começou a aparecer. Tanto amigos como visitantes eram mais delicados com ele. Conversavam mais e prestavam mais atenção às necessidades dele, do mesmo modo como fazemos com um parente mais velho em uma reunião de família. Ocasionalmente, alguém comentava que ele parecia fraco, magro ou sujo, porém eu sabia que a preocupação deles era uma manifestação de amor.

— O que aconteceu com o pelo dele? — Essa era provavelmente a pergunta mais comum.

— Nada — eu respondia. — É que ele está velho.

É verdade, o pelo de Dewey perdera muito de seu brilho. Não era mais um laranja radiante, mas um cobre embaçado. Estava também cada vez mais embaraçado, tanto que eu não conseguia mantê-lo com uma simples escovada. Levei Dewey à doutora Franck e ela explicou que, à medida que os gatos envelhecem, as farpinhas na língua deles vão se desgastando. Mesmo que se lambam regularmente, não conseguem um trabalho eficiente, porque não há como separar o pelo. Pelo emaranhado e embaraçado era apenas outro sintoma de velhice.

— Quanto a estes — disse a doutora Franck estudando o acúmulo no traseiro de Dewey —, é preciso medidas drásticas. Acho melhor raspá-los.

Quando ela acabou, o pobre Dewey estava felpudo de um lado e pelado do outro. Parecia usar um grande casaco de vison sem as calças. Alguns membros da equipe riram quando o viram, pois era uma visão hilariante, contudo não riram por muito tempo — a humilhação na cara de Dewey os fez parar. Ele odiou o tratamento. Simplesmente odiou. Afastou-se rapidamente uns poucos passos, depois sentou e tentou esconder o traseiro. Então levantou, afastou-se mais rapidamente e sentou outra vez. Vai, para. Vai, para. Finalmente conseguiu voltar para a cama, enterrou a cabeça nas patas e se enroscou embaixo do brinquedo preferido, Marty Mouse. Durante dias, o encontramos com a metade superior aparecendo em um corredor, mas o traseiro escondido em uma estante.

Sabíamos que a saúde de Dewey não era motivo para risos. Os funcionários não falavam sobre isso, porém eu sabia que estavam preocupados. Tinham medo de, uma manhã, encontrarem Dew morto no chão. Percebi que não era a morte dele que preocupava alguns deles, mas a ideia de terem de lidar com ela. Ou, pior, terem de tomar uma decisão em uma crise. Entre minhas próprias questões de saúde e minhas viagens a Des Moines a negócios pela biblioteca estadual, eu frequentemente estava fora. Dewey era meu gato, todo mundo sabia disso. A última coisa que queriam era ter a vida do meu gato em suas mãos.

— Não se preocupem — disse a eles. — Façam apenas o que acharem melhor para Dewey. Não há como errar.

Não podia prometer que nada aconteceria enquanto eu estivesse fora, todavia garanti a eles:

— Conheço esse gato. Sei quando ele está saudável, um pouco doente e realmente doente. Se ele estiver realmente doente, confiem em mim, ele vai ao veterinário. Farei o que for preciso.

Além disso, Dewey não estava doente. Ele ainda pulava para cima e para baixo da mesa de circulação, sinal de que a artrite não estava tão ruim. A digestão estava melhor que nunca. E ele ainda gostava da companhia dos frequentadores. No entanto, era preciso paciência para cuidar de um gato velho e, francamente, alguns membros da equipe achavam que não era serviço deles. Aos poucos, à medida que Dewey envelhecia, o apoio a ele foi diminuindo: primeiro, aqueles na cidade que tinham agendas diferentes; depois, alguns dos que não tomavam partido; mais tarde, certos usuários que só queriam saber de um gato atraente e ativo; e, por fim, os funcionários que não queriam a carga de um cuidado geriátrico. Infelizmente, é um processo que acontece com todos nós.

Mesmo ciente de tudo isso, fui pega de surpresa na reunião do conselho da biblioteca em outubro de 2006. Eu esperava uma discussão normal sobre o estado da biblioteca, porém o encontro logo passou a ser um plebiscito a respeito de Dewey. Um usuário mencionou que a aparência dele não estava boa. Talvez, sugeriu o conselho, devêssemos dar-lhe alguma ajuda médica?

— Em seu check-up recente — disse a eles —, a doutora Franck descobriu hipertireoidismo. É apenas mais um sintoma de velhice, junto com a artrite, a pele seca e os sinais pretos nos lábios e nas gengivas. A doutora Franck receitou uma medicação que, graças aos céus, não precisa ser tomada por via oral. Eu a esfrego na orelha dele. Dewey já melhorou. Não se preocupem. — Ainda lembrei a eles: — Estamos pagando os remédios com doações e com meu próprio dinheiro. Nem um único centavo da verba do município foi gasto nos cuidados de Dewey.

— Hipertireoidismo é sério?

— É, mas tem tratamento.

— O remédio vai ajudar o pelo dele?

— O pelo fosco não é uma doença, é algo que vem com a idade, como cabelo branco nos seres humanos. — Eles deveriam entender, afinal, não havia uma única cabeça na sala sem alguns fios brancos.

— E o peso dele?

Expliquei a dieta de Dewey em detalhes, desde a obsessão com que Donna e eu mudávamos a ração dele até os sanduíches Arby de rosbife e cheddar.

— Mas a aparência dele não é boa.

Voltavam sempre à questão de que Dewey não estava com boa aparência. Ele causava danos à imagem da biblioteca. Eu sabia que eles tinham boas intenções, que estavam interessados em encontrar a melhor solução para todos, mas não conseguia entender o raciocínio. Era verdade, Dew não tinha mais a aparência tão atraente. Todo mundo envelhece. Pessoas com oitenta anos não se parecem com as de vinte, nem deveriam. Vivemos em uma cultura de jogar fora, de esconder as pessoas velhas e tentar não olhar para elas. Elas têm rugas. Têm manchas de idade. Não caminham bem e as mãos tremem. Os olhos são lacrimosos ou elas babam enquanto comem ou "arrotam nas calças" demais (era uma expressão de Jodi quando ela tinha dois anos). Não queremos ver isso. Até os idosos realizados, até as pessoas que se doaram a vida inteira, queremos que elas fiquem fora das vistas e das mentes. Entretanto, talvez as pessoas mais velhas, e os gatos mais velhos, tenham algo a nos ensinar, se não a respeito do mundo, pelo menos sobre nós mesmos.

— Por que você não leva Dewey para morar com você? Sabemos que ele a visita nos feriados.

Eu já tinha pensado nisso, mas desistira havia muito tempo. Dew jamais poderia ser feliz morando em minha casa. Eu passava muito tempo ausente, entre trabalho e reuniões. Ele detestava ficar sozinho. Era um gato público. Precisava de pessoas em torno dele, precisava da biblioteca em volta dele para ser feliz.

— Tivemos queixas, Vicki, não entende? Nossa tarefa é falar em nome dos moradores desta cidade.

O conselho parecia estar pronto para dizer que a cidade já não queria mais Dewey. Eu sabia que aquilo era ridículo, porque eu via o amor da comunidade por Dew todos os dias. Eu não tinha dúvida de que o conselho recebera algumas queixas, porém sempre existiram queixas. Agora, como Dewey não tinha sua melhor aparência, as vozes se tornavam mais ruidosas. Mas aquilo não significava que a cidade tivesse se voltado contra Dewey. Uma coisa que aprendi ao longo dos anos foi que as pessoas que amavam Dewey, que realmente o queriam e precisavam dele, não eram as que tinham as vozes mais altas: eram as que não tinham voz alguma.

Se esse tivesse sido o conselho vinte anos atrás, jamais teríamos podido adotar Dewey. "Graças a Deus", pensei comigo mesma. "Graças a Ti, Deus, pelos conselhos passados."

E mesmo que fosse verdade o que o conselho achava, mesmo que a maior parte da cidade tivesse virado as costas a Dewey, não tínhamos nós o dever de apoiá-lo? Mesmo que cinco pessoas se importassem, já não era suficiente? Mesmo que ninguém se importasse, permanecia o fato de Dewey adorar a cidade de Spencer. Sempre amaria Spencer. Ele precisava de nós. Nós não podíamos simplesmente jogá-lo fora porque olhar para ele, mais velho e fraco, não era mais um motivo de orgulho para nós.

Havia ainda outra mensagem do conselho, que veio em alto e bom som: Dewey não é o *nosso* gato — ele é o gato da cidade. Falamos pela cidade, então é nossa a decisão. Nós sabemos o que é melhor.

Não discuto um fato: Dewey era o gato de Spencer. Nada era mais verdadeiro. Mas ele era também o *meu* gato. E, por último, Dewey era *um* gato. Naquela reunião, percebi que, na cabeça de muita gente, Dewey tinha passado de um animal de carne e osso, com pensamentos e sentimentos, para um símbolo, uma metáfora, um objeto que podia ter dono. Os membros do conselho da biblioteca adoravam Dewey como um gato — Kathy Greiner, a presidente, sempre levava petiscos no bolso para ele —, porém eles ainda não conseguiam separar o animal do legado.

E admito que havia ainda outra coisa passando pela minha cabeça: "Eu também estou ficando mais velha. Minha saúde não é das melhores. Será que essas pessoas vão me descartar também?".

— Sei que sou chegada a Dewey — disse ao conselho. — Sei que atravessei um ano difícil, com a morte da minha mãe e com minha saúde, e que vocês estão tentando me proteger. Porém eu não preciso de proteção. — Parei. Não era nada disso o que eu estava querendo dizer.

— Talvez vocês achem que eu amo Dewey demais — recomecei. — Talvez achem que meu amor tolde minha razão. Mas confiem em mim. Eu saberei quando for a hora. Tive animais a minha vida inteira. Sacrifiquei-os. É difícil, mas consigo fazê-lo. A última coisa que quero, a última coisa mesmo, é que Dewey sofra.

Uma reunião de conselho pode ser um trem de carga, e aquele me jogou para fora da estrada como se eu fosse uma vaca. Alguém sugeriu um comitê para tomar decisões a respeito do futuro de Dewey. Eu sabia que as pessoas naquele comitê estariam bem-intencionadas. Sabia que encarariam seriamente a tarefa delas e fariam o que achassem melhor. No entanto, eu não podia deixar que isso acontecesse. Simplesmente não podia.

O conselho estava discutindo quantas pessoas deveriam fazer parte desse Comitê de Vigilância da Morte de Dewey quando um membro, Sue Hitchcock, falou:

— Isso é ridículo. Não acredito que estejamos discutindo isso. Vicki está na biblioteca há vinte e cinco anos. Ela tem Dewey há dezenove anos. Ela sabe o que está fazendo. Deveríamos todos confiar no bom senso de Vicki.

Graças a Deus por Sue Hitchcock. Assim que ela falou, o trem descarrilou e o conselho recuou.

— É, é... — murmuraram. — Você tem razão... É muito cedo... Se a condição dele piorar...

Eu estava arrasada. Doeu-me fundo que aquelas pessoas chegassem até a sugerir que Dewey fosse tirado de mim. E elas poderiam tê-lo feito. Tinham o poder para isso. Mas não tiraram. De algum modo, eu saíra vitoriosa: por Dewey, pela biblioteca, pela cidade. Por mim.

26
O amor de Dewey

Jamais me esquecerei do Natal de 2005, o ano anterior ao daquela reunião horrível, quando Dewey tinha dezoito anos. Jodi e o marido, Scott, ficaram em minha casa. Eles tiveram gêmeos, Nathan e Hannah, que estavam com um ano e meio de idade. Mamãe ainda estava viva e vestiu seus melhores trajes para ver os gêmeos abrirem os presentes. Dew estava esparramado no sofá, pressionado contra o quadril de Jodi. Era o final de uma coisa, e o começo da seguinte. Mas, naquela semana, estávamos todos juntos.

O amor de Dewey por Jodi nunca diminuíra. Ela ainda era seu grande caso romântico. Sempre que tinha uma oportunidade, naquele Natal, ele se grudava nela. No entanto, com tanta gente em volta, especialmente as crianças, e tanta coisa acontecendo, ele mais que nunca estava satisfeito em apenas observar. Dew se dava bem com Scott, não tinha um pingo de ciúmes. E adorava os gêmeos. Quando meus netos nasceram, substituí a mesa de centro de vidro por um pufe estofado, e Dewey passou a maior parte da semana do Natal sentado naquele pufe. Hannah e Nathan iam com seus passinhos incertos afagá-lo inteiro. Dew agora era cauteloso com crianças nessa idade. Na biblioteca, se mandava quando elas tentavam se aproximar. Contudo ficou quieto com os gêmeos, mesmo quando eles lhe davam tapinhas no lado errado e puxavam seu pelo. Hannah o beijava cem vezes por dia; Nathan acidentalmente o jogou de cabeça para baixo. Uma tarde, Hannah cutucou Dewey na cara ao tentar afagá-lo. Dewey nem reagiu. Eram meus netos e filhos de Jodi. Dewey nos amava, então amava os gêmeos também.

Dew estava muito calmo aquele ano. Essa era a maior diferença do velho Dewey. Ele sabia como evitar encrencas. Ainda comparecia a reuniões, porém sabia até que ponto chegar e que colo escolher. Em setembro de 2006, poucas semanas antes da reunião do conselho, um programa na biblioteca atraiu quase cem pessoas. Imaginei que Dewey fosse se esconder na sala dos funcionários, mas lá estava ele, se enturmando como sempre. Parecia uma sombra se movendo entre os convidados, muitas vezes sem ser notado, mas de algum modo presente ao alcance da mão de um usuário sempre que a estendesse para afagá-lo. Havia um ritmo na interação dele que parecia a coisa mais natural e linda no mundo.

Depois do programa, Dewey subiu para a cama sobre a mesa de Kay, claramente exausto. Kay chegou e deu-lhe um delicado afago no queixo. Eu conhecia aquele toque, aquele olhar tranquilo. Era um agradecimento, como quando se agradece a um velho amigo ou a um cônjuge depois de observá-lo atravessar uma sala lotada e se dá conta de como ele é maravilhoso e que sorte a sua de tê-lo em sua vida. Eu meio que esperava que ela dissesse "Está bem, gato, está bem", como o fazendeiro no filme *Babe, o porquinho atrapalhado*, porém dessa vez Kay não disse nada.

Dois meses mais tarde, no início de novembro, o andar de Dewey se tornou um tanto instável. Ele começou a fazer pipi demais, algumas vezes no jornal ao lado de sua caixa de areia, coisa que nunca fizera antes. Entretanto ele não se escondia. Ainda pulava para cima e para baixo da mesa de circulação. Ainda interagia com os usuários. Não parecia ter dores. Liguei para a doutora Franck e ela aconselhou a não o levar ao consultório, mas a observá-lo cuidadosamente.

Aí, uma manhã, quase no fim do mês, Dewey não acenou. Em todos aqueles anos, eu podia contar nos dedos de uma mão quantas vezes Dew não acenara quando eu chegava de manhã. Em vez disso, estava parado perto da porta da frente, apenas me esperando. Eu o acompanhei à caixa de areia e dei-lhe suas latas de ração. Ele comeu umas dentadas e caminhou comigo em nossas rondas matinais. Como eu estava ocupada preparando uma viagem à Flórida — a filha do meu irmão Mike, Natalie, ia se casar e a família inteira estaria lá —, deixei Dewey com a equipe durante o resto da manhã. Como sempre, ele entrou enquanto eu estava trabalhando para farejar o duto de aquecimento da minha sala, certificando-se de que eu estava em segurança. Quanto mais velho ficava, mais protegia os que amava.

Às nove e meia, fui buscar a refeição de Dewey daquela hora, um biscoito da Hardee's, bacon, ovos e queijo. Quando voltei, Dew não veio correndo. Imaginei que o velhinho surdo não escutara a porta. Encontrei-o dormindo em uma cadeira ao lado da mesa de circulação. Então sacudi a sacola algumas vezes, mandando o cheiro da comida em sua direção. Ele voou da cadeira para a minha sala. Pus a mistura de ovos e queijo em um prato de papelão e ele deu umas três ou quatro mordidas antes de se enroscar em meu colo.

Às dez e meia, Dewey compareceu à *Hora da história*. Como sempre, cumprimentou cada criança. Uma menina de oito anos estava sentada no chão com as pernas cruzadas, na posição que costumávamos chamar de estilo indiano. Dew se enroscou nas pernas dela e adormeceu. Ela o afagou, outras crianças se revezaram para afagá-lo, todo mundo estava feliz. Depois da *Hora da história*, Dewey engatinhou para sua cama forrada de peles na frente do duto de aquecimento, que estava em pleno funcionamento, e foi onde o deixei ao sair da biblioteca ao meio-dia. Eu ia para casa almoçar, depois ia pegar o papai e dirigir até Omaha, para pegar um voo na manhã seguinte.

Dez minutos depois de ter chegado em casa, o telefone tocou. Era Jann, uma de nossas atendentes.

— Dewey está com um comportamento esquisito.

— O que você quer dizer com "esquisito"?

— Está chorando e andando esquisito. E tenta se esconder nos armários.

— Vou já para aí.

Dewey estava escondido embaixo de uma cadeira. Peguei-o. Ele tremia como na manhã que o encontrei. Os olhos estavam arregalados e eu podia ver que sentia dor. Liguei para o consultório da veterinária. A doutora Franck tinha saído, porém o marido dela, o doutor Beall, estava lá e me disse:

— Venha para cá imediatamente.

Enrolei Dewey na toalha dele. Era um dia frio, no final de novembro. Dew imediatamente se aninhou contra mim.

Quando cheguei ao consultório, Dewey estava no chão do carro, ao lado do aquecimento, tremendo de medo. Peguei-o no colo e o segurei contra o peito. Foi quando notei cocô aparecendo no traseiro dele.

Que alívio! Não era sério. Era prisão de ventre.

Falei do problema com o doutor Beall. Ele levou Dewey para a sala dos fundos e limpou-lhe o cólon e os intestinos. Além disso, lavou-lhe o traseiro, de modo que Dewey voltou molhado e com frio. Pulou dos braços do doutor Beall para os meus e olhou-me com olhos suplicantes. *Ajude-me*. Eu percebi que algo estava errado.

O doutor Beall disse:

— Dá para eu sentir uma massa. Não são fezes.

— O que é?

— Temos de fazer uma radiografia.

Dez minutos mais tarde, o doutor Beall voltou com os resultados. Havia um grande tumor no estômago de Dewey que estava empurrando os rins e os intestinos. Por isso fazia mais pipi e também explicava o fato de ele fazer fora da caixa de areia.

— Não estava lá em setembro — continuou o doutor Beall —, o que significa que provavelmente é um câncer agressivo. Precisaríamos fazer exames invasivos para ter certeza.

Ficamos em silêncio olhando para Dewey. Nunca suspeitara de um tumor. Nunca. Sabia tudo sobre Dewey, todos os pensamentos e sentimentos dele, porém esse ele mantivera escondido de mim.

— Ele está sentindo dor?

— Sim, acho que está. A massa está crescendo muito rapidamente e só tende a piorar.

— Há alguma coisa que possamos dar a ele para a dor?

— Na verdade, não.

Eu segurava Dewey no colo, aninhando-o como se fosse um bebê. Ele não me deixava carregá-lo assim havia dezesseis anos. Agora nem reagia. Simplesmente olhava para mim.

— Acha que ele está sentindo dor constante?

— Só posso imaginar que esteja.

A conversa me esmagava, achatava, fazia eu me sentir esgotada, esvaziada, cansada. Não podia acreditar no que estava escutando. De algum modo, eu acreditara que Dewey iria viver para sempre.

Liguei para o pessoal da biblioteca e contei que Dewey não voltaria para casa. Kay estava fora da cidade. Joy estava de folga. Ainda conseguiram falar com ela na Sears, mas era tarde demais. Diversos outros vieram apresentar suas despedidas. Em vez de se aproximar de Dewey, no entanto, Sharon entrou direto e me abraçou. Obrigada, Sharon, eu precisava disso. Depois abracei Donna e agradeci a ela por amar tanto Dewey. Ela foi a última a dizer adeus.

Alguém falou:

— Não sei se você vai querer ficar aqui quando o puserem para dormir.

— Tudo bem — eu disse. — Prefiro ficar sozinha com ele.

O doutor Beall levou Dewey para a sala dos fundos a fim de aplicar a endovenosa, depois trouxe-o de volta em um cobertor novo e o colocou em meus braços. Falei com Dewey por alguns minutos. Contei-lhe o quanto o amava, o quanto ele significava para mim, como eu não queria que ele sofresse. Expliquei o que estava acontecendo e por quê. Arrumei o cobertor para certificar-me de que ele estava confortável. Que mais poderia eu oferecer-lhe, além de conforto? Aninhei-o nos braços e balancei-o para trás e para frente, de um lado para o outro, hábito que começara quando ele não passava de um gatinho. O doutor Beall deu-lhe a primeira injeção, seguida de perto pela segunda.

Ele disse:

— Vou checar os batimentos cardíacos.

Eu falei:

— Não precisa. Posso ver nos olhos dele.

Dewey se fora.

27
O amor por Dewey

FIQUEI NA FLÓRIDA OITO DIAS. Não li jornais. Não assisti à televisão. Não atendi telefonemas. Foi a melhor época possível para estar fora, porque a morte de Dewey foi dura. Muito dura. Eu sucumbi no voo de Omaha e chorei o trajeto inteiro até Houston. Na Flórida, pensava o tempo todo em Dewey, sozinha, silenciosamente, mas também rodeada pela família que sempre me apoiou.

Eu não tinha ideia do alcance da notícia da morte de Dewey. Na manhã seguinte, enquanto eu chorava em um avião para Houston, a estação de rádio local dedicou seu programa matinal a lembranças de Dewey. O *Sioux City Journal* publicou uma longa matéria e um obituário. Não sei se essa foi a fonte, mas as linhas da Associated Press pegaram a história e a mandaram pelo mundo inteiro. Em poucas horas, a notícia da morte de Dewey apareceu no noticiário da tarde da CBS e na MSNBC. A biblioteca começou a receber telefonemas. Se eu estivesse lá, teria ficado presa, respondendo as perguntas de repórteres por dias, porém ninguém mais da equipe se sentiu confortável em falar com a mídia. A secretária da biblioteca, Kim, fez uma breve declaração, que terminava no que acho que foi o obituário público, todavia aquilo foi tudo. Era o suficiente. Durante dias depois disso, esse obituário foi publicado em mais de duzentos e setenta jornais.

A reação das pessoas tocadas por Dewey foi igualmente avassaladora. Os habitantes de Spencer receberam telefonemas de amigos e parentes do país inteiro, que ficaram sabendo da morte de Dewey pelos jornais ou por programas de rádio locais. Um casal da cidade estava fora do país e ouviu a notícia de um amigo em São Francisco, que leu sobre o falecimento no *San Francisco Chronicle*. Admiradores montaram uma vigília na biblioteca. Comerciantes locais mandaram flores e presentes. A filha de Sharon e Tony, Emmy, me deu um retrato que ela havia desenhado de Dewey. Eram dois círculos verdes no meio da página, com linhas que saíam em todas as direções. Era lindo, e Emmy ficou radiante quando eu o preguei na porta de minha sala. Aquele desenho era o modo perfeito de nos lembrarmos dele.

Gary Roma, o diretor do documentário sobre gatos de biblioteca, escreveu-me uma longa carta. Ele comentava, em parte: "Não sei se já disse alguma vez a você, mas, de todos os muitos gatos de biblioteca que conheci pelo país, Dewey Readmore Books era o meu preferido. Sua beleza, seu charme e sua jovialidade eram únicos".

Tomoko, da Televisão Pública Japonesa, escreveu para dizer-nos que a morte de Dewey havia sido anunciada no Japão e que muitos ficaram tristes ao saber do falecimento.

Marti Attuon, que redigira o artigo para o *American Profile*, escreveu para contar que a história de Dewey ainda era a predileta dele. Passados tantos anos, Marti agora era colunista do *Los Angeles Times*. Parecia tão inverossímil, dadas as centenas de matérias que ele já deve ter escrito, que Marti fosse se lembrar de um gato, muito menos ainda pensar nele com carinho. Mas esse era Dewey. Ele tocava as pessoas muito profundamente.

Quando voltei à minha sala, havia sobre a mesa uma pilha de cartas e cartões com mais de um metro de altura. Isso sem contar os mais de seiscentos e-mails a respeito de Dewey esperando na minha caixa de entrada. Muitos deles eram de visitantes que apenas o viram uma vez, mas que nunca se esqueceram dele. Centenas de outros vinham de pessoas que nunca o conheceram. No mês seguinte à morte dele, recebi mais de mil e-mails sobre Dewey, vindos do mundo inteiro. Ouvimos falar de um soldado no Iraque que tinha ficado emocionado com a morte de Dew, apesar do que via lá todos os dias — ou talvez por causa disso. Recebemos uma carta de um casal em Connecticut cujo filho completava onze anos e seu desejo de aniversário era soltar um balão para o céu em homenagem a Dewey. Recebemos muitos presentes e doações. Uma bibliotecária do Museu de História Naval, por exemplo, doou quatro livros em memória dele. Ela acompanhara a história de Dewey em publicações de bibliotecas e leu seu obituário no *Washington Post*. Nosso site, www.spencerlibrary.com, passou de vinte e cinco mil acessos por mês para cento e oitenta e nove mil, novecentos e vinte e dois em dezembro — e o movimento não deu trégua durante a maior parte do ano seguinte.

Muitos na cidade queriam que fizéssemos uma homenagem em memória de Dewey. Apesar de nem eu e nem ninguém da equipe querer, tínhamos de fazer algo. Então, em um frio sábado no meio de dezembro, os admiradores de Dewey se reuniram na biblioteca para lembrar uma última vez, pelo menos oficialmente, o amigo que tivera um impacto tão grande em suas vidas. Tentamos pegar leve — contei a história do morcego; Audrey narrou a história das luminárias; Joy lembrou os passeios no carrinho; Sharon contou como Dewey roubou a carne do sanduíche dela —, contudo, apesar de nossos melhores esforços, as lágrimas rolaram. Duas mulheres, em particular, choraram o tempo inteiro.

Equipes de diversas televisões locais filmavam o evento. Era uma ideia gentil, porém as câmeras pareciam estar fora de lugar. Tratava-se de pensamentos privados entre amigos, não queríamos compartilhar nossas palavras com o mundo. Percebemos também, enquanto estávamos lá, juntos, que as palavras não conseguiam descrever nossos sentimentos por Dewey. Não havia um jeito fácil de dizer o quanto ele era especial. Estávamos lá; as câmeras estavam lá; o mundo estava parado à nossa volta. Isso dizia mais que qualquer palavra. Finalmente, uma professora da escola falou:

— As pessoas não entendem para que tanta onda se ele era apenas um gato... Mas é aí que elas estão erradas. Dewey era tão mais que isso! — Todo mundo entendeu exatamente o que ela queria dizer.

Meus momentos com Dewey foram mais discretos. O pessoal havia limpado a comida e as tigelas dele enquanto eu estava fora, mas eu tive de dar os brinquedos dele. Tive de limpar a prateleira: a vaselina para as bolas de pelo, a escova, o novelo de lã vermelha com que ele tinha brincado a vida inteira. Tive de estacionar o carro e caminhar para a biblioteca todas as manhãs sem Dewey a acenar para mim da porta da frente. Quando o pessoal voltou à biblioteca depois de visitar Dewey pela última vez, o aquecedor em frente ao qual ele se deitava todos os dias não funcionava mais. Dewey estivera deitado em frente a ele aquela mesma manhã, e o aparelho funcionava normalmente. Foi como se a morte de Dew tivesse tirado a razão do aquecimento. Será que um equipamento que não funciona pode partir seu coração? Passaram-se seis semanas antes de eu conseguir pensar em mandar consertar aquele aquecedor.

Mandei cremar Dewey com um de seus brinquedos favoritos, Marty Mouse, para que ele não ficasse sozinho. O crematório ofereceu uma caixa de mogno e uma placa de bronze sem custo, porém não parecia certo exibi-lo. Dew voltou à biblioteca em um recipiente simples de plástico, dentro de um saco de veludo azul. Coloquei o recipiente em uma prateleira de minha sala e voltei ao trabalho.

Uma semana depois da homengem, saí de minha sala meia hora antes de a biblioteca abrir, muito antes de os frequentadores chegarem. Disse a Kay:

— Vamos agora.

Era dezembro, outra manhã brutalmente fria de Iowa. Exatamente como a primeira manhã, e muitas outras desde então. Era quase o dia mais curto do ano, e o sol ainda não se erguera. O céu ainda estava azul-escuro, quase roxo, e não havia movimento nas estradas. O único som era o vento frio, vindo das planícies do Canadá, chicoteando as ruas e passando sobre os sombrios milharais.

Mexemos em algumas pedras no pequeno jardim que ficava na frente da biblioteca, procurando um lugar onde o solo não estivesse completamente congelado. Entretanto geava na terra toda e demorou um tempo para Kay cavar um buraco. O sol começava a aparecer por cima dos prédios no lado mais distante do estacionamento, lançando as primeiras sombras, na hora em que coloquei as cinzas do meu amigo na terra e apenas disse: "Você sempre estará conosco, Dewey. Esta é a sua casa". Então, Kay jogou a primeira pá de terra, enterrando para sempre as cinzas de Dewey do lado de fora da janela da biblioteca das crianças, ao pé da linda estátua de uma mãe lendo um livro para o filho. A estátua de mamãe. Quando Kay ajeitou as pedras de volta sobre a última morada de Dewey, olhei para cima e vi o resto do pessoal da biblioteca na janela, olhando-nos em silêncio.

Epílogo
Os últimos pensamentos de Iowa

Não houve muitas mudanças no noroeste de Iowa desde a morte de Dewey. O etanol passou a ser a grande novidade, há mais milho no solo que nunca, porém não existem mais agricultores para plantá-lo, apenas a melhor tecnologia e as novas máquinas. E, é claro, mais terras.

Em Spencer, o hospital recebeu seu primeiro cirurgião plástico. Cleber Meyer, agora com oitenta anos, foi destituído do cargo e voltou a seu posto de gasolina. O novo prefeito é o marido de Kim Petersen, a secretária da biblioteca, mas ele não lê mais que Cleber. A usina Eaton, na fronteira da cidade, que fabrica peças de maquinaria, mudou um turno para Juarez, no México. Perderam-se cento e vinte empregos. Mas Spencer vai sobreviver. Sempre sobrevivemos.

A biblioteca continua sem gato, como desde a primeira vez que Ronald Reagan foi presidente. Depois da morte de Dewey, tivemos quase cem ofertas de novos gatos. Recebemos ofertas até do Texas, com transporte incluído. Os bichanos eram fofos, e a maior parte tinha histórias emocionantes de sobrevivência, contudo não havia entusiasmo em adotar um deles. O conselho da biblioteca, sensatamente, decretou uma carência de dois anos para gatos na biblioteca. Eles disseram que precisavam de tempo para pensar nas questões. Eu já tinha pensado em tudo o que precisava. Não se pode trazer o passado de volta.

Mas a memória de Dewey continuará viva, tenho certeza disso. Talvez na biblioteca, onde o retrato dele está pendurado ao lado da porta da frente, por cima de uma placa de bronze que conta sua história, um presente de um dos muitos amigos de Dew. Talvez nas crianças que o conheceram, que vão falar dele nas décadas futuras, com os próprios filhos e netos. Talvez neste livro. Afinal, é por isso que o escrevo. Para Dewey.

Em 2000, quando a Grand Avenue chegou ao Registro Nacional, Spencer encomendou uma instalação de arte pública para servir como declaração dos nossos valores e como ponto de entrada de nosso centro histórico. Dois ceramistas da região de Chicago, especialistas em mosaicos de azulejos, Nina Smoot-Cain e John Atman Weber, passaram um ano na região, conversando conosco, estudando nossa história e observando nosso modo de vida. Mais de quinhentos e setenta residentes, desde crianças a avós, foram consultados pelos artistas. O resultado é uma escultura de mosaico chamada *The gathering: Of time, of land, of many hands* [A reunião: de tempo, de terra, de muitas mãos].

A reunião é composta de quatro pilares decorativos e três paredes pictóricas. A parede sul é chamada "A história da terra". É um mural agrícola que representa milho e porcos, uma mulher pendurando colchas em um varal e um trem. A parede norte é "A história da recreação ao ar livre". Focaliza os parques leste e oeste, nossas principais áreas de lazer municipais, os locais da feira nos limites ao norte da cidade e os lagos. A parede oeste é "A história de Spencer": mostra três gerações reunidas na casa da avó, a batalha da cidade contra o incêndio e uma mulher fazendo um pote, metáfora para a formação do futuro. Ligeiramente à esquerda do centro, na metade superior do mural, está um gato cor de laranja sentado sobre as páginas de um livro aberto. A imagem teve como base um desenho feito por uma criança.

A história de Spencer. Dewey faz parte dela, agora e sempre. Eu sei que ele viverá mais tempo na memória coletiva de uma cidade que nunca esqueceu onde esteve, mesmo que permaneça atenta para onde está seguindo.

Eu disse a Jodi quando Dewey estava com catorze anos:

— Não sei se vou querer continuar trabalhando na biblioteca depois que Dewey se for.

Era apenas uma premonição, porém agora compreendo o que eu queria dizer. Desde que me lembro, sempre que eu chegava, a biblioteca estava viva: com esperança e amor, Dewey acenava para mim da porta da frente. Agora, voltou a ser um prédio morto. Sinto um gelo nos ossos, mesmo no verão.

Certas manhãs, não me importo. Então acendo as luzes, e a biblioteca volta à vida. Os funcionários começam a chegar. Os usuários os seguem: os de meia--idade vêm pelos livros; os homens de negócios, pelas revistas; os adolescentes, pelos computadores; as crianças, pelas histórias; os idosos, pelo apoio. A biblioteca está viva e mais uma vez tenho o melhor emprego do mundo, pelo menos até a hora de ir embora, no final do dia, e ninguém mais pedir um jogo de esconde-esconde.

Um ano depois da morte de Dewey, minha saúde finalmente me pegou. Eu sabia que era a hora de seguir em frente com minha vida. A biblioteca estava diferente sem Dew e eu não queria terminar meus dias daquele jeito: vazia, silenciosa, ocasionalmente solitária. Quando eu via passar o carrinho com os livros, aquele em que Dew gostava de passear, meu coração partia. Sentia tanta falta dele, e não apenas de vez em quando na biblioteca, mas todos os dias. Mais de cento e vinte e cinco pessoas compareceram à minha festa de aposentadoria, inclusive muita gente de fora da cidade com quem eu não falava havia anos. Papai leu um de seus poemas; meus netos sentaram a meu lado para cumprimentar os presentes; foram publicados dois artigos no *Spencer Daily Reporter* agradecendo-me pelos vinte e cinco anos de serviço. Do mesmo jeito que Dewey, eu tinha sorte. Consegui sair da minha própria maneira.

Encontre seu lugar. Seja feliz com o que tem. Trate bem todo mundo. Viva uma boa vida. Não estou falando de coisas materiais — estou falando de amor. E não dá para prever o amor.

Aprendi essas coisas com Dewey, é claro, mas, como sempre, tais respostas parecem fáceis demais. Todas as respostas — com exceção de que amei Dewey com todo o coração e ele me amou da mesma forma — parecem fáceis demais. Porém vou tentar.

Quando eu estava com três anos, papai tinha um trator John Deere. Aquela máquina tinha uma roçadeira na frente, uma longa fileira de lâminas que pareciam pás, seis de cada lado. As pás ficavam erguidas alguns centímetros acima da terra e era preciso empurrar a alavanca para frente para colocá--las no chão. Então elas cortavam o solo, jogando terra fresca nos canteiros de milho. Um dia, eu estava brincando na lama em frente à roda daquele trator, quando o irmão de mamãe saiu, depois do almoço, engatou a marcha e começou a dirigir a máquina. Papai viu o que estava acontecendo e começou a correr. Meu tio não escutava os gritos dele. A roda me jogou no chão e me empurrou para as lâminas. Fui empurrada por elas, passei de uma à outra, até que o irmão de mamãe girou a roda e a lâmina de dentro me jogou pela calha do meio e me deixou de cara para o chão atrás do trator. Papai me pegou, num só movimento, e correu comigo de volta para a varanda. Ele me examinou com assombro e me manteve no colo o resto do dia, balançando-me para frente e para trás em nossa velha cadeira de balanço, chorando em meu ombro e me dizendo:

— Você está bem, você está bem, está tudo bem...

Por fim, olhei para ele e disse:

— Cortei o dedo. — Mostrei o sangue. Eu estava machucada, mas, fora isso, aquele corte minúsculo foi minha única marca.

A vida é assim. Todos de vez em quando passamos pelas lâminas do trator. Todos ficamos machucados e nos cortamos. Algumas vezes, as lâminas cortam fundo. Os que têm sorte saem com alguns arranhões, um pouco de sangue, contudo isso não é o mais importante. O que realmente importa é ter alguém para pegá-lo, abraçá-lo apertado e dizer que está tudo bem.

Durante anos, achei que tinha feito isso com Dewey. Achei que essa era a história que eu tinha de contar. E fiz isso. Quando Dewey estava machucado, com frio e chorando, eu estava lá. Segurei-o. Certifiquei-me de que estava tudo bem.

Mas essa é apenas uma lasca da verdade. Na realidade, por todos aqueles anos, nos dias difíceis, nos dias bons, e durante todos os dias não lembrados que compõem as páginas do verdadeiro livro de nossas vidas, Dewey estava me segurando.

E ele continua me segurando. Desse modo, obrigada, Dewey. Obrigada. Seja lá onde você estiver.

COMMUNITY
PUZZLE
SIT, RELAX, ENJOY
SHARE!

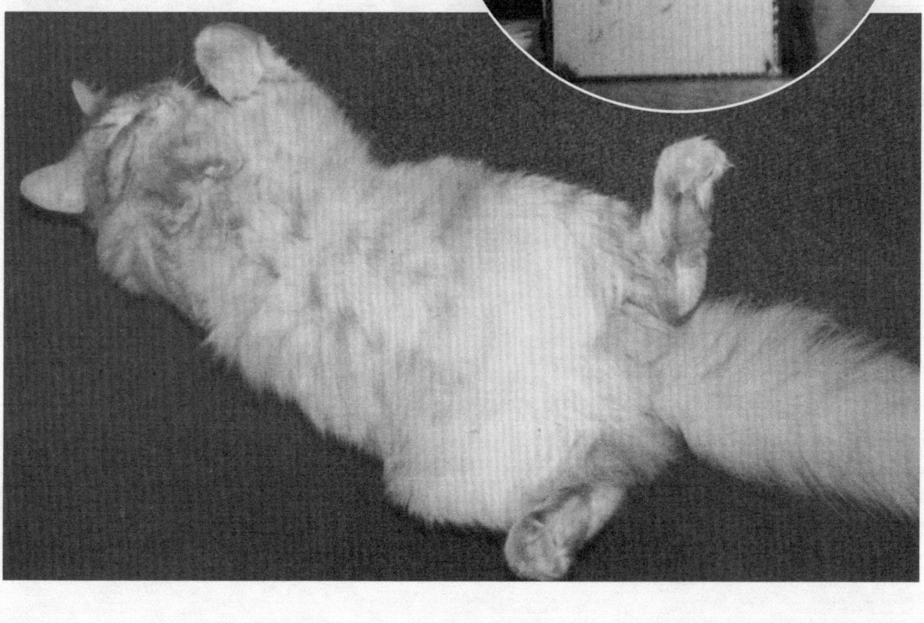

Este livro foi impresso em
Papel Lux Cream 60g/m² na coan.
Tubarão, Brasil, janeiro de 2024.